Istanbul ist eine Literaturstadt. Barbara Yurtdas führt in acht Spaziergängen durch die Gassen und Basare, Paläste und Bäder, zu den Prinzeninseln und ans Ende des Bosporus, in Moscheen, Kneipen und Bordelle. Der Leser erlebt die faszinierende Stadt mit den Augen der Schriftsteller, besucht das plüschig-luxuriöse Pera Palas Hotel, in dem Agatha Christie ihren *Mord im Orientexpress* schrieb, oder den Friedhofshügel in Eyüp, wo Pierre Loti sein Liebesnest mit der schönen Aziyadeh ansiedelt. Für europäische und amerikanische Autoren wie Umberto Eco, Stefan Zweig, Gert Heidenreich, Barbara Frischmuth, Konstantin Kavafis, James Lovett, Graham Greene und viele andere war Istanbul ein poetischer Ort. Durch ihre Texte, ebenso wie durch die Romane, Erzählungen und Gedichte türkischer Schriftsteller, bekommt die Topographie der Stadt eine ganz andere Dimension, ein geheimes Leben.

insel taschenbuch 3026
Istanbul

**Der Galataturm ist ein markanter Aussichtspunkt im multikulturellen Galataviertel**

# Istanbul

**Ein Reisebegleiter**

Von Barbara Yurtdas
Mit farbigen Fotografien

**Insel Verlag**

insel taschenbuch 3026
Originalausgabe
Erste Auflage 2004
© Insel Verlag Frankfurt am Main und Leipzig 2004
Alle Rechte vorbehalten, insbesondere das der Übersetzung,
des öffentlichen Vortrags
sowie der Übertragung durch Rundfunk und Fernsehen,
auch einzelner Teile.
Kein Teil des Werkes darf in irgendeiner Form
(durch Fotografie, Mikrofilm oder andere Verfahren)
ohne schriftliche Genehmigung des Verlages
reproduziert oder unter Verwendung elektronischer Systeme
verarbeitet, vervielfältigt oder verbreitet werden.
Quellenverzeichnis am Schluß des Bandes
Vertrieb durch den Suhrkamp Taschenbuch Verlag
Umschlag: Elke Dörr
Satz: Hümmer GmbH, Waldbüttelbrunn
Druck: Memminger MedienCentrum AG
Printed in Germany
ISBN 3-458-34726-7

1 2 3 4 5 6 – 09 08 07 06 05 04

# Inhalt

Vorwort .............................................. 9

**Ein Hauch von europäischem Flair**
Erster Spaziergang: Beyoğlu von Tünel bis Taksim .... 17

**Das alte Machtzentrum**
Zweiter Spaziergang: Hagia Sophia, Topkapı Sarayı,
Sultan-Ahmet-Platz ............................... 51

**Zerplatzte Orientträume**
Dritter Spaziergang: Durch die Altstadt von der
Süleymaniye-Moschee über den Beyazit-Platz durch
den Großen Basar bis ins Hamam von Cağaloğlu ..... 91

**Refugium für Schriftsteller**
Vierter Spaziergang: Mit dem Schiff zu den Prinzeninseln ............................................. 123

**Das Goldene Horn und seine Legenden**
Fünfter Spaziergang: Bootstour nach Eyüp, Spaziergang
am heiligen Ort ................................... 153

**Zwischen Europa und Asien**
Sechster Spaziergang: Mit dem Dampfer durch den
Bosporus .......................................... 187

**Tagespensum für Unermüdliche**
Siebter Spaziergang: Bergauf und -ab in Galata; mit dem
Linienboot nach Haydarpaşa und von Kadıköy nach
Beşiktaş .......................................... 223

**Abseits der Touristenpfade**

Achter Spaziergang: Per Vorortbahn von Sirkeci nach
Yedikule und Florya. Ausklang in Kumkapı ........... 259

Kulturadressen .................................... 292
Quellenverzeichnis ................................. 295
Zum Weiterlesen .................................. 305
Autorenregister ................................... 309
Abbildungsnachweis .............................. 313

## Vorwort

Istanbul ist eine Stadt der Literatur. Das galt schon am Ende des 16. Jahrhunderts, als der marokkanische Gesandte Abû'l-Hasan al-Tamgrûti in seinem Reisebericht vermerkt: »In Konstantinopel gibt es Bücher in riesigen Mengen. Die Bibliotheken und Basare quellen über davon.« Bei den besagten Büchern handelte es sich um kostbare Handschriften, wie sie noch heute im Topkapı-Museum und in den Stiftungsbibliotheken einzelner Moscheen aufbewahrt werden. Der Buchdruck wurde erst 1729 unter Sultan Ahmet III. eingeführt. Da der gebildete Botschafter aus dem islamischen Kulturkreis stammte, konnte er aus der Fülle der Bücher unmittelbar geistige Nahrung saugen, dagegen mußte sich ein Reisender aus der christlichen Welt mit dem ästhetischen Genuß von Schriftkunst und Miniaturmalerei begnügen, es sei denn, er kannte die arabischen Schriftzeichen und beherrschte eine der Literatursprachen, Arabisch oder Persisch. Das Türkische setzte sich in der Literatur erst relativ spät, am Ende des 19. Jahrhunderts, durch.

So war das kulturelle Leben Istanbuls dem europäischen Reisenden zunächst verschlossen, wie der Schweizer Gelehrte Samuel Brunner im Jahre 1831 anmerkt: »In Konstantinopel, wo die Unkenntnis der Sprache immer noch obendrein eine Hauptschwierigkeit für fast jeden Ankömmling ausmacht, der man nur durch die Länge der Zeit begegnet, ist zwar keine Literaturfeme, doch aber sind weder Bücher noch Gelehrte für Fremde zugänglich.«

Die Reisebeschreibungen derer, die die Verständnisbarriere überwunden hatten oder es wenigstens vermeinten, übernahmen die Aufgabe, dem Neuankömmling sowie dem daheim gebliebenen Leser die geheimnisvolle orientalische Metropole zu erschließen. Manche der Berichte besitzen literarische Qualität, weshalb wir sie auf unseren Spaziergängen öfter zitieren, etwa die kraftvolle *Reyßbeschreibung* des evangelischen Predigers Samuel Schweigger, der im Jahre 1578 eine kaiserliche Delegation begleitete. Interessanten Einblick in fremde Gepflogenheiten geben die *Briefe aus dem Orient* der Lady Montagu, der Gattin des englischen Gesandten an der Hohen Pforte von 1716 bis 1717, und auch die *Briefe über Zustände und Begebenheiten in der Türkei aus den Jahren 1835-1839* des preußischen Militärberaters Helmuth von Moltke sind bis heute lesenswert. Gleiches gilt für die *Lebenserinnerungen* von Anna Grosser-Rilke, die insgesamt 30 Jahre (bis zum Ersten Weltkrieg) in Istanbul verbrachte und dort nach dem Tod ihres Mannes die von diesem gegründete Presseagentur leitete. In neuerer Zeit, da die Reise nach Istanbul kein Privileg mehr ist, gibt es eine Fülle von Reisebegleitern, die zumeist auf einer sehr speziellen Begegnung des Verfassers oder der Verfasserin mit der Stadt und ihren tausend Gesichtern beruhen. Auch türkische Journalisten wie Haldun Taner, Salah Birsel, Ilhan Berk, Deniz Som, Selim Ileri, um nur einige zu nennen, präsentieren in ihren Texten die Stadt – vorrangig für türkische Leser.

Nach Reiseberichten und Reportagen kommen wir zu den eigentlich literarischen Gattungen. Die Gedichte türkischer Lyriker, die Istanbul preisen, manchmal auch beweinen, füllen einen dicken Sammelband. Wir zitieren einige Strophen aus dem sehr bekannten Lied *Ich höre Istanbul* von Orhan Veli Kanık in der Übersetzung von Yüksel Pazarkaya:

»Ich höre Istanbul, meine Augen geschlossen.
Zuerst weht ein leichter Wind,
Leicht bewegen sich

Die Blätter in den Bäumen.
In der Ferne, weit in der Ferne.
Pausenlos die Glocke der Wasserverkäufer.
Ich höre Istanbul, meine Augen geschlossen.
(...)
Ich höre Istanbul, meine Augen geschlossen.
Der kühle Basar,
Mahmutpascha mit dem Geschrei der Verkäufer,
Die Höfe voll Tauben.
Das Gehämmer von den Docks her;
Im Frühlingswind der Geruch von Schweiß.
Ich höre Istanbul, meine Augen geschlossen.

Ich höre Istanbul, meine Augen geschlossen.
Im Kopf den Rausch vergangener Feste.
Eine Strandvilla mit halbdunklen Bootshäusern,
Das Sausen der Südwinde legt sich.
Ich höre Istanbul, meine Augen geschlossen.«

Auf unseren Spaziergängen werden wir immer wieder der Lyrik begegnen, der – anders als in Deutschland – im türkischen Literaturleben ein großer Stellenwert zukommt. Viele Türken können Gedichte auswendig; ein Relikt der mündlichen Tradition. Gleichwohl stammt die Mehrheit der zitierten Texte aus Romanen und Erzählungen, die in der Stadt spielen und diese mehr oder weniger eindrucksvoll beschreiben. Das mittelalterliche Konstantinopel hat jüngst Umberto Eco in seinem Roman *Baudolino* wieder aufleben lassen. In dem Roman *Der Eroberer* von Nedim Gürsel wird dagegen die Einnahme der byzantinischen Hauptstadt durch die Türken im Jahr 1453 geschildert. Zu verschiedenen Zeiten des Osmanischen Reiches spielen Romane wie *Die weiße Festung* und

*Rot ist mein Name* von Orhan Pamuk. Das schon dekadente Istanbul vor dem Ersten Weltkrieg wiederum wird von Ahmet Altan in *Der Duft des Paradieses* eindrucksvoll wiedergegeben. Diese Beispiele zeigen, daß historische Romane auch in der Türkei im Trend liegen und bei der Übersetzung ins Deutsche bevorzugt werden.

Als ehemalige Hauptstadt blieb Istanbul auch nach der Gründung der Türkischen Republik und der Verlegung des Regierungssitzes nach Ankara der kulturelle Mittelpunkt des Landes. Istanbul ist der Standort der meisten Verlage, hier wird die jährliche Buchmesse abgehalten. Eine Fülle von Buchhandlungen kommt den Leserwünschen entgegen. Sogar die Schriftsteller wohnen – wenigstens im Winter – gerne in der Stadt, denn hier gibt es so etwas wie eine Künstlerszene.

Ist in historischen Romanen das alte Istanbul weitgehend eine Sache der Imagination aufgrund vorhandener Baudenkmäler, so werden in modernen Romanen auch die weniger spektakulären Plätze der Millionenstadt geschildert. Erzählerinnen wie Füruzan und Latife Tekin, Erzähler wie Sait Faik, Aziz Nesin und Yaşar Kemal stellen das Istanbul der kleinen Leute dar, Viertel, wo es stinkt, düster und glitschig ist, Bahnhöfe und Hinterhofwerkstätten, Bordelle und Kneipen, Docks, Fabriken und die Gecekondu genannten Hüttensiedlungen der Armen. Emine Sevgi Özdamar und Alev Tekinay, zwei türkische Autorinnen, die in Deutschland leben und schreiben, gestalten dagegen einen verfremdeten beziehungsweise romantisierenden Blick auf die Stadt ihrer Kindheit. Nur in einem Roman, der eindeutig in Istanbul spielt, nämlich *Die Frau hat keinen Namen*, verleiht die Verfasserin Duygu Asena der Stadt kein Gesicht, diese bleibt so anonym wie die Hauptperson. Absicht oder Zufall?

Der Charme des Millionendorfs, wie Istanbul manchmal genannt wird, hat nicht minder ausländische Autoren bezaubert. Der amerikanische Lyriker James Lovett zum Beispiel hat im Laufe seiner jahrelangen Lehrtätigkeit an einem Istanbuler College eine Hommage von weit über hundert Istanbul-Gedichten geschaffen. Die Österreicherin Barbara Frischmuth läßt in ihrem Roman *Das Verschwinden des Schattens in der Sonne* ein Innenbild der Straßen, Plätze, Häuser von mystischer Präsenz entstehen, wie das bei ausländischen Autoren sonst kaum zu finden ist.

Das bisher unübertroffene Kultbuch, das die Erforschung der Topographie des modernen Istanbul mit der Selbstsuche der Protagonisten verwebt, der Roman *Das schwarze Buch*, stammt natürlich von einem Türken, dem inzwischen in Deutschland bekannten Autor Orhan Pamuk. Es heißt dort: »Das Leben in ›unserer Stadt‹ (...) war genauso wirklich wie eine Welt aus der Phantasie – was natürlich bestätigen würde, daß der Lebensraum ein Buch sei. Er hatte so viel Freude daran, dieses Leben zu lesen, jeden Tag stundenlang herumzulaufen, sich in allen Winkeln herumzutreiben und dabei Gesichter, Zeichen und Geschichten zu betrachten, welche ihm die Stadt jeden Augenblick auf neuen Seiten darbot, daß er jetzt befürchtete, niemals mehr zu seiner schönen, schlafenden Frau und seiner unvollendeten Erzählung zurückkehren zu können.«

Ein anderer zeitgenössischer Autor, der die Atmosphäre der Stadtviertel, in denen seine Romane spielen, äußerst genau erfaßt, ist der auch als Filmemacher bedeutende Vedat Türkali. Daß seine Bücher bisher nicht in Deutschland erschienen sind, liegt möglicherweise an der politischen Ausrichtung dieses weit links stehenden Schriftstellers, der für seine Überzeugung ins Gefängnis und ins Exil gegangen ist. Unter den türkischen Autoren gibt es einige, die es sich zur Ehre anrech-

nen, als »Kommunisten« beschimpft worden zu sein. Laut
Nazim Hikmet, einem von ihnen, sind dies »Romantiker«,
Idealisten, die für Freiheit und Gerechtigkeit, für die Einhal-
tung der Menschenrechte und für eine demokratische Verfas-
sung kämpfen und leiden – also für einen Zustand, der die
Türkei reif für Europa machen würde.

Was die Auseinandersetzung mit der türkischen Gegenwartsliteratur erschwert, ist der Mangel an Übersetzungen. Es gibt
zwar eine nicht geringe Anzahl Anthologien, an denen sich
oftmals Studenten der Turkologie an den kleinen Meister-
werken türkischer Erzähler im Übersetzen geübt haben.
Viele bedeutende Werke sind jedoch auf deutsch nicht verfüg-
bar.

Lange Zeit herrschte selbst an deutschen Universitäten ein ge-
wisser »Orientalismus«, das heißt, man nahm die Türkei se-
lektiv wahr als ein – wenn auch arg ramponiertes – Märchen-
land, dessen Schritte ins moderne Industriezeitalter entweder
ausgeblendet oder aber als falscher Weg kritisiert wurden. Infolgedessen wurde die – zugegeben großartige – Dorfliteratur
von Autoren wie zum Beispiel Yaşar Kemal (*Mehmet, mein
Falke*) oder Fakir Baykurt (*Die Rache der Schlangen*) viel
aufmerksamer registriert als etwa das Werk einer Adalet
Ağaoğlu. Ihre Hauptfiguren sind Intellektuelle aus dem Groß-
stadtmilieu, wie etwa in der Trilogie *Dar Zamanlar* eine Soziologieprofessorin an der Universität Ankara – was so gar
nicht ins vorgefaßte Bild der Europäer passen will. Allerdings
gehören weder die anatolischen Dörfer noch die Hauptstadt
Ankara zu unserem Thema, das seine Beispiele auf Istanbul
beschränkt.

Einen Überblick über die gesamte türkische Literatur darf
der Leser in diesen *Spaziergängen* nicht erwarten. Die Gegenwartsliteratur wurde stärker betont als alte, schon oft zitierte

Texte. Doch erlaubte die Festlegung auf bestimmte Routen sowie die Beschränkung auf einen vorgegebenen Textumfang nur einen mehr oder weniger aphoristischen Zugang. Vollständigkeit unter den gegebenen Bedingungen anzustreben wäre vermessen. So ist der interessierte Leser aufgefordert, aus eigener Kenntnis zu ergänzen, was er in diesem Buch nicht findet. Denn das Thema »Literatur und Istanbul« ist unerschöpflich.

Gleich nach Abschluß des Manuskripts fielen mir einige Neuerscheinungen in die Hände, die ich gerne eingearbeitet hätte. Hervorheben möchte ich *Das Tuch aus Nacht*, den seit langem erwarteten Roman von Christoph Peters, der ein verstörendes, gefährlich verlockendes, sehr fremdes Istanbul zeigt, in dem zwei Morde geschehen – oder von dem stets alkoholisierten Protagonisten, einem Touristen aus Deutschland, halluziniert werden. Istanbul-Krimis sind der neueste Trend; die reizvolle Kulisse wird von den meisten Autoren, auch türkischen, mehr oder weniger oberflächlich benutzt. Bei Peters jedoch sind Innen- und Außenwelt miteinander verwoben, es entsteht eine dichte Atmosphäre. Das Verbrechen ist als eine Facette des langsamen Verfalls des jungen Steinbildhauers aus Deutschland gestaltet, so daß ich zögere, den vom Thema und der Erzählstruktur her außergewöhnlichen Roman schlechthin als »Krimi« zu bezeichnen.

Zuletzt möchte ich mich bedanken für alle Anregungen und die Hilfe, die ich bei meiner Arbeit erfahren durfte, besonders von meinen Söhnen Muhammed Ali und Hüseyin, die mich mit Lesetips versorgten und mir bei Übersetzungsfragen zur Seite standen. Renate Reifferscheid danke ich für ihre freundschaftliche Geduld und den kompetenten Rat bei der Endfassung des Textes. Professor Klaus Kreiser hat mir mit seiner Übersetzung osmanischer Schriften viel Mühe abgenommen. Wertvolle Hinweise verdanke ich auch Robert Stauffer, Dr. Jörg Kuglin, Dr. Christoph K. Neumann sowie Dr. Vefa Akseki und Dr. Özgür Savaşçı. Professorin Annemarie Schimmel möchte ich post mortem danken für die Erweiterung meines Horizonts und die spirituelle Begleitung.

München, im Mai 2004                    *Barbara Yurtdas*

# Ein Hauch von europäischem Flair

Erster Spaziergang:
Beyoğlu von Tünel bis Taksim

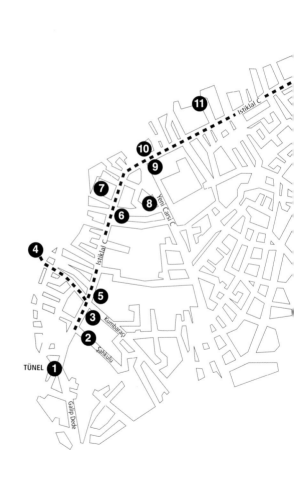

1. Tünel Meydanı
2. Deutsche Schule
3. Deutsche Buchhandlung
4. Pera Palas Hotel
5. Café Markiz; Bistro Les Bones
6. Muammer Karaca Sokak
7. Odakule
8. Goethe-Institut
9. Galatasaray Lisesi
10. Fischmarkt; Çiçek Pasajı
11. Yeşilçam Sokak
12. Taksim Meydanı
13. Atatürk Kültür Merkezi

Unser erster Spaziergang führt uns nach Beyoğlu, das bis ins 20. Jahrhundert Pera (griechisch für »gegenüber«) hieß, da es von der Altstadt aus gesehen auf der gegenüberliegenden Seite des Haliç, des Goldenen Horns, liegt. Schon in byzantinischer Zeit hatten sich hier Kaufleute aus den Mittelmeerländern, vor allem aus den italienischen Stadtstaaten, niedergelassen. Damit war die Keimzelle einer Ausländersiedlung entstanden, um die die Genuesen im 14. Jahrhundert eine Schutzmauer zogen. Als die Türken unter Sultan Mehmet II. im Jahre 1453 Istanbul eroberten, wurde die Mauer geschleift, nur der Galataturm erinnert noch an die alte Befestigung.

In der sich erweiternden Vorstadt war nunmehr Platz für Handelsniederlassungen von Firmen aus aller Welt. Außerdem errichteten in Pera die diplomatischen Vertretungen an der Hohen Pforte ihre Botschaftsgebäude, vielfach prachtvolle Residenzen, die noch heute als Konsulate dienen. Abendländische Reisende, darunter auch Schriftsteller, zum Beispiel Lady Montagu, Pierre Loti, der Pole Mickiewicz, der Franzose Gautier, Mark Twain, Herman Melville, nahmen Quartier in Mietshäusern, Herbergen und Hotels, die eigens für diese Klientel geschaffen worden waren. So kommt es, daß Pera in Reiseberichten über Istanbul häufig Erwähnung findet, obwohl es nicht zur Altstadt gehört. »Galata und Tophana bilden den untern Teil des Berges, und Pera den obern. Hier wohnen die Franken, wie auch viele Griechen, Armenier und Türken. Diese Häuser nähern sich etwas mehr dem europäischen Stile und haben auch Fenster mit Glas. In der Hauptstraße liegen die Paläste, wenn ich sie so nennen darf, der europäischen Gesandten. Diese Straße ist schmal, schmutzig und schlecht gepflastert ...«, berichtet der Deutsche A. M. Jahn in seiner *Reise von Mainz nach Egypten* aus den Jahren 1826/27.

Doch die eigentliche literarische Bedeutung dieser einstigen Vorstadt, die heute eher in der Mitte als am Rand Istanbuls liegt, begann nach Gründung der Republik. In den 20er Jahren des 20. Jahrhunderts bildete sich hier eine Künstlerszene heraus, die mit der des Münchner Schwabings vor dem Ersten Weltkrieg vergleichbar ist. Die Vertreter der neuen türkischen Literatur fanden in den Cafés und Kneipen von Beyoğlu ihr Wohnzimmer, ihren Salon, wo sie sich austauschten, ihre Texte vortrugen, über Stilfragen stritten und zum hundertsten Mal eine literarische Zeitschrift gründeten.

Warum gerade in Beyoğlu? Weil es zu jener Zeit nur hier Cafés im europäischen Stil gab, die einen nicht kontrollierten, anregenden Raum für Außenseiter in einer sonst noch konservativ islamisch geprägten Gesellschaft boten. Zudem besaßen die von Griechen oder Armeniern geführten Kneipen die Konzession zum Ausschenken von Wein und Rakı, geistigen Getränken, die manche Künstler zur Inspiration benötigen. Auch konnte man sich mit »Mädchen« verabreden. Diese waren natürlich keine Türkinnen, sondern ortsansässige Griechinnen, Russinnen, Armenierinnen, Deutsche. Lyriker und Journalisten, Romanschriftsteller und Drehbuchschreiber, Schauspieler und Maler – sie alle hatten ihre bevorzugten Plätze. Und in den 40er bis hinein in die 70er Jahre konnte man mit ziemlicher Sicherheit einzelne Künstler zu bestimmten Stunden in ihren Stammlokalen antreffen.

Der französische Schriftsteller Pierre Loti, der schon vor dem Ersten Weltkrieg die »Verwestlichung« Istanbuls kritisierte und – wie so viele europäische Besucher – lieber die echte türkische Lebensweise bewahrt sehen wollte, beschreibt einen Abend in Pera folgendermaßen: »Dort begeben sich Levantiner aller Rassen, die sich rühmen, sehr gebildet zu sein und eine aufgeklärte, feine Lebensweise zu besitzen (wegen ihrer Pariser Kleidung) . . . an ihre allabendliche Beschäftigung. Sie lassen sich in den Wein- und Bierhäusern nieder oder in Kneipen schlimmster Gattung, wo es sehr heiter, aber auch sehr lärmend zugeht. Überall wird viel getrunken, gesungen, gespielt und getanzt.« Inzwischen sind solche Vergnügungen vielerorts in Istanbul möglich, und die literarische Szene trifft sich nicht mehr ausschließlich im leicht heruntergekommen wirkenden Beyoğlu.

Unser heutiger Weg orientiert sich an der Hauptachse des Viertels, der Istiklâl Caddesi (Straße der Unabhängigkeit), die von der Bergstation der Tunnelbahn (Tünel Meydanı) bis zum Taksim Meydanı führt. Wir folgen im wesentlichen dieser leicht ansteigenden Hauptader und kehren von allen Abstechern nach rechts und links zu ihr zurück. Seit einigen Jahren ist die Istiklâl Caddesi Fußgängerzone und hat als besondere Attraktion die restaurierte historische Straßenbahn zu bieten.

Gegenüber der Bahnstation öffnet sich die Tünel Geçidi (Tunnel Passage). Wir lassen uns verführen, kurz in den Innenhof zu treten. Interessante Antiquariate und kleine Lokale sollten Sie nicht davon abhalten, auch die Fassaden dieser Gründerzeithäuser zu betrachten. Diese Passage und die angrenzenden Straßen hat Demir Özlü in seiner Erzählung *Ein Istanbuler Traum* so plastisch beschrieben, daß man glaubt, die Geister seiner Protagonisten, des jungen Künstlers und seiner schönen Nachbarin, die sich eines Tages aus dem Fenster stürzt, spukten noch in den alten Wohnhäusern. Die albtraumhafte Atmosphäre der Erzählung, die in den 50er Jahren des 20. Jahrhunderts spielt, läßt sich – besonders bei trübem Wetter – leicht evozieren.

Zurück zum Tünel Meydanı mit seiner Säule aus Metallgeflecht, die die Säulen der Altstadt spielerisch nachahmt! Wir folgen den Straßenbahnschienen und sehen hinter der Kurve die Straße sich erweitern, die der 1919 geborene türkische Dichter und Essayist Salah Birsel – unser Experte für das literarische Leben in Beyoğlu – in dem Gedicht *Istiklâl Caddesi* liebevoll als einen großen Teich bezeichnet, an dem »Frauen und Enten« herumspazieren. Die dritte Strophe seiner Hommage vergleicht die »bunte« Straße mit einem Kelim aus Antep: »Weißes, Grünes, Schwarzes, alles verrückt durcheinander«. Zuletzt heißt es: »Unter allen Straßen ist die Istiklâl Caddesi/so lang, so lang./Die unverheirateten Jünglinge/stolzieren auf der Istiklâl.« Daran hat sich bis heute nichts geändert. Auf dem Boulevard flanieren und treffen sich die jungen Leute.

Vielleicht haben Sie schon bemerkt, daß die auf der rechten Seite abzweigenden Gassen alle ziemlich jäh in die Tiefe stürzen. Istanbul ist ja auf mehr als sieben Hügeln erbaut, und ich hoffe, Sie haben Ihren Spaziergang nicht gerade zu einer Zeit geplant, wenn Regengüsse die Seitenstraßen in Bäche verwandeln oder Schnee und Glatteis vorsichtigere Menschen dazu bewegen, lieber gleich zu Hause bleiben, denn selbst Taxis, in der Regel ohne Winterreifen, verweigern dann den Dienst. Eigentlich können wir uns den Abstieg in die steile Şahkulu Bostan Sokak sparen, denn viel zu sehen gibt es nicht am Portal der hier gelegenen Deutschen Schulen. Dort werden nicht nur die Kinder der in Istanbul lebenden deutschen Familien (Botschaftspersonal, Kaufleute und Manager, Lehrer usw.) unterrichtet, sondern mehrheitlich türkische Schülerinnen und Schüler, die in deutscher Sprache und nach deutschen Lehrplänen auf ein deutsches Abitur vorbereitet werden. Ähnliche ausländische (französische, österreichische, amerikanische) Schulen sind das Vorbild für die in der türkischen Mittelschicht sehr beliebte Gymnasialform des Anadolu Lisesi, wo ein großer Teil des Unterrichts nicht auf Türkisch, sondern in einer europäischen Fremdsprache abläuft.

Im Deutschen Gymnasium in Istanbul haben die aus Deutschland an den Bosporus versetzten Lehrkräfte offensichtlich ein so eindrucksvolles Bild ihrer Heimat erstehen lassen, daß die hochbegabte, sensible Schülerin Alev Tekinay (geb. 1951) das ferne Land nicht bloß mit der Seele suchte, sondern dort zu leben beschloß, um Schriftstellerin zu werden. In ihrer Erzählung *Zum fremden Strand* vergleicht sie ihre Schule mit einer Burg und sieht sich selbst als »Burgfräulein«. »Bereits nach einem Jahr konnte das Burgfräulein die Märchen der Brüder Grimm in der Originalsprache lesen und liebte die Deutschstunden sehr.« Besonders die Romantiker eignet sie sich derart perfekt an, daß sie in ihren Texten wie selbstverständlich Eichendorffsche Bilder und Formulierungen benutzt.

Um so tiefer ist die Irritation, als sie nach dem Abitur tatsächlich nach München kommt, um Germanistik zu studieren. Ihr innerer Monolog drückt das so aus: »Herr Pachner, Frau Weiß, euer Deutschland ist zwar prächtiger als in euren Schilderungen, aber dennoch stimmt da etwas nicht. Ich meine nicht die Enttäuschung darüber, daß kein U-Bahn-Schaffner oder keine Verkäuferin in der Lage ist, einen Vers von Eichendorff zu zitieren, sondern etwas, das ich nicht genau beschreiben kann. Ihr habt uns kein richtiges Deutschlandbild vermittelt. Das wahre Deutschland ist nicht so bunt und lebendig wie in unseren Lehrbüchern.«

Als sie in Deutschland dann selbst an der Universität Türkischunterricht gibt, stellt sie amüsiert fest, daß sie ihr Heimatland genauso idealisiert darstellt, wie das einst ihre deutschen Lehrer getan haben. »Und wie Herr Burkhardt das Deutsche Museum in München beschrieb, beschreibe ich in schillernden Farben das Topkapı-Museum in Istanbul (…) Das ist das Tor der Glückseligkeit. Aus jeder Ecke des wunderbaren Palastgartens hat man einen herrlichen Blick über den Bosporus (…) Vermittle ich meinen Studentinnen und Studenten nicht das Bild eines Märchenlands, das keines ist?« Den spannenden Zusammenprall von Orient und Okzident hat die Autorin, die übrigens alle ihre Texte auf Deutsch schreibt, in ihrem romantischen Roman *Der weinende Granatapfel* gestaltet, der uns auf unseren Spaziergängen des öfteren begleiten wird.

»Bunt wie ein Kelim aus Antep« präsentiert sich die Istiklâl Caddesi.
Fußgängerzone mit historischer Straßenbahn

Ein paar Schritte weiter in der Istiklâl Caddesi stoßen Sie rechts bei der Hausnummer 481 auf die deutsche Buchhandlung, korrekt als »Türk Alman Kitapevi« bezeichnet, heute von Thomas Mühlbauer geführt, dem Sohn des legendären Franz Mühlbauer, der im Jahr 1955 das Geschäft gegründet hat. Das Hauptsortiment stellen deutschsprachige Bücher über Istanbul, also Reiseführer, Bildbände, Monographien; aber auch Belletristik, Kinderbücher, medizinische und technische Fachliteratur finden Sie hier. Lesehungrige Deutsche, die längere Zeit in Istanbul leben (müssen) und nicht schnell mal in die Heimat düsen können, haben in der nostalgisch eingerichteten Buchhandlung oft schon Trost gefunden. Endlich einmal in Bücherregalen mit deutschen Titeln stöbern, die Stapel mit einer kleinen Auswahl der Neuerscheinungen durchschauen, nach einem Klassiker fragen, der dann wirklich vorhanden ist oder bestellt werden kann … Da zahlt man gerne den geringen Aufpreis für den Zoll, den Transport und die Mühe der Beschaffung.

Bisher haben wir uns auf unserem Hauptweg, der Istiklâl Caddesi, immer nach rechts gewandt, jetzt geht es auch einmal zur anderen Seite. Wir biegen links ein in die Asmalı Mescid Sokak und gehen auf dieser engen, aber interessanten Straße immer leicht abwärts, bis wir in der Höhe der Meşrutiyet Caddesi auf das Pera-Palas-Hotel stoßen. Diese heute museal wirkende Luxusherberge, einstmals das Synonym für modernsten Komfort, wurde 1892 für die Reisenden des Orient-Express eröffnet. »Marmor aus Carrara, handgeknüpfte Teppiche und Technik vom Feinsten. Lange vor vergleichbaren Hotels in anderen Teilen der Welt konnte sich das Pera Palace brüsten, fließendes Wasser und elektrisches Licht zu besitzen. Die Fahrt in die oberen Etagen wurde mit dem ersten elektrisch betriebenen Lift der Welt zurückgelegt.« Das teilt uns Wolfgang Koydl, der bis Ende 2000 für die *Süddeutsche Zeitung* als Korrespondent aus Istanbul berichtete, in seinem Sammelband *Der Bart des Propheten* als Ergebnis seiner Recherche mit. Ironisch fährt er fort: »Mit schwer verständlichem Stolz rühmt sich auch das heutige Hotelmanagement, daß immer noch dieselben alten Leitungen ›mit Vertrauen‹ benutzt werden. Vielleicht wäre Gottvertrauen der bessere Ausdruck.«

Die Gästeliste weist illustre Namen auf, wie Mata Hari und Greta Garbo, neben heute eher unbekannten Größen wie den Sultan von Sansibar und König Karol von Rumänien, außerdem Leo Trotzki und Franz von Papen, den englischen König Eduard VII., den Komponisten Mikis Theodorakis und die Witwe des ermordeten amerikanischen Präsidenten John F. Kennedys.

In der Suite Nr. 101 logierte der Gründer der Türkischen Republik, Mustafa Kemal Atatürk, wohl ein dutzendmal, weshalb diese Räumlichkeiten in ein Museum umgewandelt wurden. »Das Hotelmanagement versichert, daß seit Atatürks letztem Besuch 1937 in seiner Suite nichts verändert wurde – außer daß ein Porträt des großen Führers aufgehängt und persönliche Gebrauchsgegenstände in Vitrinen ausgestellt wurden. In den altväterlich eingerichteten Räumen riecht es sogar ein bißchen so, als ob seitdem nicht einmal mehr gelüftet oder die Toilette gespült worden sei«, bemerkt Koydl süffisant. Auf Anfrage und für ein Bakschisch sind die Räume der berühmten Gäste sogar zu besichtigen.

*Mord im Orientexpress* – diesen wohl bekanntesten ihrer Kriminalromane schrieb Agatha Christie in Zimmer 411. Sie war Stammgast des Hotels. Dennoch erlebt ihr Protagonist, der Meisterdetektiv Hercule Poirot, Istanbul nur als Durchgangsstation auf der Reise zwischen Aleppo und Calais. Ursprünglich hatte er vorgehabt, sich »ein paar Tage als Tourist dort umzusehen«. Denn: »Istanbul, in dieser Stadt war ich noch nie. Es wäre doch schade, da nur durchzureisen.« Und sein Gesprächspartner, der Istanbul ebenfalls nicht kennt, antwortet mit der Stereotype: »Die Hagia Sophia – sehr schön.« Ein Telegramm aus London veranlaßt Poirot aber sofort zur Weiterfahrt mit dem schicksalsschwangeren »Orientexpress«, so daß das geplante Sightseeing ausfällt.

Vor Jahren wollte die US-Filmfirma Warner Brothers einen Film über das Leben von Agatha Christie drehen und hatte dazu das Hotel als Originalschauplatz auserkoren. Ein Schlüssel, der sich in dem ehemaligen Hotelzimmer der Autorin gefunden hatte, sollte angeblich zu ihrem verschwundenen Tagebuch führen. Für den Schlüssel und die Dreherlaubnis verlangte die Hotelverwaltung jedoch so exorbitante Summen, daß das Projekt platzte. Nehmen Sie sich etwas Zeit, die Atmosphäre dieses Ortes auf sich wirken zu lassen. Die großzügige Bar ist wie das Café – mit ausgezeichneten Torten – auch tagsüber geöffnet. Der große Speisesaal mit dem Umgang im Obergeschoß und den verspielten Kuppeln wird bloß für größere Gruppen geöffnet. Wenngleich ich mich dem Lift nur ungern anvertrauen würde, lohnt sich doch allein der Anblick der Gitter und der prächtigen roten Polsterung. Die Toiletten (halbe Treppe) dagegen wirken wirklich etwas antiquiert.

Der inzwischen auch in Deutschland bekannte türkische Erfolgsautor Orhan Pamuk (geb. 1952) wählt in seinem Roman *Das Schwarze Buch* das Ambiente des Pera-Palas-Hotels, wohin er seinen Helden Galip, der seine Frau Rüya und seinen Vetter, den Journalisten Celal, in ganz Istanbul sucht, begleitet: »Der Eingang des Pera Palas war hell und warm. Rechts in dem weiten Saal saß Iskender auf einem der alten

Diwane und beobachtete gemeinsam mit einigen Touristen eine Gruppe. Türkische Filmemacher, die einen historischen Streifen drehten und sich die Hotelausstattung vom Ende des neunzehnten Jahrhunderts zunutze machten.« Hier ist ein eng mit Beyoğlu verbundenes Thema angeschnitten: die Filmproduktion. Wir werden im Zusammenhang mit Yeşilçam, dem türkischen Hollywood, noch davon hören.

Vom Aufenthalt des Schriftstellers Ernest Hemingway im Pera-Palas-Hotel wissen wohl aufmerksame deutsche Leser durch den Halbsatz in *Schnee auf dem Kilimandscharo*, wo es heißt: »... und er tauchte mit einem blauen Auge im Pera Palace auf und trug seine Jacke überm Arm, weil ein Ärmel fehlte.« Bekanntlich handelt die Story von einem sterbenden Schriftsteller, der sich vor seinem Tod (infizierte Kratzwunde, Wundbrand im Bein) an alle die Stationen in seinem Leben erinnert, über die er nun nicht mehr schreiben kann. Die auf Istanbul bezogenen Äußerungen bleiben derart schematisch (Prügelei mit einem englischen Kanonier um eine armenische Nutte; nächtliche Fahrt mit der Frau nach Rumeli Hisarı am Bosporus hinaus), daß sich die Vermutung aufdrängt, Istanbul habe auf Hemingway keinen großen Eindruck gemacht.

Auf ähnliche Weise rein stichwortgebend bedient sich Graham Greene des Pera-Palas-Hotels in seinem Roman *Orient-Express,* dessen leichthin erzählte, aber politisch und menschlich tiefgründige Handlung in Istanbul endet. Die Hauptperson, der jüdische Geschäftsmann Myatt, geniert sich allerdings, in dem berühmten Hotel zu übernachten. Ihm war dort nämlich eine unangenehme Sache passiert, deshalb habe er nie wieder dort gewohnt. Seiner jungen Gesprächspartnerin Janet schildert er die peinliche Situation mit seiner damaligen Begleiterin. »Myatt sagte: ›Es war furchtbar. Morgens gegen zwei hat sie plötzlich durchgedreht. Schrie herum und zerdepperte Sachen. Der Nachtportier kam hoch, und überall stürzten die Leute aus den Zimmern. Sie glaubten, ich täte ihr etwas an.‹« Kurz nach diesem intimen Bekenntnis bittet Myatt Janet, für immer bei ihm zu bleiben.

In der Umgebung des Pera-Palas-Hotels befanden sich früher Kaffeegärten mit im Sommer bespielten Freiluftbühnen, wie das bei Greene beschrieben wird. »Myatt und Janet gingen am Rand des Gartens entlang und suchten einen Tisch, während die Französin kreischte und lachte und einem unaufmerksamen, desinteressierten Publikum ihre bemühten Anzüglichkeiten zuwarf. Unter ihnen fiel Pera steil ab, und die Lichter der Fischerboote auf dem Goldenen Horn blitzten auf wie winzige Fackeln; Kellner liefen herum und servierten Kaffee.« Seit in den 80er Jahren Oberbürgermeister Dalan die Tarlabaşı Caddesi für einen zügigen Autoverkehr verbreitern ließ, wirkt der ganze Abhang beim Pera-Palas-Hotel etwas unorganisch.

Wir nehmen denselben Weg zur Hauptstraße zurück und bemerken in der Asmalı Mescid Sokak und den von ihr abzweigenden Gassen die vielen einladenden Lokale. Das bekannteste ist das Yakup II, ein Künstlerlokal, dessen Wände Starfotos zieren und wo Sie auch heute jederzeit auf Literaten, Journalisten, Schauspieler und Musiker treffen können. Wenn wir die Istiklâl Caddesi erreichen, laufen wir direkt auf die Konditorei Lebon zu. Daneben, nur durch eine schmale Gasse getrennt, liegt das ursprüngliche Café Lebon, neuerdings Bistro Les Bones genannt. Diese Örtlichkeit und das gegenüberliegende Café Markiz waren im 20. Jahrhundert berühmte Künstlertreffs. An den Namen ist unschwer zu erkennen, daß es sich um Caféhäuser europäischen Typs handelt. Seit der Mitte des 18. Jahrhunderts in Istanbul zuerst nur in Beyoğlu eröffnet, wurden sie wegen der Damen unter den Gästen und der meist weiblichen Bedienung von konservativen Türken als »sündig« angesehen. In traditionellen türkischen Caféhäusern pflegten die männlichen Gäste – von Männern bedient – auf Bänken rundum an den vier Wänden zu sitzen, während ein Herd oder Kohlebecken in der Mitte den häufig stark verrauchten Raum erwärmte.

Was den europäisch gebildeten Literaten an den Cafés neuen Typs anzog, war die relative Ungestörtheit in einer gleichwohl anregenden Umgebung. Der bekannte Schriftsteller und Feuilletonist Haldun Taner (1915-86) hat dies folgendermaßen ausgedrückt: »Hier ist jeder Tisch für sich eine Insel.« Er setzte sich ins Café, um allein zu sein, Bücher und Zeitungen zu lesen und sich seine Notizen zu machen. Andererseits hatte er stets eine dicke Tasche mit Ausschnitten aus fremdsprachigen Zeitungen, historischen Fotos und deutschen Büchern dabei (Taner hatte in Heidelberg Politikwissenschaft studiert), die er Freunden und Kollegen zeigen und mit ihnen darüber diskutieren wollte. Taner verließ seine einsame Insel im Café Markiz nämlich gerne, wenn er anregende Gesprächspartner fand.

In den beiden Lokalitäten spürt man noch ein wenig von der Atmosphäre der alten Künstlertreffs, auch wenn sie von Grund auf renoviert worden sind. Nur dürften heutzutage die gesalzenen Preise es allenfalls Bestsellerautoren erlauben, dort zu speisen. Die Gäste sind dementsprechend vorwiegend Geschäftsleute, Rechtsanwälte, reiche Damen, betuchte Rentner und Touristen. Im Markiz verkehrte Ende des 19., Anfang des 20. Jahrhunderts auch der von dem revolutionären Journalisten und Schriftsteller Namık Kemal (1840-1888) gegründete Kreis. Die Diskussionen um die gesellschaftliche Aufgabe der Literatur berührten nicht zuletzt politische Fragen. Nach der jungtürkischen Revolution 1908 übernahmen einige Autoren aus diesem Kreis die Chefredaktion in den neuen, politisch fortschrittlichen Tageszeitungen (Halit Ziya in *Sabah*, Cenap Sahabettin in *Yeni Gazete* und Hüseyin Cahit in *Tan*).

Noch vor dem Ersten Weltkrieg traf sich im Café Lebon die Gruppe um die berühmte Literaturzeitschrift *Servetifünun* (Schatz der Wissenschaft), die ursprünglich naturwissenschaftlich orientiert war, sich dann jedoch sowohl für die klassische als auch für die neue türkische Literatur einsetzte. Daß die Zeitschrift bis 1944 überlebte, will angesichts der vielen schnellebigen Literaturzeitschriften, die in den Cafés von Beyoğlu gegründet wurden und binnen kurzem wieder eingingen, etwas heißen.

Pierre Loti, der seine Abende aus Überzeugung nicht in Beyoğlu verbrachte, kam dennoch manchmal zum Mittagessen ins Café Lebon. Die Gruppe um *Servetifünun* mochte ihn nicht; ihre Mitglieder fanden ihn taktlos und angeberisch. Schon bei einer ersten Begegnung hatte Loti gegenüber Celal Nuri geprahlt, er sei Mitglied der Académie Française und habe von Sultan Abdulhamit II. einen Orden mit großen Brillanten bekommen.

Einer der berühmtesten Gäste des Lebon war Yakup Kadri Karaosmanoğlu (1889-1974). In Deutschland wurde er schon 1939 mit seinem heute noch lesenswerten Roman *Der Fremdling* bekannt, der allerdings nicht in Istanbul, sondern in der anatolischen Provinz spielt und in Tagebuchform das Schicksal eines adeligen Intellektuellen wiedergibt, der sich, nachdem er im Ersten Weltkrieg seinen Arm verloren hat, aus dem von westlichen Truppen besetzten Istanbul aufs Land zurückzieht. »Dort erlebt er die Enttäuschung seines Lebens:

Die Bauern interessieren sich kein bißchen für das Schicksal der Hauptstadt, für westliche Ideen, für den General Kemal (Kemal Atatürk) und dessen Vision von der türkischen Nation«, heißt es im Klappentext der deutschen Ausgabe.

Seit etwa 1950 war Salah Birsel Stammgast im Lebon. Er hat in seinem Essayband *Ah Beyoğlu, Vah Beyoğlu* die Geschichte der Literatencafés in Beyoğlu beschrieben und viele der Künstler persönlich gekannt. In mehreren Zeitschriftenartikeln verkündete er 1941 die »Geburt« der neuen türkischen Lyrik und begrüßte die Gedichte von Orhan Veli Kanık, Sabahattin Kudret, Oktay Rıfat und Cahit Külebi als »großes Fest, das die Kunst gemeinsam mit dem Volk begeht«. Die Volksnähe der neuen Lyrik drückt sich sowohl thematisch als auch sprachlich aus. In einfachen Worten, knappen Sätzen werden realistische Beobachtungen skizziert, Gefühle nur verhalten zum Ausdruck gebracht. Als ein Beispiel können Sie die *Bebek-Suite* von Orhan Veli Kanık im sechsten Spaziergang nachlesen.

Obgleich bei seinen Künstlerkollegen als Genie anerkannt, war Orhan Veli wegen seiner Skandalgeschichten, die teilweise erfunden waren, um damit in die Schlagzeilen zu kommen, nicht allzu beliebt. Überhaupt darf man sich das Verhältnis der Kreativen untereinander nicht immer friedlich vorstellen; es gab Neid und manchmal Streit bis zur Prügelei. Als Sait Faik sein erstes Gedicht »fand« – bis dahin hatte er »nur« Prosa geschrieben –, wurde es am selben Abend im Café Niçoise von seinen Freunden Sabahattin Kudret und Cavıt Yamaç mehrmals vorgelesen. Anfangs beteiligte sich der Autor noch an der Rezitation, dann vermutete er, daß sich die anderen über ihn lustig machten. Plötzlich sprang er auf und fing an, auf Sabahattin und Cavıt einzuprügeln, erzählt Birsel. Letzterer überliefert auch das Gedicht, das so einfach und volkstümlich ist, wie es der neue Stil verlangt. Es besteht aus nur vier Zeilen.

*»Der Lastträger*

Man wird im Städtchen laut verkünden
Und die Trommel schlagen
Er hat den Riesenkoffer
Für fünf Groschen nur getragen.«

Sait Faik ist der Autor der einfachen Leute, der Arbeiter, der Bettler, der Kinder. In seinen Erzählungen zeigt er ein Istanbul »von unten«. Über Beyoğlu hat er einen kurzen Essay in der Zeitschrift *Resimli Istanbul Haftası* (Bebilderte Istanbuler Woche) veröffentlicht, der damit kokettiert, daß der Verfasser als Reporter noch »Anfänger« ist und deshalb nicht, wie gemeinhin üblich, über Beyoğlu schimpft: »Ich werde Beyoğlu preisen. Seine schlimmen Gassen, seine schlimmen Menschen, seine Besoffenen, seine Kneipen, alles werde ich preisen.« Das Haus des Dichters auf der Insel Burgaz ist ein Museum, das Sie anläßlich einer Fahrt zu den Prinzeninseln besichtigen können.

Leider ist es uns auf unserem Spaziergang zeitlich nicht möglich, weitere für das literarische Leben früherer Jahrzehnte bedeutsame Cafés, also das Café Niçoise, das Café Tilla oder das Café Elite bzw. die Orte, wo sie sich befanden, zu besuchen und über all die mehr oder weniger bekannten Dichter zu berichten, die hier verkehrten.

Nach kurzer Strecke die Istiklâl aufwärts biegen wir nach rechts ab in die Muammer Karaca Sokak, die nach dem hier gelegenen Theater bzw. seinem Gründer benannt ist. Auch wenn Sie keine Vorstellung besuchen, können Sie einen Blick in die Ausstellung im ersten Stock werfen, die dem Schauspieler und Theaterdirektor Muammer Karaca (1906-78) gewidmet ist. Aufklärung durch Lachen war sein Prinzip. Auf dem Spielplan der kleinen Bühne stehen heute Puppenspiele, Kindertheater, das Einmannkabarett von Ali Poyrazoğlu und manchmal Stücke für Karagöz und Hacivat. Diese beiden Hauptfiguren des türkischen Schattentheaters sind jedem Kind bekannt, obwohl es keineswegs eine Art »Kasperltheater« ist, was hier gezeigt wird, sondern Kritik an den menschlichen Schwächen und an der Gesellschaft in witziger und sprachlich differenzierter Form, immer jedoch so, daß das Publikum zum Lachen gebracht wird.

Die beliebtesten türkischen Theaterschauspieler waren und sind oft Meister des Komischen, der Satire. Manche haben ihre eigene Truppe oder ein eigenes Theater, so wie Levent Kırca, Ferhan Şensoy, Yıldız Kenter. Im allgemeinen sind jedoch der Staat (Devlet) und die Stadt (Büyük Şehir) Träger der vielen über ganz Istanbul verstreuten Bühnen. Heutzutage besitzt Beyoğlu nicht mehr, wie einmal früher, das Theatermonopol.

Leider ist das türkische Theater für die meisten Ausländer nicht verständlich. Denn neben einer guten Beherrschung des Türkischen, um die sehr beliebten Sprachspiele und Anspielungen zu verstehen und zu genießen, ist auch die detaillierte Kenntnis des sozialen und politischen Lebens notwendig. Sollte allerdings ein Stück auf dem Spielplan stehen, das Sie kennen, dann macht es Ihnen vielleicht Spaß, die Aufführung auch ohne Türkischkenntnisse zu verfolgen. Gerne gespielt werden Dramen von Shakespeare, Tschechows *Kirschgarten*, Komödien von Goldoni und Molière. Eine Zeitlang war Bertolt Brecht sehr in Mode.

Wir kehren zur Hauptstraße zurück und folgen weiter der

leicht ansteigenden Istiklâl Caddesi, wobei wir links den Büroturm Odakule liegen lassen. In diesem grauenhaften Beispiel moderner Architektur war etwa bis zum Jahr 2000 das Goethe-Institut in mehreren Stockwerken sehr beengt untergebracht, bis es dann in die Yeniçarşı Caddesi 52 (sie zweigt vor dem Galatasaray Lisesi von der Hauptstraße ab) in eine Jugendstilvilla umzog. Die Bedeutung des Goethe-Instituts für das literarische Leben Istanbuls muß wohl nicht eigens erläutert werden. Die neben dem Sprachunterricht vielfältigen Kulturveranstaltungen lassen nicht nur deutsche Dichtung aus allen Jahrhunderten, besonders der Gegenwart, zum Erlebnis werden, sie führen auch ein gemischt türkisches und deutsches Publikum im gemeinsamen Interesse für literarische Texte und ihre Autoren zusammen. Die große Bibliothek, die Kunstausstellungen, Symposien und Workshops, Lesungen, Konzerte und Filme vermitteln außer Literatur ein reiches kulturelles Leben und bieten den in Istanbul lebenden Deutschen zugleich ein Stück Heimat.

Nicht vergessen werden soll, daß die Übersetzung türkischer Autoren der Gegenwart, z. B. auch des Bestsellerautors Orhan Pamuk, im Goethe-Institut angeregt wurde. Umgekehrt gibt es ein Förderprogramm, das die Übersetzung deutscher Autoren in die türkische Sprache finanziell unterstützt.

Hinter dem scheußlichen Büroturm Odakule fand im TÜYAP-Zentrum übrigens bis vor kurzem noch jeden Herbst die Istanbuler Buchmesse statt, die, wenngleich nicht annähernd so groß wie die Frankfurter oder Leipziger Buchmessen, doch für Verlage und Buchhandlungen einen jährlichen Höhepunkt darstellt. Auch die lesende Jugend konnte diese düsteren Hallen leicht erreichen, was jetzt, da die Messe hinaus nach Beylikdüzü (Nähe Flughafen) verlegt worden ist, sehr viel aufwendiger ist. Infolgedessen wird die Messe künftig hauptsächlich Insider, d. h. Vertreter von Verlagen und Buchhandlungen, anziehen.

Wir versuchen nun auf der rechten Seite den Durchgang zum Vorhof der katholischen St. Antuan Kilisesi (St. Antonius) nicht zu verpassen, eine der vielen christlichen Kirchen in Beyoğlu, die allerdings im Straßenbild nicht ins Auge fallen, denn Kirchen waren und sind in islamischer Umgebung zwar erlaubt, genießen sogar den Schutz des Staates, dürfen aber nicht auffällig in Erscheinung treten und z. B. nicht missionieren.

Der Koran übrigens bezeichnet Christen und Juden als »Leute des Buches« bzw. »Volk der Schrift«. Beide haben, ebenso wie der Islam, die Offenbarung in Form heiliger Texte erhalten, aus der Sicht des Korans aber die von Gott gegebene Offenbarung verfälscht. In der 5. Sure, Vers 18 heißt es: »O Volk der Schrift, nunmehr ist Unser Gesandter zu euch gekommen, euch vieles von der Schrift kundzutun, was ihr verbargt, und um vieles zu übergehen. Gekommen ist nunmehr zu euch von Allah ein Licht und ein klares Buch.« Wenig später heißt es: »Wenn das Volk der Schrift glaubte und gottesfürchtig wäre, wahrlich, Wir bedeckten ihre Missetaten, und wahrlich, Wir führten sie in die Gärten der Wonne.« (Vers 70) Der Einfluß der Offenbarungsschriften auf die Literatur ist freilich ein weites Feld, auf das wir uns jetzt nicht begeben können.

Die christlichen Kirchen in Beyoğlu haben die Phantasie türkischer Schriftsteller angeregt. So halluziniert der junge Mann in Demir Özlüs Erzählung *Ein Istanbuler Traum* immer wieder die Hochzeit seiner schönen Nachbarin in einer Kirche, und in jeder Variante fließt Blut, vermischt mit dem Opferwein aus dem Kelch des Priesters. In dem Roman von Vedat Türkali über *Yesilçam* wiederum erinnert sich der alte

Apotheker Zühtü Bey sehnsüchtig und schuldbeladen an die orthodoxe Osterfeier seiner griechischen Geliebten Elena und das verbotene Treffen mit ihr auf den Stufen der Kirche. Das für die Muslime geheimnisvolle Christentum als exotisches, in den genannten Beispielen sogar erotisches Motiv ist in der türkischen Literatur eher selten. Wie oft hat dagegen der geheimnisvolle Orient die erotische Phantasie europäischer Schriftsteller beflügelt!

Gegenüber von St. Antuan liegt Elhamra Han, wo es in den 20er Jahren das erste Kino Beyoğlus gab.

Der untere Teil der Istiklâl Caddesi geht nun zu Ende; an der Straßenkreuzung bildet sich ein kleiner Platz, der mit einer modernen Skulptur geschmückt ist. Sie sehen rechts vor sich das schmiedeeiserne Gitter vom Garten des Galatasaray Lisesi, jenes nach französischem Vorbild 1868 von Sultan Abdulaziz gegründeten berühmten Elite-Gymnasiums, in dem der Unterricht weitgehend in französischer Sprache erfolgt und das viele bekannte Politiker, Künstler und Wissenschaftler hervorgebracht hat.

Adalet Ağaoğlu (geb. 1929) läßt eine der Hauptfiguren ihrer Romantrilogie *Dar Zamanlar* (Schwere Zeiten) im Galatasaray Lisesi zur Schule gehen, was Internatserziehung einschloß. Am Beispiel des von ihr als leicht negative Person gestalteten Landratssohnes mit dem sprechenden Namen Aydın (der Aufgeklärte) wird hier gezeigt, wie die Schüler sowohl feine europäische Bildung als auch nationale Begeisterung vermittelt bekommen. Nichts ersehnt Aydın so sehr, als seinem Land einmal als Diplomat zu dienen. Für dieses hohe Ziel verleugnet er das Heimweh und unterdrückt die eigene Meinung. Adalet Ağaoğlu beschreibt eine Generation (ihre eigene), die mit der Liebe zu Atatürk, dem Vater der Nation, aufwächst, die idealistisch und selbstlos ist, deren Ideale jedoch im Laufe der Jahre zerbrechen. Die eigentliche Haupt-figur der Trilogie, die Soziologieprofessorin Aysel, legt sich in einem Hotelzimmer zum Sterben hin; so beginnt der erste Band mit dem Titel *Ölmeye Yatmak* (Sich Hinlegen zum Ster-ben).

Doch zurück zu Aydın, dem Zögling des Galatasaray Lisesi. Am 9. November 1939 schreibt er in sein Tagebuch: »Mor-gen jährt sich zum ersten Mal der Todestag unseres Großen Führers. Wir werden uns alle im Pausenhof versammeln. Es werden Reden gehalten und Gedichte gelesen werden. Davor werden wir fünf Minuten lang der geliebten Seele unseres unsterblichen Vaters gedenken. (...) In den französischen Zeitschriften *Match* und *Vue* sind schöne Artikel über unser Land mit schönen Fotos abgedruckt worden. Monsieur Mau-rin hat sie uns gezeigt. Wir waren alle sehr stolz darauf, Tür-ken zu sein. Doch auf einem der Bilder sah man zusammen mit einem Mann zehn Mädchen mit Kopftüchern. Unter dem Foto hieß es: ›Elèves du Conservatoire de Musique‹. Die Ausländer denken wohl, daß alle Schülerinnen unserer modernen Türkei in dieser Art mit bedecktem Kopf herum-laufen. Was für ein Irrtum!« Die Trilogie *Dar Zamanlar*, ein wichtiges Werk der türkischen modernen Literatur, ist leider nicht auf Deutsch zugänglich. Die bedeutende, mit vie-len Literaturpreisen geehrte Autorin Adalet Ağaoğlu kennt man hierzulande nur durch ihren Gastarbeiterroman *Die zarte Rose meiner Sehnsucht* und einzelne Erzählungen in Anthologien.

Jahrelang war das schmiedeeiserne Gitter des Galatasaray Lisesi übrigens Treffpunkt der »Samstagsmütter«, der weib-lichen Angehörigen der in türkischen Gefängnissen schmach-tenden, teilweise hungerstreikenden, teilweise gefolterten, gestorbenen oder verschwundenen politischen Gefangenen.

Ob dies in die Literatur eingegangen ist, entzieht sich meiner Kenntnis. Die türkischen Schriftsteller der Gegenwart scheuen sich eigentlich nicht, politisch Brisantes zu thematisieren, doch sind der Offenheit gewisse Grenzen gesetzt. Gert Heidenreich greift das Problem in seinem Gedicht *Istanbul. Beyoğlu. November* auf. Hinter dem pittoresk Orientalischen seiner Bilder verbirgt sich eine politische Aussage. Zwar bezieht sich das Gedicht nur im zweiten Teil auf die Çiçek Pasajı (Blumenpassage), die schräg rechts gegenüber dem kunstvollen Eisengittertor des Galatasaray Lisesi beginnt. Zum vollen Verständnis ist jedoch der gesamte Text nötig.


*Istanbul. Beyoğlu*
*November*


Schöner als anderswo fand ich die
Tauben in Istanbul: grünhälsig
mit blauem Glanz auf den Federn, als hätten
sie sich soeben heraus gehoben aus den
Kacheln der Yeni-Moschee.

Manche trugen ein rotes
Band unterm Kopf

wie das Schaf in der Armenküche
von Eyüb, das von der kaschmirgekleideten Dame
gewählt, gewogen vom Mann mit der Mütze, sofort dann
vom Schlächter in starrer Gummischürze auf den Boden
geworfen und mit einem entschlossenen Schnitt
zu Fleisch gemacht wurde.

Gelübde und Spende. In der
Steinrinne Wasser und Blut.

Mit Freunden saß ich nachts in der Passage
bei Rakı und Fisch in leisem Gespräch.
Die Nußverkäuferin kam. Die Alte mit dem
Akkordeon. Der Zigaretten-Schnorrer
und der Junge mit heiserer Geige.
Zwischen uns auf dem Tisch lag blau und kühl
und aus Glas der Blick des Propheten.
Er schützte die Redner.

Wer aber schützt Mohammed vor seinen
Propheten? Fragte der jüngste der Dichter. Und wer
uns vor den Verwaltern des Schutzes?

Da habt ihr euch, meine Freunde,
verwandelt in mutige Tauben. Und jedem wuchs
Wort für Wort, ach, um den Hals
Der Streifen aus Rot.

Auch Yaşar Kemal läßt in seinem Roman *Zorn des Meeres*
die Blumenpassage und den parallel dazu in der Sahne Sokak
gelegenen Fischmarkt zum Zufluchtsort seiner »Helden«
werden. Wenn einer der Fischer gut verdient hat oder einen
besonderen Trost braucht, kehrt er dort zu einem Rakı ein.
Fischer Selim hingegen betrinkt sich in seinem Kummer um
den Mord an den Delphinen im Marmarameer ganz fürchter-
lich. »Der drangvolle Basar samt seinen Blumen, den Ge-
rüchen und den nackten Glühbirnen unter sternenlosem
Himmel drehte sich, und das Meer, die Fische, das Blut, die
träge kriechenden Langusten, die goldglänzenden Lichter,

die Autos, das Stimmengewirr, der Rauch gerösteter Lamm-
därme (...) die Schwankenden, Fluchenden und Kotzenden,
die halbnackten Frauen mit aufgerissenen Augen hinter den
großen Schaufenstern, Lefters Kneipe, die Auslagen mit riesigen Schwertfischen und Stören, Berge von Salatköpfen, das
Restaurant zur Republik und Lambos Taverne (...) Alles
drehte sich.«

Die Kneipen im so genannten Blumenmarkt werden in jüngster Zeit von Einheimischen, vor allem von Künstlern, eher
gemieden. Es gibt ruhigere Plätze, um mit Freunden Rakı
zu trinken. Ist doch der Alkoholausschank nicht mehr wie
zu Sultanszeiten auf die ehemals allein von Ausländern geführten Kneipen von Pera beschränkt.

Wir treten wieder auf die Istiklâl Caddesi hinaus, die immer
belebter wird, je mehr wir uns ihrem Ende nähern. Hier im
oberen Teil liegen eine Reihe von Kinos, manche noch wun-
derbar altmodisch mit Plüschsesseln und Schummerbeleuch-
tung eingerichtet. Von jeher werden in den Kinos von Beyoğlu vorwiegend amerikanische Filme gezeigt. Wie in den
Jahrzehnten ohne Fernsehen haben sie auch heute noch die
Funktion, den Traum aus der großen weiten Welt in den türkischen Alltag zu tragen. Bei Orhan Pamuk (*Das Schwarze
Buch*) heißt es: »Auf den Gesichtern der Kinobesucher lag
die Ruhe derer, die ihr eigenes Unglück vergessen haben, weil
sie sich bis über die Ohren in eine andere Geschichte eingelas-
sen haben. (...) Ihr schon lange zuvor durch Niederlagen und
Schmerzen entleertes Gedächtnis war jetzt tief angefüllt mit
einer Geschichte, die alle Trauer und alle Reminiszenzen be-
sänftigte. ›Sie bringen es fertig zu glauben, daß sie jemand anders sind‹, dachte Galip voller Sehnsucht.«

Obwohl die materiellen Bedingungen für die Produktion ein-
heimischer Filme beschränkt sind und bis in die 80er Jahre

hinein sozialkritische Ansätze verboten waren, gibt es sehr wohl auch anspruchsvolle türkische Filme. Ein Regisseur wie Ömer Kavur schuf immerhin *Anayurt Oteli* (Hotel Heimat, nach dem gleichnamigen Roman von Yusuf Atılgan) mit dem wunderbaren Schauspieler Macit Koper und *Gizli Yüz* (Das verborgene Gesicht), zu dem Orhan Pamuk das Drehbuch schrieb, mit Zuhal Olcay in der weiblichen Hauptrolle. *Yer Demir, Gök Bakır* (*Eisenerde, Kupferhimmel*) nach einem Roman von Yaşar Kemal wurde ebenfalls, und zwar mit deutscher technischer Hilfe verfilmt, wobei die Filmmusik der bekannte volkstümliche Komponist Zülfü Livaneli schrieb. Eine weitere meisterliche Literaturverfilmung ist *Die Rache der Schlangen* nach dem Roman von Fakir Baykurt. Man sollte also nicht immer nur Yılmaz Güney mit *Yol*, der 1982 die Goldene Palme von Cannes bekam, als einzigen Vertreter des wertvollen türkischen Films erwähnen.

Möglicherweise aus der Not der eingeschränkten Mittel und der zeitweiligen Zensur sind viele Filmkomödien entstanden, deren Stoff an sich keineswegs komisch ist, sondern dem mühevollen Alltag der kleinen Leute entspricht: Arbeitslosigkeit, Wohnungsnot, Ausbeutung durch die Bessergestellten, Liebe zwischen Menschen aus unterschiedlichen Schichten, Unterdrückung der Frauen und ihre listige Befreiung. Im Gewand des Klamauks wurden oft bis zu Tränen rührende menschliche Konflikte dargestellt. Ein Gutteil zur Beliebtheit dieser Filme, die noch heute ständig im Fernsehen wiederholt werden, trugen die wahrhaft großen Volksschauspieler bei wie Kemal Sunal, das Pferdegebiß mit dem weichen Herzen, die rührend häßliche kleine dicke Adile Naşit, der ebenfalls kleinwüchsige Şener Şen mit seiner extremen Körperbehaarung, der in *Züğürt Ağa* (Der arme Landlord) und in *Arabesk* (eine Persiflage auf die Schnulzenfilme) die Kunst der Charakterdarstellung so perfekt beherrscht, daß aus den kleinen Filmen große werden. Es gibt inzwischen – trotz allem – auch wieder einige Nachwuchsregisseure, die sich trauen, anspruchsvolle Filme zu machen, etwa Nuri Bilge Ceylan (*Uzak*, Weit) oder Barış Pirhasan (*Usta Beni Öldürsene*, Meister töte mich, nach einer Erzählung von Bilge Karasu). In den letzten Jahren durfte auch politisch Gewagtes gezeigt werden, etwa über die Folter, über den Bürgerkrieg im Osten.

Auf der linken Seite der Hauptstraße zweigt beim Emek Sineması eine Seitengasse mit dem Namen Yesilçam (Grüne Pinie) ab. Der Name weist auf das türkische »Hollywood«, das ursprünglich hier in Beyoğlu lag, hin. Heute sind die Studios nach Yenibosna (Richtung Flughafen) hinausgezogen, wo »jährlich Hunderte von Schnulzen, Melodramen und Sexfilmen in billigster Technik für den internationalen Massenmarkt der Dritt-Welt-Staaten und für die heimische Kino- und Videoindustrie« entstehen, wie Andrea Gorys recherchiert hat.

Der alten Filmwelt in Beyoğlu hat Vedat Türkali (geb. 1919) mit seinem Roman *Yesilçam Dedikleri Türkiye* ein Denkmal gesetzt. Den Titel sinnvoll zu übersetzen ist schwierig, allenfalls: »Yesilçam als Spiegel der Türkei«. Der Autor, der selbst Drehbücher geschrieben und vereinzelt Regie geführt hat (*Sokakta Kan Vardı*, Blut war auf der Straße; *Kara Çarşaflı Gelin*, Die Braut im schwarzen Schleier) schildert den Kampf des Drehbuchautors Gündüz um die Verwirklichung eines sozialkritischen Filmes mit dem Titel »Pillen-Report«, der die dunklen Machenschaften der Pharmaindustrie aufdecken und anprangern soll. »Eigentlich ist der Pillen-Report eine Art Türkei-Report«, heißt es. Eine wichtige Rolle kommt in diesem Film den Arbeitern zu, nicht nur in den geplanten

Massenstreikszenen, sondern bereits bei der Vorbereitung, indem zum Beispiel der Autor sein Drehbuch mit ihnen diskutieren will. Gündüz versucht eine kleine Gruppe von Arbeitern zu überzeugen: »Es geht darum, die gesellschaftlichen Strukturen aufzuzeigen! Es soll eine Dokumentation werden, die die Massen erweckt. Der Film soll auch die Arbeiterperspektive vertreten.« Doch keiner der Anwesenden ist in der Lage, das Drehbuch auch nur zu lesen. Schließlich scheitert das gesamte Projekt an der zunehmenden Gewalt (Ende der 70er Jahre), der vor allem »Linke« zum Opfer fallen. Am Ende des Romans wird die Ermordung eines gewerkschaftlich organisierten Arbeiters gemeldet. Dieses sehr spannend und lebendig geschriebene Buch, dessen Autor keineswegs ideologisch verklemmt ist, hat wohl erst dann Aussicht, ins Deutsche übersetzt zu werden, wenn man sich für die Entwicklung der modernen Türkei ebenso interessiert wie für Romane über die osmanische Geschichte, die bei uns derzeit im Trend liegen.

Zuletzt sei noch erwähnt, daß Istanbul jedes Jahr im Frühjahr ein internationales Filmfestival veranstaltet, auf dem als Preis die Goldene Tulpe vergeben wird. In meiner Erzählung *Istanbul* habe ich beschrieben, wie 1993 das Filmfest just mit dem kurdischen Nevrozfest zusammenfiel, das zwar damals schon offiziell erlaubt, aber vielerorts mit Demonstrationen gegen die Staatsgewalt »gefeiert« wurde. Trotz einer Bombenexplosion in Beyoğlu ging die Filmwoche weiter. »Ich hatte mir ›Delicatesses‹ ausgesucht, die französische Horrorkomödie mit dem Schlachter, der in der Hungersnot nach der Großen Katastrophe einzelne Mieter umbringt, um die restlichen mit Fleisch zu versorgen. Der Film hatte 1991 in Tokio eine Goldmedaille gewonnen (...) Ich lachte immer wieder geradezu hysterisch heraus, weil es mich wirklich gruselte. Allerdings war der Grund dafür die Verbindung zur Realität. Während im Kino der Untergang der Welt verulkt wurde, stand draußen die gesamte Istiklâl Caddesi voller Polizei- und Feuerwehrwagen. Vor dem Eingang zum Kino sogar ein Ambulanzfahrzeug. Dazwischen flanierten die Leute, als wenn nichts wäre. Grotesk! Es passierte trotz aller Spannung schließlich nichts, wenigstens nicht hier, nicht heute.«

Typisch für die Istiklâl Caddesi sind außer den Kinos die vielen Buchhandlungen. Lassen Sie sich nicht verwirren durch die dröhnende Musik, mit der vor allem jugendliche Kundschaft angezogen werden soll. Die Buchhandlungen sind oft zugleich Musikgeschäfte, die alles bieten, was auf Kassette und CD gerade so »in« ist. Das Getümmel an diesen Umschlagplätzen der Literatur darf nicht darüber hinwegtäuschen, daß die Türken insgesamt keine großen Buchleser sind. Dies zeigt eine Erhebung, die in der Tageszeitung *Cumhuriyet* im August 2002 veröffentlich wurde. Die Türkei druckt jährlich gut 23 Millionen Bücher, was bei 70 Millionen Einwohnern wahrhaftig wenig ist und das Land im weltweiten Vergleich auf den 83. Platz verweist. Dabei interessiert sich die studierende Jugend inzwischen wesentlich mehr als früher für Literatur. Der Durchschnittstürke jedoch nimmt in seiner Freizeit selten ein Buch zur Hand. Selbst unter den Lehrkräften bekennen 75 Prozent, nicht oder nur gelegentlich Bücher zu lesen. Für die Autoren bedeutet dies, daß ihre Werke oft nur in Auflagen von jeweils eintausend Stück gedruckt werden, weil die Verlage das Risiko scheuen. Ungeachtet dessen gibt es immer wieder Bestseller. In den letzten Jahren waren dies vor allem die Romane von Orhan Pamuk, Ahmet Altan, Nedim Gürsel und Latife Tekin. Dazu kommt die Unterhaltungsliteratur der Autorinnen Ayşe Kulin und Buket Uzuner.

Auffällig ist, daß seit Mitte der 80er Jahre sehr viel ausländische Belletristik übersetzt worden ist, ebenso wie Sachbücher, die Allgemeinbildung in Psychologie, Soziologie, Ökonomie und Politikwissenschaften vermitteln. Hier bestand ein großer Nachholbedarf, weil alles, was mit Marx und Lenin auch nur entfernt zu tun hatte, bis dahin auf dem Index stand. Auch die Werke »linker« türkischer Autoren, die einst tabuisiert waren, wie Nazım Hikmet und Vedat Türkali, Aziz Nesin und selbst Yaşar Kemal kann man seit einiger Zeit wieder bzw. erstmals kaufen. Interessant ist auch, welche Bücher deutschsprachiger Autoren in letzter Zeit ins Türkische übersetzt wurden: Peter Handke, *Mein Jahr in der Niemandsbucht*; Bernhard Schlink, *Der Vorleser*; Günter Grass, *Mein Jahrhundert*; Marcel Beyer, *Flughunde*; Elfriede Jelinek, *Lust*; Helmut Krausser, *Der große Bagarozy*; Zoe Jenny, *Das Blütenstaubzimmer* – um nur einige zu nennen, aber auch *Crazy* von Benjamin Lebert ist dabei.

In eine türkische Buchhandlung zu gehen mit der Absicht, ein bestimmtes Buch zu kaufen, ist indes oft frustrierend. Was nicht im Regal steht oder nicht auf dem Stapel liegt, kann in der Regel nicht besorgt werden, denn es gibt kein Barsortiment. Als Ausweg bleibt, selbst den Verlag aufzusuchen, der sich meistens ja in der Verlagsstadt Istanbul befindet.

Gehören die Nachtlokale in den Seitenstraßen der Istiklâl Caddesi auch zu einem literarischen Spaziergang? Vielleicht insofern, als sie in Romanen immer wieder Schauplatz des Geschehens bilden. Auch der uns schon bekannte Held Orhan Pamuks, Galip, kämpft sich auf der Suche nach seiner Frau Rüya (der Name bedeutet »Traum«) durch die düsteren Etablissements. »Vor dem Bau des einstigen Hotels Tokatlıyan traf Galip mit İskender zusammen. Dessen Atem verriet reichlichen Rakı-Genuß: Er hatte das TV-Team der

BBC-Leute aus dem Hotel Pera Palas abgeholt und herumgeführt, um ihnen das ›Istanbul aus *Tausendundeiner Nacht*‹ zu zeigen (in den Mülltonnen wühlende Hunde, Rauschgift- und Teppichhändler, bauchige Bauchtänzerinnen, die Rausschmeißer der Nachtclubs und so weiter), er war mit ihnen auch in einen der Pavillons der Nebenstraßen gegangen (...) und so hatte eine lustige Nacht begonnen, an der Galip, wenn er jetzt wollte, gern teilnehmen konnte.« (*Das Schwarze Buch*) Das ist durchaus kritisch gegenüber den orientbegeisterten Ausländern gemeint, die glauben, in Beyoğlu etwas Authentisches zu erleben. Dennoch liebt Pamuk auch die dreckigen Seiten dieses Viertels.

Andere Autoren, wie Vedat Türkali, haben über Beyoğlu ein vernichtendes Urteil gefällt: »Beyoğlu ist heute immer noch verflixt häßlich. Wann hätte ich es je geliebt? Istanbul – das ist der Bosporus, der Haliç, Sultanahmet, die Süleymaniye Moschee (...) Gäbe es Beyoğlu nicht, was würde Istanbul verlieren? Kneipen, Puffs, Lasterhöhlen.« Aber Vorsicht: Es ist dies womöglich nicht die Sicht des Autors, sondern die seines Helden Kenan, der im Roman *Bir Gün Tek Başına* (Eines Tages ganz allein) immer wieder mal in Beyoğlu versackt und dann von Selbstekel geschüttelt wird.

Unser Spaziergang endet am Taksim-Platz mit dem großen Denkmal der Unabhängigkeit, über das Wolfgang Koydl schreibt: »Die Abgase haben die beiden Mädchenköpfe geschwärzt, die wie Medaillons rechts und links das Unabhängigkeitsdenkmal im Herzen Istanbuls zieren. Ein genauer Blick würde sich lohnen, denn die Symbolik von 1928, als der Italiener Canonica das Bauwerk im Auftrag der jungen türkischen Republik vollendete, ist heute aktueller denn je: das eine Mädchen trägt ein Kopftuch, dem anderen fallen die langen Haare frei auf die Schulter (...) Hier die unterdrückte Frau im Islam, dort die befreite Frau in der Republik.« Nach Koydl sollte es auf diesem der Republik geweihten Platz keinen Personenkult geben. »Sogar Atatürk ist auf dem Unabhängigkeitsdenkmal nur eine von vielen Skulpturen.«

Für Eingeweihte trägt der Taksim-Platz viele Erinnerungen an blutige und unblutige Demonstrationen im Namen von Freiheit, Demokratie und Menschenrechten. Auch im Café Marmara, das als Treffpunkt liberaler Intellektueller gilt, ist die Erinnerung an den wahrscheinlich politisch motivierten Bombenanschlag vom 30. 12. 1994 noch wach. Ohne strenge Sicherheitskontrolle werden Sie nicht zu Pralinen, Torten und Eisbechern vorgelassen. Bis heute ist jedoch nicht klar, wer hinter dem Anschlag stand. Es wurden viele Menschen verletzt, darunter der bekannte Journalist und Autor Onat Kutlar so schwer, daß er 14 Tage später starb. In der *Cumhuriyet* hatte er stets nachdrücklich die Demokratisierung der Türkei eingefordert, in seiner Kurzprosa, z. B. in *Nur dunkel soll es nicht werden*, an Haft und Folter politischer Gefangener erinnert.

Das unübersehbar klotzige AKM, also das Atatürk-Kultur-Zentrum, an der Westseite des Platzes mit seinen Bühnen (Theater, Oper Ballett), Konzertsälen und Ausstellungsräumen ist ebenfalls ein Ort der Künste.

Hier endet nun unser Spaziergang. Wollen Sie an den Ausgangspunkt zurückkehren, so bietet sich eine Fahrt mit der Straßenbahn an, die Ihnen beim Gang durch die Istiklâl Caddesi sicherlich mehrmals begegnet ist. (Fahrscheine gibt's am Kiosk.)

Eine Alternative wäre, vom Taksim-Platz aus mit der neuen U-Bahn (Zeichen M für Metro; Jeton im 1. Untergeschoß) sich nach Levent in das Istanbul des 21. Jahrhunderts bringen zu lassen, quasi als Kontrast zu Beyoğlu. In dieser modernen Hochhauslandschaft arbeitet unter anderem die Journalistin Duygu Asena, die mit ihren zeitweise von der Zensur als jugendgefährdend eingestuften Bestsellern jahrelang erhebliche Debatten über die Mädchenerziehung in der Türkei, die Rolle der Frau und das Verhältnis der Geschlechter anheizte. Ihr Entwicklungsroman *Die Frau hat keinen Namen* war in den 90er Jahren auch in Deutschland erfolgreich. Darin erklärt ihre Protagonistin: »Ich arbeite keineswegs, um dem Chef zu imponieren (...) Um stark zu sein arbeite ich, um zu beweisen, daß mir nichts fehlt im Vergleich zu denen. Ich will von niemandem abhängig sein. Davor habe ich die meiste Angst; wenn ich an meine Mutter denke, Tante Şermin, Tante Mualla. Alle diese Bedürftigen, diese zerstörten Persönlichkeiten, als lebten sie schon nicht mehr. Wie sie will ich nicht werden. Ich will weder von Männern noch Frauen abhängig sein, nicht gezwungenermaßen mit einem ungeliebten Menschen zusammenbleiben müssen. Dafür ist Geld nötig. Geld ist auch eine Art Freiheit (...) Und ich will ja auch zu etwas taugen, mein Gehirn gebrauchen. Wenn ich an die gefrorenen Augen, die Fischblicke jener Frauen (...) denke! Ich arbeite jetzt einfach und werde immer arbeiten. Versteht ihr nicht: Ich will ich selbst sein.«

# Das alte Machtzentrum

Zweiter Spaziergang:
Hagia Sophia, Topkapı Sarayı,
Sultan-Ahmet-Platz

1. Hagia Sophia
2. Brunnen Ahmets III.
3. Tor des Reichs
4. Irenenkirche
5. Tor der Begrüßung
6. Kubbealtı/Ratssaal
7. Audienzsaal
8. Bibliothek Ahmets III.
9. Kalligraphische Sammlung
10. Harem
11. Yerebatan Sarnıçı/Byzantinische Zisterne
12. Büste der Halide Edip
13. Sultan-Ahmet-Platz
14. Pudding Shop = Lale Restaurant

Diesen Spaziergang sollten Sie nicht an einem Montag oder Dienstag unternehmen, denn an diesen Tagen sind entweder die Hagia Sophia oder das Topkapı-Museum geschlossen. Auch wenn uns diese Tour nicht sehr weit herumführt, so ist sie doch für jeden, der unser heutiges Besichtigungsprogramm absolvieren möchte, anstrengend. Sie haben freilich jederzeit die Möglichkeit, einzelne Stationen auszulassen.

Wir beginnen bei der Hagia Sophia, der Hauptkirche des alten Konstantinopels, die im Jahre 537 von Kaiser Justinian eingeweiht wurde. Hier zeigt sich eindrucksvoll, was es bedeutete, daß das Christentum Staatsreligion war, nämlich eine das oströmische Kaisertum stützende Ideologie, in der man sich Gott wohl als einen gloriosen Überkaiser vorstellte. Nach der Eroberung der byzantinischen Hauptstadt haben die Türken die Kirche zur Moschee umgewandelt, inzwischen ist sie ein Museum, das auf das Erbe beider Religionen Rücksicht nimmt und vor allem den einmaligen, seit jeher gefährdeten Baukörper zu erhalten sucht.

Die Schönheit der Hagia Sophia ist oft gerühmt worden. Helmuth von Moltke äußert in einem Brief vom 28. Dezember 1837 an die Familie in Preußen zunächst nüchtern: »... und obwohl fast alle Reisebeschreiber über den Anblick der Aya Sophia in offizielle Bewunderung ausbrechen, so will ich Dir nur gestehen, daß sie auf mich weder den Eindruck eines großen, noch eines schönen Bauwerks gemacht hat, bis ich hineintrat«, um dann begeistert den überwältigenden Raumeindruck, den Lichteinfall, die Akustik zu schildern – Wahrnehmungen, von denen Sie sich selbst überzeugen können. Auch bemerkte Moltke mit Schrecken, daß die Mauern

»auf eine sehr bedenkliche Weise von der Senkrechten abweichen«. Inzwischen wird Grundsätzliches für die Stabilisierung dieses Weltkulturerbes getan. Der schwindelfreie Offizier Moltke kletterte übrigens, was in unseren Tagen jeden Besucher teuer zu stehen käme, von einer der höchsten Galerien an einem Seil hinaus auf das Kuppeldach, von wo aus er in die Höfe des Topkapı Sarayı und bis hinüber zum Hafen sehen konnte.

Den meisten wird schon vom Blick in die hohe Kuppel schwindlig, wie dem Romancier Julien Green (1900-1998), der in sein Reisetagebuch *Meine Städte* über die Hagia Sophia notiert: »Hier, an diesem einzigartigen Ort, scheint man die allesumfassende Breite Gottes zu feiern, und das trotz der schwindelnden Höhe der Kuppel. (...) Riesige Armleuchter hängen tief herab von der Höhe dieser umgestülpten gelben Schüssel, zu der man nicht aufblicken kann, ohne von einem Schwindelgefühl ergriffen zu werden. In einer unvordenklichen Zeit haben hier Kinderchöre zum Ruhme Christi gesungen. Ein Mosaikbild, das der Islam nicht zerstören wollte, zeigt uns: Christus mit strengem Gesicht, ein großes Buch an seine Hand gelehnt, gegenwärtig unter diesem Volk, das er nicht zu überzeugen vermochte.« Es wird das Mosaik an der Ostwand der Südempore gemeint sein. Im Islam wird Jesus als ein Prophet verehrt, der eine wahre Offenbarungsschrift verkündet hat und der bei Gott im Himmel lebt. So gesehen ist der Kommentar Julien Greens eigentlich leicht verfehlt.

Die Literatur beschäftigt sich vorzugsweise mit den muslimischen Eroberern der Hagia Sophia (1453), doch haben davor schon christliche Horden hier den Gottesdienst gestört und das Heiligtum geplündert, zumal in jenem unseligen vierten Kreuzzug (1204), den die abendländischen Kreuzfahrer gegen Byzanz und das orthodoxe Christentum richteten. »Welch eine Schande für die ganze Christenheit, Brüder bewaffnet gegen Brüder, Kreuzpilger, die das Heilige Grab befreien sollten und statt dessen, von Neid und Habgier erfaßt, das Reich der Romäer zerstören!« Das Zitat stammt aus dem Roman *Baudolino* von Umberto Eco, in dem der fiktive Adoptivsohn des Kaisers Barbarossa, Baudolino, dem byzantinischen Geschichtsschreiber und ehemaligen Kanzler Niketas Choniates in einem Turmzimmer am Goldenen Horn mit Blick auf das brennende Byzanz seine Lebensgeschichte erzählt. Niketas hat die Plünderung der Hagia Sophia selbst miterlebt: »Teile dieser Vorhut des Antichrist machten sich über die Altäre her, Niketas sah, wie einige ein Tabernakel aufbrachen, den Kelch herausrissen, die geweihten Behältnisse auf den Boden warfen, mit ihren Dolchen die Edelsteine vom Kelch absprengten, diese in ihre Taschen steckten (...). Schlimmer noch, auf dem nun leergeräumten Hauptaltar vollführte eine halbentblößte Prostituierte, die Züge entstellt von irgendeinem Rauschtrank, barfüßig einen Tanz, frivol auf dem Tisch der Eucharistie die heilige Liturgie parodierend (...)« In letzter Minute wird Niketas von Baudolino gerettet. Obwohl gegensätzlichen Fronten zugehörig, stehen beide außerhalb des Geschehens, dessen Brutalität sie ablehnen.

Umberto Ecos phantastischer Roman aus dem Hochmittelalter, der den Leser bis an die Grenzen der damals bekannten Welt führt, benutzt das christliche Byzanz als Hintergrund für die bizarre Erzählung des gealterten Helden. Im Gegensatz dazu geht es in Stefan Zweigs *Eroberung von Byzanz* wirklich um eine der *Sternstunden der Menschheit*, die in der Hagia Sophia durchlebt und durchlitten wird. Während sich die Türken unter Sultan Mehmet Fatih zum Sturm auf die Stadt rüsten, feiert man in der Kirche die letzte Messe. »Dann beginnt die letzte Szene, eine der ergreifendsten Euro-

»...so will ich Dir nur gestehen, daß sie auf mich weder den Eindruck eines großen, noch eines schönen Bauwerks gemacht hat, bis ich hineintrat.« (Helmuth von Moltke über die Hagia Sophia)

pas, eine unvergeßliche Ekstase des Unterganges. In Hagia Sophia, der damals noch herrlichsten Kathedrale der Welt, die seit jenen Tagen der Verbrüderung der beiden Kirchen von den einen Gläubigen und von den anderen verlassen gewesen war, versammeln sich die Todgeweihten. Um den Kaiser schart sich der ganze Hof, die Adeligen, die griechische und die römische Priesterschaft, die genuesischen und venezianischen Soldaten und Matrosen, alle in Rüstung und Waffen: und hinter ihnen knien stumm und ehrfürchtig Tausende und Abertausende murmelnde Schatten – das gebeugte, von Angst und Sorgen aufgewühlte Volk.«

Die geistige Inbesitznahme der Hauptstadt durch den neuen Herrscher vollzieht sich bei Zweig ebenfalls in der Hagia Sophia. »Neugierig und ergriffen betrachtet der Sultan das herrliche Haus, die hohen Wölbungen, schimmernd in Marmor und Mosaiken, die zarten Bögen, die aus Dämmerung sich zum Licht aufheben; nicht ihm, sondern einem Gotte, fühlt er, gehört dieser erhabene Palast des Gebets. Sofort läßt er einen Imam holen, der die Kanzel besteigt und von dort das mohammedanische Bekenntnis verkündet, während der Padischah, das Antlitz gegen Mekka gewendet, das erste Gebet zu Allah, dem Herrscher der Welten, in diesem christlichen Dome spricht.«

Dieser edlen Passage steht die wesentlich kriegerischere Darstellung der Eroberung des Gotteshauses bei anderen Autoren gegenüber. Franz Babinger (1891-1967), der in seiner Monographie *Mehmed, der Eroberer* wiederum den byzantinischen Chronisten Michael Dukas wörtlich und fast unkritisch übernimmt, schreibt: »Die Türken brachen mit Beilen die verschlossenen Türen auf und schleppten das geflüchtete Volk in die Sklaverei weg. (...) Die edelsteingeschmückten Heiligenbilder wurden ihres Schmuckes beraubt und zerbro-

chen. Die goldenen und silbernen Kirchengeräte wurden er-
rafft, die Meßgeschirre (gemeint sind wohl Meßgewänder,
B. Y.) zu Schabracken verwendet, das Kruzifix mit einer Jani-
tscharenhaube im Spott einhergetragen. Die Altäre dienten
den Eroberern zu Tafeln, Krippen und Betten, auf denen sie
selbst aßen, die Pferde darauf fressen ließen, oder Lottereien
an Knaben und Mädchen verübten.«

Daß die Soldaten drei Tage lang plünderten, ist auch in türkischen Quellen bezeugt. Diese Überlieferung betont jedoch
stets, daß Sultan Mehmet die Zerstörung von Gebäuden verbot und, was die Hagia Sophia betrifft, eigenhändig einen Soldaten tötete, der den Marmorboden der Kirche mit einem
Beil bearbeitete. In dem neuen türkischen Roman über Sultan Mehmet, *Der Eroberer* von Nedim Gürsel, spielt die Hagia Sophia indes kaum eine Rolle.

Bis zum Jahre 1934 diente das Gotteshaus als Moschee, dann
erklärte Atatürk es zum Museum, was den großen Vorteil
hatte, daß nun der Staat sich um die Renovierung kümmerte
und vor allem die christlichen Überreste, soweit noch vorhanden, wieder deutlich machte. Erhard Kästner beklagt diesen
Beschluß in *Aufstand der Dinge*, weil nun die Hagia Sophia
kein Haus des Gebets mehr war und damit gestorben ist, leer.
»Museum. Nun war wichtiger als alles: die Forschung. Nun
war diese Kirche ein Gegenstand. Nun war sie Kunstge-
schichte. Nun war sie für den Weltverbrauch der Reisenden
da, die, während sie Welt verbrauchen, sich mitverbrauchen,
ohne es wahrzunehmen. Denn die unheimlichsten Verluste
sind die, die nicht mehr gefühlt werden.« Dieses harte Urteil
wird schwerlich auf alle Besucher der Hagia Sophia zutreffen.
Ich persönlich bedaure, daß der *Lichtvers* aus dem *Koran*
(24,35) nicht mehr in der Kuppel hängt. Diese wunderbare
Lyrik lautet in Fatima Grimms Übersetzung:

»Allah ist das Licht der Himmel und der Erde.
Das Gleichnis seines Lichts ist wie eine Nische,
In der sich eine Lampe befindet.
Die Lampe ist in einem Glas.
Das Glas ist gleichsam ein funkelnder Stern,
Angezündet von einem gesegneten Baum,
Einem Olivenbaum,
Der weder östlich noch westlich ist,
Dessen Öl fast schon leuchtet,
Ohne daß Feuer es berührt.
Licht über Licht.
Allah leitet zu Seinem Licht, wen Er will.
Und Allah prägt Gleichnisse für die Menschen,
Und Allah weiß sehr wohl um alle Dinge.«

Wir verlassen die Hagia Sophia und wenden uns am Ausgang nach links, um das Topkapı Sarayı zu erreichen. Die Bezeichnung »Topkapı«, d. h. Kanonentor, bezieht sich auf die Eroberung von 1453, als die Türken die Tore der alten Stadtmauer zu sprengen versuchten. Der Orientalist Hammer-Purgstall erzählt: »Die große Kanone wurde vor (...) das Tor des heiligen Romanos gebracht, welches von derselben den Namen des Kanonentores erhalten, und denselben noch heute trägt. Neben dieser zwölfhundertpfündigen standen zwei kleinere, welche Kugeln von anderthalb Zentnern schossen, und den Verheerungen der großen den Weg bereiteten. Diese brauchte zwei Stunden, um geladen zu werden, und wurde des Tages nur siebenmal abgefeuert, das achte Mal noch vor Tagesanbruch, als Signal und Wegweiserin des Angriffs. Aber bald sprang sie und zerriß den Meister, der sie gegossen, den ungarischen Feuerwerker Orban.«
Vor dem Eingang des Topkapı Sarayı steht der Brunnen Ah-

mets III., im Stil des türkischen Rokoko 1728 errichtet. In Zeiten, da es in den Häusern keine Wasserleitung gab, war ein öffentlicher Brunnen für Trinkwasser und für die rituellen Waschungen ein Zeichen herrscherlicher Gnade und Frömmigkeit. Eingedenk dieser Tatsache hatte sich der deutsche Kaiser Wilhelm II. für seinen Besuch im Jahr 1898 bei seinem Freund Abdulhamit II. ein besonderes Geschenk ausgedacht. Er ließ einen »monumentalen« Brunnen von deutschen Künstlern entwerfen und ausführen. Dies erwähnt Anna Grosser-Rilke in ihren interessanten *Lebenserinnerungen,* die sie 1937, im Alter von 84 Jahren, veröffentlichte. Die deutsche Pianistin, die nach dem Tode ihres Mannes Leiterin einer Nachrichtenagentur in Istanbul war und mit der türkischen Mentalität vertraut, geniert sich für das Ergebnis, das wir auf dem Sultan Ahmet-Platz begutachten können: »Der Brunnen wirkte viel zu klein in der Umgebung der antiken, weit großartigeren Bauwerke, er sah aus wie eine hübsche kleine Bonbonniere!«

Da ist der Brunnen Ahmets III. von anderem Kaliber; die deutschen Künstler hätten sich daran ein Beispiel nehmen können. Es war üblich, am Brunnenhaus Inschriften anzubringen. Hier heißt die in Monumentalschrift ausgeführte und somit weithin lesbare Aufforderung (nach Kreiser):

»Öffne (den Wasserhahn), trinke das Wasser unter (Aussprechen der) Basmala (d. h. ›Im Namen Gottes‹)

(Und) sprich ein Gebet für Sultan Ahmed Han!«

Der Spezialist für osmanische Texte, Klaus Kreiser (geb. 1945), der viele alte Inschriften an Gebäuden in Istanbul erstmals ins Deutsche übertragen hat, geht davon aus, die große Kartusche mit diesen Worten sei eine kalligraphische Arbeit des als kunstsinnig bekannten Sultans selbst. Diesem ist auch der – sehr einfache – Text zuzuschreiben, obwohl der damals

berühmte Dichter Seyyid Vehbi als Autor überliefert ist, der
den Textvorschlag des Sultans indes nur geringfügig abgeän-
dert haben soll. Bei osmanischen Bauvorhaben war es üblich,
die dafür vorgesehenen Inschriften unter den Dichtern »aus-
zuschreiben«. Die Autoren reichten Texte ein, der Gewinner
bekam eine hohe Belohnung. Reichlich unfair, wenn der Sultan sich mit einem Textvorschlag einmischte!

Das Tor des Reiches, durch das wir in den ersten Hof treten,
stammt wie die gesamte, mit 28 Türmen verstärkte Mauer
von Mehmet II. Fatih, der die Reichsverwaltung und eine
Schule zur Ausbildung der höchsten Beamten in diesem Park
unterbrachte und auch die Gesamtanlage mit den vier hinter-
einanderliegenden Höfen geplant hatte. Die Residenz wurde
aber erst unter Sultan Süleyman dem Prächtigen 1541 ins
Topkapı verlegt, nachdem der alte Palast (auf dem Gelände
der heutigen Universität) einem verheerenden Brand zum Opfer gefallen war.

Um das Eingangstor, das nichts mit der Hohen Pforte zu tun
hat (diese Bezeichnung steht für den Regierungssitz, das We-
sirat, das sich links unterhalb der Serailmauer befand), ran-
ken sich Schauergeschichten. Noch Jahn erwähnt in seinem
Bericht *Reise von Mainz nach Ägypten, Jerusalem und Konstantinopel* (1828): »Dieses Tor hat 2 Seiten-Nischen, in welche die abgeschlagenen Köpfe von Standespersonen auf 24
Stunden zur Schau gelegt werden.« Doch gleich darauf beru-
higt der Autor seine Leser wieder mit der Versicherung, er habe nur einmal während seines Aufenthaltes in Istanbul, obwohl er fast täglich an dieser Stelle vorübergehen mußte,
einen Kopf in einer Nische liegen sehen.

Wir schreiten durch den parkähnlichen ersten Hof, in dem
sich zur Linken die alte Irenenkirche – bis zur Einweihung
der Hagia Sophia die Kathedrale Konstantinopels – erhebt.

Eine Besichtigung ist normalerweise nicht möglich, denn der renovierte Kirchenraum wird inzwischen für Konzerte genutzt. Neben Mozarts *Entführung aus dem Serail,* die regelmäßig gegeben wird, finden auch andere musikalische Ereignisse hier einen stilvollen Rahmen.

Vor dem Tor zum zweiten Hof liegen rechter Hand die Ticketschalter. Ehe Sie durch das »Tor der Begrüßung« schreiten, werfen Sie einen Blick auf den in der Mauer eingelassenen »Henkerbrunnen«, in dem die Scharfrichter nach getaner Arbeit Schwert und Hände reinigten, denn der erste Hof diente unter anderem als Hinrichtungsstätte für die vom Sultan zum Tode verurteilten Würdenträger des Reiches.

Im zweiten Hof ist rechts der Küchentrakt sehenswert, ihm gegenüber liegt der »Kubbealtı« genannte Versammlungsraum des »Diwan«, des höchsten Ratsgremiums, in dem der Großwesir auch die ausländischen Gesandten empfing, ehe sie zur Audienz beim Sultan im dritten Hof vorgelassen wurden. Durch das »Tor der Begrüßung« durfte allein der Sultan reiten, alle anderen hatten ihre Pferde draußen zu lassen. Von Mitgliedern diverser europäischer Gesandtschaften sind uns Audienzen beim Sultan überliefert. Eine der frühesten Schilderungen in deutscher Sprache stammt von Salomon Schweigger, der als protestantischer Prediger einer Delegation des Kaisers unter dem Gesandten Freiherrn von Sintzendorff angehörte, die dem zu jener Zeit (1578) noch sehr gefürchteten Türkenherrscher eine Aufwartung machte. Schweigger entwirft ein genaues Bild der Audienzhalle in ihrer ursprünglichen Form:

»Das Gemach ist ungefähr 12 Schritt weit, gar dunkel, mit wenig hohen Lichtern oder Fenstern. Der Boden war überdeckt mit köstlichen Persianischen Teppichen. Der Sultan saß auf einer erhöhten Bühne, eines Schuh's hoch von dem

Boden, die war zween Schritt breit und zween lang, mit köst-
lichern seidenen Teppichen bedeckt, als die vorigen waren,
mit edlen Steinen gestickt. Auf den Teppichen an der Wand
herum lagen schöne Kissen und Polster von gülden Stücken,
darein gleichfalls edle Steine gewirkt waren. Auf der Bühne
saß der Sultan also, daß er die Füß nicht übereinander
schrenkt, wie sonst der Türken Brauch ist, sondern stellet
die Füß auf dem Boden auf, als säß er auf einem Stuhl.«
Der Thron, den man heute im Audienzsaal sieht, stammt, wie
eine Inschrift besagt, aus dem Jahr 1596. Er wurde also erst
nach dem Besuch der kaiserlichen Delegation aufgestellt.
Weiter berichtet Schweigger über dieses Ereignis:
»Am 17. Januarii Anno 1578 waren beide Herren Oratores
gen Hof vor den Sultan erfordert, die ließen vor ihnen her
die Verehrungen und das Geld auf den Kutschen führen.
Die Credenz, Silbergeschirr und Uhrenwerk trugen die Diener unter den Röcken verborgen bis in das Saraia oder Burg,
daselbst empfingen's des Sultans dazu verordnete Diener und
brachten's vor den Sultan hinein in sein Gemach. (...) Gleich
vor dem Gemach warten vier Zauschen, die sind Adelmäßig.
Deren zween ergriffen einen aus den beiden Legaten zuvör-
derst an den Wamsärmeln, und griffen unter die Ärmel, führ-
tens also vor den Sultan hinein, und stießen sie alsdann vor
dem Sultan ganz ungestümmiglich und unfreundlich zu Boden auf die Knie. Ein Kämmerling oder Capagaschi reicht
dem knienden Legaten des Sultans, der gleich vor ihnen
saß, Rockärmel, den mußten sie küssen.«
Dieser letzte Satz besagt, daß die kaiserlichen Legaten fast
mit Gewalt dazu gebracht wurden, den Rockärmel des Sultans zu küssen, was aus dessen Sicht durchaus eine Gnade
war. Alle Gesandten wurden von Dienern festgehalten, seit
Murat I. von einem serbischen Adligen ermordet worden

war. Der Berichterstatter indes empört sich ausführlich über die Demütigung der in freundschaftlicher Absicht, noch dazu in Friedenszeiten angereisten Delegation:

»Dies ist ein recht teuflischer Stolz und Hoffahrt, daß diese Barbari sich nicht scheuen, dem Römischen Kaiser solchen Despect und Spott anzutun, daß des Kaisers Gesandte dieser Bestia müssen einen Fußfall tun, da sich doch wollt gebühren, daß sie ihre Werbung vor ihm sitzend sollten verrichten, in gleichem Ansehen gegen ihn, welches aber dieser barbarische Bauernstolz nicht gestattet, auf daß männiglich sehe, daß die Tölpel nichts halten von dem höchsten Haupt der Christenheit, dem Römischen Kaiser, und von seiner Majestät Macht und Gewalt.«

Der Bericht des Salomon Schweigger ist 1608 unter dem Titel *Eine neue Reyßbeschreibung auß Teutschland nach Constantinopel und Jerusalem* als Buch erschienen. Im Jahr 1986 hat der VEB Brockhaus-Verlag in Leipzig eine von Heidi Stein kommentierte Neubearbeitung vorgelegt (*Zu Hofe des türkischen Sultans*). Die Beobachtungsgabe des Autors ist ebenso faszinierend wie seine Sprache, die fast an die Lutherbibel erinnert, doch Vorurteile und manche Unkenntnis vermitteln zusammen mit der Absicht, den Leser mit Kuriositäten zu unterhalten, einen falschen Eindruck. Die verzerrte Berichterstattung der frühen Reisenden hat ein Schreckensbild vom türkischen »Barbaren« geschaffen, das noch heute in den Köpfen mancher Europäer nachwirkt.

Von dem als »Bestia« bezeichneten Sultan Murat III. (1574-95) ist ein Gedicht überliefert, das in seiner Hellsichtigkeit und Demut erstaunt. Wir wählen Auszüge nach der Übersetzung von Annemarie Schimmel (1922-2003):

»ÖFFNE DEIN Aug', aus dem Schlaf des Vergessens wach auf,
Wachet, erwachet, viel schlafende Augen, wacht auf!
Azrail will deine Seele, o glaub mir's, merk auf!
    Wachet, meine Augen, vom lässigen Schlummer
                                        wacht auf!
    Wachet, erwachet, viel schlafende Augen, wacht auf!
(...)

Ach diese Welt ist vergänglich, du täusche dich nicht,
Lege, verblendet, auf Krone und Thron kein Gewicht,
Daß dir die Lande zu eigen, dessen rühme dich nicht –
    Wachet, meine Augen, vom lässigen Schlummer
                                        wacht auf!
    Wachet, erwachet, viel schlafende Augen, wacht auf!

Ich bin dein Sklave Murad – mein Vergehen verzeih,
Meine Verbrechen vergib, und von Schuld sprich mich frei,
Bei deinem Banner der Ort meines Aufstehens sei –
    Wachet, meine Augen, vom lässigen Schlummer
                                        wacht auf!
    Wachet, erwachet, viel schlafende Augen, wacht auf!«

Mit Verbrechen begann bereits die Thronbesteigung des
damals kaum dem Kindesalter entwachsenen Sultans, der
hier Allah um Vergebung bittet. Als sein Vater 1574 volltrun-
ken im Bad ausrutschte und zu Tode stürzte, wurden gemäß
dem Gesetz osmanischer Thronfolge die fünf jüngeren Brüder Murats erdrosselt. (Die Sultans-Türben befinden sich
im Garten der Hagia Sophia.) Murat ist der Sultan, der die
meisten Bauten des Topkapı Sarayı in Stein errichten ließ,
auch den verzweigten Haremsbau.
Im deutschen Barockdrama erscheinen osmanische Herr-

scher als grausame Tyrannen. »So steht er da als Anti-Ideal auf der Bühne und muß sich nennen lassen: ›Geiler Hund, durchteufeltes Gemüt, Drache Bluthund, Kindermörder‹«, schreibt Esther Gallwitz in ihrem Nachwort zu der reichhaltigen, leider heute vergriffenen Textsammlung *Istanbul*. Die Herausgeberin nennt auch zwei weniger bekannte barocke Stücke, nämlich das des Nürnbergers Jakob Ayrer *Von der schröcklichen Tragedi, vom Regiment und schändlichen Sterben des Kaisers Mahumet ...* (1618) und das Drama *Ibrahim Sultan* von Daniel Caspar von Lohenstein (1635-1683). Von der komischen Seite dagegen zeigt Molière die Türken in *Der Bürger als Edelmann* (1670). Nach der zweiten Belagerung Wiens (1683), die mit einer schrecklichen Niederlage der Türken endete und die Türkengefahr allmählich bannte, konnte man in Europa vom ehemaligen Feind sogar Lebensart übernehmen, zum Beispiel den Türkentrank C-A-F-F-E-E. Schließlich wurde der Orient in Literatur und Musik eine Quelle der Inspiration, man denke nur an Mozart. Jedenfalls hatte sich rund zweihundert Jahre nach Schweiggers Teilnahme an der oben beschriebenen Audienz die Lage zwischen dem römisch-deutschen und dem Osmanischen Reich soweit entspannt, daß der kaiserliche Gesandte Joseph von Hammer-Purgstall sich keineswegs »gedemütigt« fühlte, als bei seiner Antrittsaudienz bei Selim III. (1789-1807) zwei Kämmerer jeden der Besucher führten und einwiesen. »Beim Erscheinen vor dem Thron hielten die beiden Kämmerer den Eingeführten mit einer Hand unter dem Arm, die andere hielten sie auf sein Hinterhaupt und beugten ihm den Kopf.« Die Delegierten hatten, wie das üblich war, vorher an einer Sitzung des »Diwan«, des Staatsrates, im »Kubbealtı« teilnehmen und anschließend mit dessen Mitgliedern essen dürfen. Auch wurden die zur Audienz Geladenen »nach ihrem Range mit Zobel- und Hermelinpelzen oder mit Oberkleidern bekleidet«.

Hammer-Purgstall ist nicht bloß Gesandter gewesen, sondern einer der ersten Orientalisten, der Dokumente und Schriften sammelte. Nach der Rückkehr in seine Heimat Österreich hat er eine vielbändige *Geschichte der Osmanen* und eine *Geschichte der Osmanischen Dichtkunst* geschrieben und darüber hinaus aus dem Persischen den *Diwan* des Hafis übersetzt, der die Textgrundlage und Anregung für den *West-Östlichen Divan* von Goethe lieferte. Auch die Verse der beiden großen türkischen Dichter aus der Zeit Sultan Süleymans II. des Prächtigen (1520-66), Baki (1526-1600) und dessen Schüler Faslı, hat Hammer-Purgstall übertragen. Ich möchte in seiner Übersetzung ein Liebesgedicht zitieren, das Baki um 1570 verfaßt hat:

> »In der Schönheit Garten sind / Mundrubinen süß,
> In dem Paradiese sind / Selbst die Qualen süß;
> Sterben, wenn man dich gesehn, / Ist Genuß so süß;
> An dem Frühlingsmorgen ist / Schlaf uns doppelt süß;
> Zu gewöhnen ist es hart / Sich an Grausamkeit,
> Doch des Freundes Peinen sind / Endlich lieb und süß.
> Jede Lust wird eingemacht / In besond'ren Saft.
> Zu dem bittern Weine dünkt / Braten doppelt süß.
> Preiset Baki im Ghasel / Deinen süßen Mund,
> Ist es wieder Honigseim, / Wie der Zucker süß.«

Der kurze Text vermag wohl andeutungsweise zu zeigen, worin der »kunstreiche Barockstil«, den Baki »bis in noch nicht gekannte Feinheiten ausarbeitete« (Schimmel), bestand. Die Bildhaftigkeit ähnelt der in europäischen Barockgedichten, doch typisch orientalisch ist die Reimform: Die ständige

Wiederholung des Reimwortes der ersten Zeile (identischer Reim) erfüllt in besonders anspruchsvoller Weise das Gesetz des Ghasel. Diese sehr beliebte Gedichtform kann durch sprachliche Leichtigkeit und durch die magische Wiederholung des gleichen Klanges ein schwebendes Gefühl erzeugen, ein Ruhen im »ewigen Augenblick«, das dem Lebensgefühl des Orientalen sehr entgegenkommt. Vielleicht hat nicht zuletzt deshalb Goethe die orientalische Dichtung trotz der unvollkommenen Übersetzung wie eine Offenbarung erlebt.

Diwandichtung ist also nicht nur Herrscherlob, sondern umfaßt neben Liebes- und Trinkliedern Naturgedichte sowie Satire und Ironie. Der Dichter Nef'i mußte seinen Mut, mit dem er die Großen des Reiches angriff, im Jahr 1635 mit dem Tod bezahlen.

Es gab auch dichtende Sultane, etwa neben dem oben zitierten Murat III. den kunstfreudigen Ahmet III. (1703-30), dessen Regierungszeit man die Tulpenära (lale devri) nennt und der zusammen mit seinem Schwiegersohn Ibrahim Paşa die Stadt verschönte, neue Lustschlösser, Brunnenhäuschen und Moscheen bauen ließ. Gegen den Widerstand der hohen Geistlichkeit – es hätte ja die korrekte Widergabe des Korans darunter leiden können – führte Ibrahim Paşa den Buchdruck ein und ließ Bibliotheken anlegen. Die Bibliothek Ahmets III. befindet sich im dritten Hof direkt hinter dem Audienzgebäude. Die Bücher der Serailbibliothek werden heute allerdings in der früheren Moschee der Eunuchen (Ağalar Camii) – auf der linken Seite des dritten Hofes, angrenzend an den Harem – aufbewahrt.

Der dritte Hof beherbergte zudem die Palastschule, in der intelligente Knaben aus dem gesamten Reich von sogenannten Weißen Eunuchen für die hohe Beamtenlaufbahn ausgebildet wurden. Viele der Schüler waren Kinder aus christ-

»In Konstantinopel gibt es Bücher in riesigen Mengen. Die Bibliotheken und Basare quellen über davon.« Bibliothek Sultan Ahmets III. im Topkapı Sarayı

lichen Familien oder Kriegsgefangene, die zwangsweise zum Islam bekehrt wurden. In den ehemaligen Wohn- und Unterrichtsräumen werden den Besuchern jetzt die kostbaren, sehr sehenswerten Schätze des Reiches gezeigt, unter anderem der sagenhafte »Löffelmacher-Diamant« und der Dolch, der in der filmischen Krimikomödie *Topkapı* mit Peter Ustinov, Melina Mercouri und Maximilian Schell berühmt wurde.

Besondere Beachtung verdient die an der Nordostseite des Hofes gelegene Kalligraphische Sammlung, zumal sie von literarischem Interesse ist. Vielleicht haben Sie ja die Chance, außer Schmuckschriften mit Koransuren jene berühmten Bücher zu sehen, die Sultan Murat III. herstellen ließ: *Das Buch der Künste*, *Das Buch der Feste* und *Das Buch der Siege*. Faszinierender als die Texte sind hier die Miniaturmalereien, an denen die besten Illustratoren der Zeit, unter anderem Meister Osman, mitgewirkt haben. Dieser Meister Osman ist als literarische Figur in den Roman *Rot ist mein Name* von Orhan Pamuk eingegangen, der dafür im Sommer 2003 den hochdotierten internationalen irischen Literaturpreis Impac bekommen hat. Der Roman spielt in der Regierungszeit ebenjenes Sultans Murat, der, so will es die Fiktion, bei den Buchmalern zehn Blätter in Auftrag gegeben hat, die dem venezianischen Dogen überbracht werden sollen. Damit will der Sultan dem damals wichtigen westlichen Herrscher imponieren und die Macht und Herrlichkeit des Osmanischen Reiches demonstrieren. Zu jener Zeit lag die Werkstatt der Illustratoren allerdings außerhalb des Saray, rechts vom ersten Tor. Für einen Illustrator war es mehr als schwierig, auch nur in den ersten Hof zu gelangen. Gleichwohl verlegt der Autor einen Höhepunkt des Geschehens – die Suche Meister Osmans nach bestimmten Miniaturen – in die Schatzkammer im dritten Hof.

Der Roman ist in deutlicher Anspielung auf das berühmte Werk von Umberto Eco, *Der Name der Rose*, wie ein Kriminalroman konzipiert: Am Beginn steht der rätselhafte Mord an einem Illustrator, kurz darauf wird auch noch der sogenannte Oheim umgebracht, der die Koordination des geheimgehaltenen Projekts überwacht hat. Damit nicht genug, ist das zehnte Blatt verschwunden, und so kann der herrscherliche Auftrag nicht mehr ausgeführt werden. Mehr sei nicht verraten. Fesselnd ist bei Pamuk, wie bei Eco, daß die Handlung in einer Zeit des politischen wie geistesgeschichtlichen Umbruchs spielt.

Die auf persischem Vorbild basierende traditionelle Buchmalerei stellte das Bild in den Dienst des Textes, es war »ein Teil des Randschmucks (...), der die Schönheit der Schrift, das Wunderwerk des Kalligraphen, hervorheben sollte ...«. Die Figuren erscheinen schematisch, die Gesichter sind nicht individuell; ihre Größe richtet sich nach ihrem Rang. Zudem gibt es keine Perspektive, denn die Betrachtung aus einem bestimmten menschlichen Blickwinkel wäre etwas Gotteslästerliches. Der »Oheim«, der den Westen bereist hat, bringt die Kenntnis von der Kunst der »Franken« mit nach Istanbul, und der für die Kunst so aufgeschlossene Sultan wünscht sich ein »modernes« Werk, das jedoch heimlich hergestellt werden muß, denn selbst die beteiligten Buchmaler sehen in der Verletzung der Tradition eine große Sünde.

»... der unselige Oheim habe in dem letzten Bild bedenkenlos die Perspektive benutzt. Auf diesem Bild seien die Dinge nicht nach ihrer Bedeutung in Allahs Verstand dargestellt, sondern wie sie unser Auge erfaßt, also so, wie es die Franken machen. (...) Doch die schlimmste Lästerung sei natürlich, nachdem man einmal die fränkische Auffassung eingeführt hatte, das Bildnis unseres Padischahs riesengroß und mit allen Einzelheiten seiner Gesichtszüge wiederzugeben. Gleich den Götzenanbetern ...«

Als kleine Anmerkung sei gestattet, daß sich schon Fatih Sultan Mehmet von Bellini hat porträtieren lassen, und das rund hundert Jahre vorher (1480). Die Auseinandersetzung der Türkei mit dem Westen hatte nämlich unmittelbar nach der Eroberung Istanbuls begonnen. Das Problem des Individualismus, eines der großen Themen der europäischen Renaissance, wird von Pamuk nicht nur in der Frage nach der Billigung des realistischen Porträts angeschnitten, darüber hinaus geht es in seinem Roman um die Individualität des Künstlers, darum, ob er einen erkennbaren »Stil« haben darf. Bei den persischen Miniaturmalern bildet gerade die Kongruenz mit den Werken der alten Meister das Qualitätsmerkmal. Einer der Illustratoren sagt:

»Er meinte, ich hätte einen Stil. Was für ihn natürlich keine Beleidigung, sondern ein Lob bedeutete. Ich erinnere mich, wie ich plötzlich voll Scham überlegte, ob es wohl auch für mich ein Lob sei. Ich sehe zwar im Stil etwas Niedriges, Unehrenhaftes, andererseits nagt die Sache an mir. Ich will nichts wissen vom Stil, aber der Teufel reizte mich, und ich war neugierig.«

*Rot ist mein Name* ist sehr spannend zu lesen. Das polyperspektivische Erzählen – alle Beteiligten äußern sich zu dem Geschehen, sogar die Toten, der Hund, das Pferd, die Farbe Rot – spiegelt ebenfalls das Hauptmotiv. Erstmals hat auch Pamuk hier in einem Roman eine glaubhafte Frauengestalt und eine anrührende Liebesgeschichte geschaffen. Von diesem Autor sind bisher in deutscher Sprache *Die weiße Festung* und *Das schwarze Buch* erschienen, deren Schauplätze größtenteils in Istanbul liegen, und manchen davon werden wir auf unseren Streifzügen begegnen. *Das neue Leben*, das

Sie gleichfalls auf deutsch lesen können, ist dagegen ein Reiseroman durch die Türkei.

Wir verlassen den dritten Hof, um im vierten Hof, wo ehemals der Tulpengarten Ahmets III. lag, mit Blick auf den Bosporus eine Verschnaufpause einzulegen, bevor wir den Harem, die letzte Station im Saray, besuchen. Nach längeren aufwendigen Renovierungsarbeiten kann der Harem mit seinen über 300 Zimmern nun wieder – jedoch nur mit Führung – besichtigt werden. Der Zugang befindet sich im zweiten Hof. Harem heißt auf arabisch »Das Verbotene«. Außer dem Sultan und seinen schwarzen Eunuchen durfte kein Mann diesen Privatbereich betreten.

Seit Süleyman dem Prächtigen, der auf Bitten seiner Frau Roxelane den Harem vom alten Saray ins damals neue Topkapı Sarayı verlegte, haben hier alle Herrscher um- und angebaut, verschönert, erweitert. Erst 1853, mit der Verlegung des Hofes ins wesentlich luxuriösere Dolmabahçe Sarayı am Bosporus, zogen auch die Haremsdamen um. Bald darauf machte die Jungtürkische Revolution dem Harem ein für allemal ein Ende (1909).

Der Islam gestattet einem Mann vier legale Frauen; das galt selbst für den Sultan, der sich darüber hinaus nur »Gespielinnen« halten konnte, also Favoritinnen, mit denen er schlief. Je mehr Frauen ihm zu Gebote standen, desto größer war die Chance, daß sie ihm Söhne gebaren, von denen einer das Erwachsenenalter erreichte, um sein Nachfolger zu werden.

Die Mutter des Sultans, die Valide, war die mächtigste Person im Harem, manchmal auch im Reich. Alle Favoritinnen strebten danach, Valide zu werden, d. h. ihren Sohn auf den Thron zu bringen, und manche schreckte im Konkurrenzkampf nicht davor zurück, die Nachkommen ihrer Rivalinnen zu töten. Nicht einmal der Sultan konnte sich im eigenen Privatbereich immer sicher fühlen; das zeigt das goldene Gitter in seinem Badezimmer, durch das er sich vor heimtückischen Angreifern zu schützen trachtete.

Längst nicht alle Frauen im Harem waren dazu ausersehen, mit dem Sultan das Lager zu teilen. Die Odalisken (Frauen des Zimmers) waren eine Art Dienerinnen, erhielten allerdings eine vorzügliche Ausbildung in Palastetikette, islamischer Kultur, Küchen- und Wäschedienst. Und wenn eine besonders begabt oder schön war, durfte sie Tanz, Musizieren, Gedichtrezitation und erotische Fähigkeiten lernen. Die Chance, daß der Sultan auf ein solches Mädchen aufmerksam wurde, bestand durchaus, da sie ja den »Zimmerdienst« bei ihm, seinen Frauen oder seiner Mutter verrichtete. Odalisken waren aber häufig auch ein Geschenk an verdiente Untertanen, die auf diese Weise besonders ausgezeichnet wurden.

Weil der Harem vollständig von der Außenwelt abgeriegelt war, gab es über das Leben dort kaum ein gesichertes Wissen, dafür sprossen um so reichlicher die Gerüchte. In der kürzlich erschienenen Erzählung *Der Eunuch von Konstantinopel*, einem ersten literarischen Versuch des türkischen Komponisten und Filmemachers Zülfü Livaneli (geb. 1946), vermischen sich Überlieferungen aus Schriften des 17. Jahrhunderts und Legenden zu einer blutrünstigen Fabel. Von Machtgier getrieben, läßt die Valide den eigenen Sohn, den Sultan, in einer Suite des Palastes einmauern und schließlich mit einer Seidenschnur erwürgen. Da nach osmanischem Recht sie selbst als Frau den Thron nicht besteigen darf, setzt sie ihren kleinen Enkel, den Sohn des Ermordeten, als Sultan ein. Mit dem Siebenjährigen glaubt sie leichtes Spiel zu haben. Doch nicht um dessen Schicksal geht es in der Erzählung, sondern um den gefangenen Padischah, der vor seinem Ende alle Varianten der Todesangst durchleidet. Mit Hilfe eines ihm ergebenen Eunuchen, der letzten Verbindung zur Außenwelt, reift der Herrscher so weit, daß er den einzig verbliebenen Weg der Rettung, die freilich nur auf Kosten anderer Menschenleben geschehen könnte, ausschlägt.

Der schwarze Eunuch, dieser zwischen Ergebenheit und Aufbegehren schwankende Zeuge eines perversen Systems, hat natürlich eine intime Kenntnis des Harems, seines Arbeitsplatzes. Aus seiner Sicht ist dieser Ort »eine Welt des Weinens und der Trauer«. In seiner Rolle als Ich-Erzähler manchmal recht selbstgefällig, bestätigt er alle negativen Vorur-

»Der Harem beflügelt die Fantasie aller, die außerhalb leben. (...) Doch nie war der Harem ein Paradies der Liebe, des Gesanges und des Tanzes, in dem schöne Frauen schwanengleich über die Wasser gleiten. Die sehnsüchtige Vorstellung, wonach die schönen Frauen im Dampfbad ihre von der Hitze gerötete Haut pflegen, hat mit der Wirklichkeit nichts zu tun. Denn die Frauen altern in den dunklen und feuchten Ecken des Harems. Sie verblühen unbeachtet und werden fett. Die Schwere ihrer lebenslangen Freiheitsstrafe drückt sich bald in ihrem gewaltigen Körperumfang aus. Ihre einzige Abwechslung ist der Klatsch. Das Geflecht der Intrigen und Eifersüchteleien ist unerträglich und gibt ihnen immer wieder zu Weinkrämpfen Anlass.«

Zülfü Livaneli, der sich seit vielen Jahren für den friedlichen Ausgleich zwischen Türken und Griechen einsetzt und seit 1996 auch in der UNESCO engagiert ist, setzt mit seinem kleinen »Roman« einen Kontrapunkt zu anderen historischen Romanen der neueren türkischen Literatur, in denen die osmanische Zeit wesentlich positiver dargestellt wird. Auch

wenn die Zuordnung zu konkreten Ereignissen schwerfällt –
es werden weder Namen noch Jahreszahlen genannt –, so ist
doch das »finstere« 17. Jahrhundert atmosphärisch dicht ein-
gefangen und kumuliert sozusagen in der Ermordung un-
schuldiger Kinder und ihrer Mütter im Harem:

»Die Wasserschalen des Hamams, die feine Seife in den
Schränken, die Häkel- und Strickarbeiten, das Spitzeklöp-
peln, die Stickereien und Ornamente, die Perlenstickerei auf
kostbarem Atlas, das alles reicht nicht aus, die Schreie der
Sklavinnen zu überhören und geheimzuhalten. Nachdem
man ihre Söhne umgebracht hat, werden sie in einen Sack
gesteckt und umgebracht. Trauer und Furcht im Blick der
Haremsfrauen verschwinden nie mehr. Ihre feuchten Augen
haben so viele junge Mädchen, deren Leben in der Strömung des Meeres ein Ende fand, auf ihrem letzten Weg begleitet.«

Dieses erschütternde Bild ist geeignet, alle romantischen
Phantasien über die Welt des Harems zu zerstören. Doch ist
Livaneli weder Augenzeuge, noch stützt er sich auf solche,
sondern auf Schriftsteller jener Zeit wie Naîmâ und Evliya
Çelebi, die – weil Männer – den Harem wohl kaum betreten
haben dürften. Zudem gibt die Erzählung nur eine bestimmte
Epoche, nicht alle Phasen des Osmanischen Reichs wieder.

Um so interessanter, wenn einzelne Personen zu ihrer Zeit
etwas Authentisches über den Harem erfahren konnten.
Unschätzbar der Bericht der Lady Mary Montagu, die als
Frau des englischen Gesandten über ein Jahr in Istanbul verbrachte. Sie schildert (in ihrem Brief an Gräfin Mar vom
10. März 1718) einen Besuch bei der Sultanin Hafitén, der
Favoritin des verstorbenen Sultans Mustafa II. (1695-1703),
die nach dem Tod ihres Mannes das Saray verlassen und sich
einen neuen Ehemann wählen mußte. So wollte es die Sitte,

76

denn die Sultane übernahmen nicht den Harem ihres Vorgängers. Die erst 21jährige Witwe, deren fünf kleine Söhne sämtlich gestorben waren (auf welche Weise, das erfährt der Leser nicht, B. Y.), hatte sich für den 80jährigen Staatssekretär Bekir Efendi entschieden in der Gewißheit, daß er sich ihrem Bett nicht nähern würde. Lady Montagu ist natürlich begierig, etwas über die Gepflogenheiten im Harem zu erfahren, die ihr die inzwischen seit fünfzehn Jahren verwitwete Sultana offensichtlich gerne schildert.

»Sie versicherte mir, daß die Geschichte von des Sultans Schnupftuchwerfen ein reines Märchen sei. Die Art und Weise bei solchem Anlaß wäre einfach diese: der Sultan sendet den Kyslar Aga (Obereunuch, B. Y.) zu der Dame, um ihr die ihr zugedachte Ehre anzukündigen. Alle anderen wünschen ihr augenblicklich Glück dazu, führen sie ins Bad, wo sie mit Weihrauch beräuchert und aufs prächtigste und vorteilhafteste geputzt wird. Der Sultan läßt seinen Besuch mit einem kaiserlichen Geschenk einleiten und tritt dann in ihr Gemach. Auch ist es ein Märchen, daß sie bis zum Fuß des Bettes hereinkriechen muß. Hafitén sagte, die erste, die er wähle, bliebe nachher immer die erste dem Range nach und nicht die Mutter des ersten Sohnes, wie andere Schriftsteller uns glauben machen wollen.«

Die Korrektur falscher Vorstellungen ist typisch für Lady Montagu, die sich ausführlich mit der früheren Reiseliteratur über Istanbul auseinandersetzt und viele Irrtümer korrigiert. Ihre *Briefe aus dem Orient* sind in einer überarbeiteten Übersetzung neu auf Deutsch erschienen und ausgesprochen lesenswert, weil hier mit großartiger Beobachtungsgabe, Scharfsinn, Belesenheit und viel Humor die weibliche Perspektive vertreten wird. Der Text fährt fort:

»Zuweilen ergötzte sich der Sultan in der Gesellschaft aller seiner Frauenzimmer, die in einem Kreis um ihn herumstehen, und die Sultana gestand, sie stürben beinahe vor Neid und Eifersucht über die Glückliche, die er durch den Anschein einer Bevorzugung begünstige. Doch dies schien mir weder besser noch schlimmer als die Cercle an den meisten Höfen, wo jeder Blick des Monarchen bewacht, jedes Lächeln mit Ungeduld erwartet und jeder beneidet wird von denen, die beides nicht erhalten können.«

Lady Montagu hat übrigens auch das Gedicht des Damat Ibrahim Paşa für seine Braut, die älteste Tochter Sultan Ahmets III., übersetzt, war sie doch überzeugt, es hier mit dem Muster bester höfischer Dichtkunst zu tun zu haben. Die dritte Strophe lautet:

> »Unglückselig seufzt Ibrahim in diesen Versen,
> Denn ein Pfeil Deiner Augen hat sein Herz durchbohrt.
> Ach, wann endlich kommt die Stunde des Besitzes?
> Wie lange soll ich noch auf dich warten?
> Die Anmut deiner Reize hat meine Seele entzückt.
> Ach, Sultana, Hirschäugige! – Engel unter Engeln!
> Unerfüllt bleiben meine Wünsche, mein Begehren!
> Erfreut dich denn der Kummer, der an meinem
> > Herzen nagt?«

Die Lady ist stolz darauf, daß ihr die wörtliche Übersetzung der Verse gelungen ist, und merkt an, die englische Sprache sei ungeeignet, »solche heftigen Leidenschaften auszudrükken, die bei uns selten empfunden werden«.

Was hat das alles mit dem Harem zu tun? Nun, eine Sultanstochter ist ja im Harem aufgewachsen und dort erzogen worden. So wird sie auch die Qualität eines Gedichtes sehr wohl beurteilen können, und der Bräutigam würde sich kaum darum bemüht haben, die kunstvollen Strophen zustande zu bringen, wenn sie nicht im Rahmen der Werbung eine Rolle gespielt hätten. In der Tulpenära war ein gutes Gedicht vielleicht soviel wert wie ein kostbares Schmuckstück. (Wer mehr über Diwan-Literatur erfahren will, möge etwa bei Annemarie Schimmel das Vorwort zu ihrer Gedichtsammlung *Aus dem Goldenen Becher* lesen.)

Auch für andere europäische Autorinnen und Autoren ist der Harem ein interessantes Thema, doch mangelt es dieser ganzen Literatur an unmittelbarer Anschauung. Einen Abglanz konnte allerdings der französische Historiker und Reiseschriftsteller François Pouqueville (1770-1838) erhaschen, der berichtet, wie er sich, während der gesamte Hof im luftigen Sommerschloß am Bosporus weilt, von einem Gärtner der Palastgärten in den leeren Harem einschleusen läßt. Natürlich sieht er nur die Räumlichkeiten, aber mit einem Gemisch aus Schauder und Stolz auf den Tabubruch. »Unser Führer versicherte uns zugleich, daß wir die einzigen Europäer seien, welche bis jetzt hierhergekommen seien.«

Wenn man schon nichts zu sehen bekommt, dann soll wenigstens die Phantasie spielen. Nach diesem Prinzip verfährt der amerikanische Schriftsteller französischer Sprache Julien Green in *Meine Städte* anläßlich seines kurzen Istanbul-Besuchs, der stattfand, als der Harem schon Museum war. »Ich schaue mir lieber die kleinen, blaugekachelten Zimmer an, in denen die Konkubinen des Sultans warteten und warteten, daß er sich in einer zufälligen Sinneslaune an die eine oder andere von ihnen erinnerte. Eine Matratze zum Schlafen auf dem Boden, ein winziger Diwan, das war ihr Platz in dieser hübschen kleinen Hölle, wo die Mädchen (...) in den Zügen ihrer Rivalinnen die ersten Vorzeichen des Welkens zu entdecken suchten. Man kann sich den Klatsch und die

Zänkereien vorstellen (...)« Daß die Mädchen den Tag nicht nur mit Warten verbrachten, das wissen wir inzwischen.

Da man des Sultans Harem in Funktion nun einmal nicht »besichtigen« konnte, was die Neugier im Westen auf das Geheimnis dieser verbotenen Welt zusätzlich steigerte, haben weibliche Reisende versucht, wenigstens in den Harem reicher Istanbuler Häuser eingeladen zu werden. Dies ist, wie wir oben gelesen haben, Lady Montagu ja auch gelungen, aber sie hatte vielleicht Glück, an eine so selbstbewußte und reiche Dame wie die Sultanin Hafitén zu geraten. Die Gräfin Craven (1750-1828), eine allein reisende Lady, deren *Journey through Crimea to Constantinopel* viel Aufsehen erregte, war ebenso enttäuscht wie Anna Grosser-Rilke, die in ihren *Lebenserinnerungen* noch letzte Ausläufer der Haremstradition beschreibt: »Man hatte Tausendundeine Nacht gelesen und erwartete Wunderdinge, aber nichts von alledem. Vergitterte Fenster waren wohl da; aber die sogenannten Sklavinnen waren schlecht angezogene Weiber, weder hübsch noch jung.«

Ja, so geht das, wenn orientalische Märchen die Phantasie anheizen. Die nüchterne Realität kann dann nur enttäuschen. Besser, man nimmt die Literatur als das, was sie ist: eine andere Welt. Die Erwähnung von *Tausendundeine Nacht* verweist uns auf eine Art der Dichtung, die lange vor Errichtung des Topkapı Sarayı in Arabien und Persien entstanden ist, die aber zweifellos im türkischen Harem gelesen wurde, handelt es sich doch um *die* klassischen Helden- und Liebesromane, die auch in der Saraybibliothek reichlich vertreten und so bekannt sind, daß sie in vereinfachter Form sogar bis heute im Volk tradiert werden. Insbesondere das ursprünglich arabische, von dem großen klassischen Dichter Fuzuli im 16. Jahrhundert in ein türkisches Versepos gefaßte Motiv von *Leyla und Medschnun* kennt noch heute jeder Türke, wenn nicht aus der Lektüre, so zumindest in einer der Filmversionen, die den aus unerfüllter Liebe zur Königstochter Leyla verrückt gewordenen Medschnun (Wortbedeutung des Namens: wahnsinnig) mehr oder weniger kitschig schmachten und leiden lassen.

Eine weitere Variante sind die in Deutschland als *Märchen alttürkischer Nomaden* bekannt gewordenen Texte, die die Pascha-Tochter Elsa Sophia von Kamphoevener an den *Nachtfeuern der Karawan-Serail* erzählt bekam. Diese Märchen entwerfen einen Phantasie-Orient, der sich in der heutigen Türkei nicht wiederfinden läßt und der nicht einmal als »Märchenschatz« im Gedächtnis des Volkes verankert ist wie die Märchensammlung der Brüder Grimm. Auch die historische und lokale Einordnung ist schwer: Selbst wenn zuhauf Sultane und Harems vorkommen, handelt es sich mit Sicherheit niemals um einen bestimmten osmanischen Sultan oder seinen Harem in Istanbul.

Wir verlassen das Topkapı Sarayı und kehren zum Ausgangspunkt, der Hagia Sophia, zurück. Unser Ziel ist jetzt die jenseits der Straßenbahnschienen gelegene byzantinische Zisterne (yerebatan sarnıçı) aus dem 6. Jahrhundert. In Umberto Ecos Roman *Baudolino* flüchten die beiden Protagonisten, Baudolino und Niketas, aus der Hagia Sophia durch einen unterirdischen Gang hinüber zur Zisterne. Ob es diesen unterirdischen Gang wirklich gibt? Angeblich ruht die ganze Altstadt auf einem Gewirr unterirdischer Gänge, Räume und auch Zisternen; die meisten davon sind heute verschüttet. Die »Basilika-Zisterne«, so genannt, weil sie den Kaiserpalast mit Wasser versorgte, wird von vielen Schriftstellern erwähnt. Während die meisten (Schweigger, Moltke, Twain, Green u. a.) einfach die geniale Konstruktion und

die eigenartige, in dem unterirdischen Dom durch die sich
im Wasser spiegelnden Säulen, die feuchte Luft und das Geräusch fallender Tropfen entstehende Stimmung beschreiben, verwebt Umberto Eco die Schilderung mit der Roman-
handlung. Auch er entwirft erst einmal ein Bild: »... ein Wald
von Säulen, die sich im Dunkel verloren wie ebenso viele
Bäume eines Sumpf- oder Lagunenwaldes, der in flachem
Wasser wächst«. Der tapfere Baudolino erschrickt beim Anblick des umgestürzten Medusenhauptes:
»Er tat einen Satz nach rückwärts, der das Wasser aufspritzen
ließ, denn das Licht seiner Fackel war plötzlich auf einen steinernen Kopf gefallen, der, groß wie zehn menschliche Köpfe,
unter einer Säule im Wasser lag, auch er auf der Seite, der
halbgeöffnete Mund noch ähnlicher der einer Vulva, anstelle
der Haare ein lockenförmiges Schlangengewimmel und das
Ganze in einer Totenblässe wie von altem Elfenbein.«
Das Erschrecken Baudolinos hat mit einem Wiedererkennen
zu tun. »Ich habe dieses Antlitz schon einmal gesehen. Woan-
ders.« Wo das gewesen ist, verrät der Autor an dieser Stelle
nicht.
Auch türkische Autoren wie Orhan Pamuk und Demir Özlü
wählen die Zisterne oder andere unterirdische Räume für
ihre Werke, weil solche gruseligen Schauplätze der Handlung
Atmosphäre verleihen, aber auch wegen der symbolischen
Bedeutung der »Unterwelt«. Demir Özlü, jener Autor und
Rechtsanwalt, der vor seiner Emigration nach Schweden
(1972) untertauchen mußte, hat eine Erzählung *Yerebatan*
(In der Erde versunken) betitelt, obwohl die albtraumähn-
liche Handlung sich in Beyoğlu abspielt. Ein Mann gerät in
ein unterirdisches Labyrinth, aus dem er verzweifelt zu entkommen versucht. Und Orhan Pamuk formuliert immer wieder, daß unter der Oberfläche des bekannten Istanbul sich ein

anderes verberge, ein Heimliches Gesicht, *Gizli Yüz*, wie der Titel des Films, zu dem er das Drehbuch geschrieben hat, verheißt.

Aus der von poppig bunten Lichtern ausgeleuchteten und manchmal durch Orgelklänge künstlich romantisierten Zisterne, die keineswegs mehr den schaurigen Eindruck macht, den die Schriftsteller vermitteln, steigen wir zurück ans Tageslicht.

Wieder in der Oberwelt, folgen wir den Straßenbahnschienen wenige Meter bergauf bis zu der kleinen Anlage mit der Büste der Halide Edip Adıvar (1884-1964), die der türkische Frauenverband (Türk Kadınlar Birliği) für die »weibliche Identifikationsfigur des Befreiungskrieges« hat aufstellen lassen. Warum gerade hier? Auf dem Sultan Ahmet-Platz hatte Halide Edip am 23. Mai 1919 eine flammende Rede gegen die griechische Besetzung Izmirs gehalten. Den Tag der Demonstration schildert sie selbst in ihrem Roman *Das Flammenhemd*. Der Ich-Erzähler in diesem einzigartigen authentischen literarischen Zeugnis über den türkischen Befreiungskrieg ist ein ehemaliger hoher Beamter, der sich später den Widerstandstruppen in Anatolien anschließen wird. Er beschreibt die riesige schweigende Menschenmenge. »Ein ungeheuer wogendes Meer von Menschen erfüllte den Platz. Unübersehbar. (...) Und über dem Menschenmeer erhoben sich das Gefängnisgebäude und die weißen Minarette der Sultan Ahmed-Moschee. Schienen über der Menge zu schweben. Von den Häusern, von den Bäumen im Hof der Moschee, hingen Menschenklumpen herab wie Trauben. Und über ihnen wehten die schwarzen Fahnen der Minaretts.« Halide Edip ist nicht so eitel, sich selbst in ihrem Roman darzustellen. Was die Redner auf der Tribüne sagen, verstehen der Ich-Erzähler und seine Begleiter kaum. Doch sie alle werden erfaßt von Trauer und Liebe zu ihrem gedemütigten Vaterland.

Engländer, Italiener und Franzosen waren in Istanbul eingerückt. Am 8. Februar 1919 war General Franchet d'Ésperey auf einem Schimmel die mit Teppichen belegten Straßen zur Hagia Sophia hinaufgeritten in Anspielung auf Sultan Mehmet den Eroberer, der 1453 in gleicher Weise Besitz von der byzantinischen Hauptstadt genommen hatte. Die letzte Osmanische Regierung mußte den Friedensvertrag von Sèvres unterzeichnen, der noch weit mehr ein Exzeß der Rache war als der Vertrag von Versailles: Die arabischen und afrikanischen Gebiete des Reiches wurden abgetrennt und unter britische und französische Verwaltung gestellt, das kleinasiatische türkische Kernland wurde in vorwiegend griechische und französische Einflußzonen aufgeteilt, Istanbul und die Dardanellen sollten internationalisiert werden. Wie aus dieser Notlage heraus Kemal Atatürk zum Retter wurde, das kann man in der neuen, auch auf deutsch erschienenen Biographie des Staatsgründers von Halil Gülbeyaz (*Mustafa Kemal Atatürk. Vom Staatsgründer zum Mythos*) nachlesen. Doch zurück zur Literatur.

Es gibt einen Roman, in dem Halide Edip als fiktionale Figur auftritt und ihre spontan gehaltene Rede ausformuliert wird. Dabei handelt es sich interessanterweise um den Roman *Im Namen der toten Prinzessin* von Kenizé Mourad, einer Urenkelin des letzten Sultans. Die Prinzessin Selma, Mutter der Erzählerin, erlebt als junges Mädchen diese Versammlung und fühlt sich, obwohl von höchstem Stand, »als ein Teil dieser Menge, in der sie gleichsam aufgeht«. Letzteres ist genauso unwahrscheinlich wie die Tatsache, daß sie sich allein mit ihrer Tante und dem Diener Zeynel zu Fuß ins Gedränge wagt. Doch erhebt der Roman mit seinen vielen Ungereimtheiten nirgends den Anspruch, ein Tatsachenbericht zu sein. Es kam der Autorin wohl vielmehr darauf an, ihre nationale Gesinnung zu betonen und in Halide Edip, Tochter eines hohen osmanischen Beamten, eine der ersten Frauenrechtlerinnen der Türkei zu feiern. »Da erhebt sich eine zarte junge Frau auf einem provisorischen Podium. Selma sieht ihr zu wie im Traum. Sie trägt keinen Schleier, sondern ein einfaches schwarzes Kleid.« Am Ende erfährt Selma von ihrer Tante, um wen es sich handelt, und nimmt sich vor: »So will sie auch werden. Für ihr Land, für ihr Volk leben, ganz leidenschaftlich. Das hat sie jetzt fest beschlossen.«

Für Halide Edip hatte der Auftritt fatale Folgen. Sie wurde von einem unter englischem Einfluß stehenden Gericht zum Tode verurteilt und konnte sich nur durch die Flucht retten. In Anatolien kämpfte sie als Gefreiter und Feldwebel in der Truppe Kemal Atatürks, arbeitete in der Propagandaabteilung des Generalstabes mit und motivierte, eine »anatolische Jeanne d'Arc«, die Frauen in den Dörfern, sich dem Kampf anzuschließen. Nach der Schlacht von Sakarya (1921) schrieb sie den Roman *Das Flammenhemd*, in dem nicht nur der überaus brutale Kampf gegen die Griechen dargestellt wird, sondern auch eine ungewöhnliche – natürlich tragische – Liebesgeschichte, die mit dem Tod aller Beteiligten endet. Zum Titel heißt es im Text erläuternd: »Ein Hemd, dessen Flammenoberfläche Trägheit und Müdigkeit sofort verzehrten, das dem inneren Aufruhr der Leidenschaft keine Möglichkeit ließ, abzuflauen, zu erkalten.« Die Leidenschaft bezieht sich sowohl auf den Einsatz für Volk und Heimat als auch auf die verzehrende Liebe zu einer jungen Frau namens Aische, die die Kämpfer darauf einschwört, ihre Heimatstadt Izmir zu befreien. Der Roman ist bis zuletzt spannend, wirkt freilich auch ein wenig pathetisch, kitschig. Doch werden die Hauptpersonen nicht idealisiert, im Gegenteil, die Abkömmlinge der alten Führungsschicht, die aus Idealismus nach »Anatolien« gegangen sind, wirken körperlich und seelisch angekränkelt. Anders das türkische Volk. Diese armen ungebildeten und bisher ausgebeuteten Bauern entdeckt Halide Edip, ebenso wie ihr jüngerer Dichter-Kollege Nazim Hikmet, als opferbereite, tapfere, liebenswerte und schöne Menschen.

Vielleicht sollte man wissen, daß die auch heute noch lesenswerte Schriftstellerin (auf Deutsch ist auch die Erzählung *Kinder, die ich kannte* erschienen) nach der Gründung der Republik bis zum Tode Atatürks aus politischen Gründen ins Ausland ging, danach zurückkehrte und als Professorin für Anglistik an der Universität Istanbul lehrte. Sie starb dort 1964.

Der Sultan Ahmet-Platz ist in der Literatur nicht nur mit nationaler Hochstimmung verbunden. In dem satirischen Roman von Aziz Nesin, *Surnâme. Man bittet zum Galgen* wird eine der letzten öffentlichen Hinrichtungen beschrieben, die in den 60er Jahren des 20. Jahrhunderts gleich neben der Hagia Sophia und der Sultan Ahmet-Moschee stattfand. Im Klappentext heißt es: »›Surnâme‹ war in den Zeiten des Osmanischen Reiches ein Festgedicht zu Lob und Preis der Sultansfamilie. Aziz Nesin hat ein Surnâme auf die Justiz einer Demokratie geschrieben, die Hinrichtungen als Volksfeste inszenierte.« Mit den Mitteln der Satire zeigt der Autor die Unmenschlichkeit und Absurdität des staatlichen Handelns. Die Lektüre dieses Pamphlets gegen die Todesstrafe bringt den Leser sogar zum Lachen, nicht nur wegen der unglaublichen Pannen, die vor und während der Hinrichtung passieren, sondern auch wegen der grotesken Schilderung des Volksfestes auf dem Sultan Ahmet-Platz, wo das Volk »durch den Galgen-

tod, durch das Schaukeln der Leiche vor aller Augen belehrt«
werden soll, wie der Staatsanwalt sinniert.

»Ein Dudelsack spielte. Ein griechischer Rundtanz ver-
schlang sich mit einem anatolischen Reihentanz. Trillerpfei-
fen tirilierten. Wie hätten da Straßenmädchen fehlen dürfen,
die lüsterne Blicke warfen und die Brüste zittern ließen. (...)
Man durfte Lotterielose erstehen und geschmuggelte Ami-
zigaretten.«

Der Erzähler gibt sich verständnisvoll: »Nach all den Pressio-
nen, Inflationen, Verarmungsraten und sonstigen Niedergän-
gen der letzten Jahre war der Istanbuler Bevölkerung ein der-
artiges Spektakel, das für jeden eine Gaumenfreude und für
den Mittellosen dieselbige noch als Augenweide bereithielt,
aus tiefster Seele zu gönnen.«

Der Hingerichtete ist ein Kinderschänder, mit dem niemand
Mitleid hat, doch seine ausführlich geschilderte Geschichte
zeigt, daß er selber ein Opfer ist. Die Zuschauer der Exeku-
tion fassen zusammen: »›Wieder einmal ein Feind von Ehre
und Anstand weniger unter den Lebenden! Auf daß wir gerettet sind, o Allah!‹ – derart ihrer Erleichterung Luft machend,
verlor sich die Menge vom Freudenplatz.«

Auch wenn öffentliche Hinrichtungen seither in der Türkei
nicht mehr üblich sind und inzwischen sogar die Todesstrafe
abgeschafft wurde, kann man das Buch von Aziz Nesin (1915-
95) exemplarisch lesen, denn der Autor, der wegen seiner
bissigen politischen Satiren in über hundert Prozessen an-
geklagt war und immer wieder im Gefängnis saß, nimmt
menschliche Heuchelei, Unfähigkeit, Gemeinheit aufs Korn.
Seine Satiren unter den Titeln *Wie Elefanten-Hamdi verhaftet wurde*, *Wir leben im 20. Jahrhundert*, *Der unheilige Ho-
dscha* usw. haben in Deutschland viele Leser gefunden.
Mit seiner Stiftung für Waisenkinder ist Aziz Nesin als täti-

ger Menschenfreund in der Türkei mindestens so bekannt geworden wie als Autor. Als er 1995 starb, trauerten viele, die niemals ein Buch von ihm gelesen hatten.

Der heutige Spaziergang war anstrengend genug, so daß wir uns das Hippodrom mit seinen auch literarisch interessanten Stellen ersparen. Unsere letzte, hoffentlich erholsame Station soll das Lale Restaurant, der ehemalige Pudding Shop, sein. Dort kann man ein gutes Essen bestellen und nebenbei die gerahmten Zeitungsartikel (oft in Englisch) über die Geschichte dieses Hippie-Treffpunkts nachlesen. In den 60er und 70er Jahren war der Pudding Shop mit seinem Schwarzen Brett Kontaktbörse und Informationspunkt für »Indien-Pilger«.

»Sie sind unterwegs auf der alten Opium- und Hasch-Straße, auf der alten Seiden- und Karawanen-Straße Istanbul, Ankara, Teheran, Kabul, Lahur, Nepal, denn das ist ihr Mekka«, schreibt Erhard Kästner, der Anfang 1970 in Istanbul war, halb entrüstet, halb besorgt um die einst wohlbehüteten Mädchen, »hinweggealtert mit siebzehn«, denen er trotz allem Sympathie entgegenbringt, denn sie protestieren, wie der gesellschaftskritische Autor selbst, auf ihre Weise gegen das satte Leben in Europa.

Ja, man konnte Nachrichten hinterlassen, Mitfahrgelegenheiten organisieren, einen billigen Schlafplatz in Istanbul finden, sogar Geld leihen, so bestätigt der Sohn des damaligen Inhabers stolz. Es seien jedoch keine Drogen gehandelt worden. Darauf standen damals und stehen heute noch schwere Strafen. Daß ein Dealer in dem Film *Midnight Express* gerade im Pudding Shop gestellt wird – reine Fiktion. Der Film nach dem Drehbuch von Oliver Stone, Regie Alan Parker, handelt von einem amerikanischen Studenten, der wegen eines Drogendelikts im türkischen Knast landet. Obwohl er nicht an den Originalschauplätzen gedreht wurde, hat der Film dem Pudding Shop doch eine widerwillig akzeptierte Popularität gebracht. Türkische Zuschauer waren über den Film, nachdem ihn die Zensur endlich freigegeben hatte, empört, weil zu vieles übertrieben dargestellt war, und, anders als bei den Gefängnissatiren von Aziz Nesin, das liebevolle Verständnis fehlte. Außerdem reagieren die Türken, die sich für satirischen Verriß aus den eigenen Reihen überaus begeistern, empfindlich auf Kritik von außen.

Übrigens: Es müßte doch Hippie-Romane geben, in denen der Pudding Shop vorkommt, oder? Vielleicht kennen Sie einen. Ich leider nicht.

# Zerplatzte Orientträume

Dritter Spaziergang:
Durch die Altstadt von der Süleymaniye-Moschee
über den Beyazit-Platz durch den Großen Basar bis
ins Hamam von Cağaloğlu

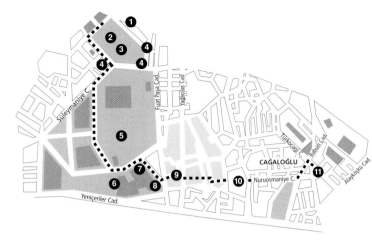

1. Grab des Architekten Sinan
2. Süleymaniye Camii
3. Friedhof mit Türben
4. Medresen des Süleymaniye-Komplexes
5. Istanbul-Universität
6. Beyazit-Platz
7. Çınaraltı
8. Buch- und Antiquariatsbasar
9. Großer Basar
10. Nuruosmaniye Camii
11. Cağaloğlu Hamamı

Der dritte Spaziergang, den Sie in etwa zweieinhalb Stunden bewältigen können, führt durch die Altstadt. Von der Süleymaniye-Moschee geht es über die alte Universität zum Großen Basar, Kapalı Çarşı (So. geschlossen) bis zum Hamam in Cağaloğlu. Sofern Sie mehr Zeit haben, können Sie dort die Tour genüßlich ausklingen lassen.

Ehe wir die Süleymaniye Camii, das Meisterwerk des Baumeisters Sinan (ca. 1491-1588), betreten, besuchen wir dessen Türbe (Grabmal, Mausoleum) an der Mimar Sinan Caddesi unterhalb der Nordostecke des Moscheehofes. Sinan hat sich sein bescheidenes Grabmahl selbst errichtet und sein Dichterfreund Sa'i dazu eine Gedenkschrift in Versen verfaßt, die die Leistung und Persönlichkeit des großen Mannes würdigt. In der Übersetzung von Klaus Kreiser lautet der Anfang:

»Der du im Palast der Welt ein oder zwei Tage Wohnung
nimmst,
O Mensch – es ist dir kein Ort für Rast und Ruh.
Baumeister war dieser auserlesene Mann dem Süleyman
Chan.
Er schuf eine Moschee, die vom höchsten Paradiesgarten
kündet (...)«

Sinan, dieser »Michelangelo des Osmanischen Reiches«, wie ihn der Architekt Cengiz Bektaş nennt, hat in seinem langen Leben, in dem er vier verschiedenen Sultanen diente, 84 Moscheen, 51 kleine Bethäuser, 57 Medresen, 22 Mausoleen, 17 Armenküchen, drei Krankenhäuser, fünf Wasserleitungen und Aquädukte, acht Brücken, 18 Karawansereien, 33 Paläste, 46 Bäder und unzählige Brunnen gebaut. Die meisten seiner Bauten stehen in Istanbul. Es wäre durchaus lohnend, jedoch ein anderes Thema, zu diesen Werken zu pilgern. Die Süleymaniye-Moschee, erbaut für Sultan Süleyman den Prächtigen bzw. den »Gesetzgeber«, wie er bei den Türken heißt, der fast ein halbes Jahrhundert, nämlich von 1520 bis 1566 regiert hat, bildet insofern einen Höhepunkt, als hier die Auseinandersetzung mit der byzantinischen Herausforderung, dem überkuppelten Raum der Hagia Sophia, zu einem vorläufigen Abschluß kam.

In Sinans autobiographischen Notizen heißt es: »diejenigen, die sich in den christlichen Ländern als Architekten hervortun, stellen die Behauptung auf, sie wären den Mohammedanern in ihrer Kunstfertigkeit überlegen, daß diese es bisher nicht erreicht haben, so eine Kuppel wie die der Hagia Sophia zu errichten. Die Behauptung, so eine Kuppel zu bauen sei äußerst schwierig, hat im Herzen des Ärmsten (er meint sich selbst, B. Y.) eine tiefe Wunde geschlagen.« Die Süleymaniye gilt nicht als das reifste Werk des Meisters, sondern dieser Ruhm gebührt der Selimiye-Moschee in Edirne. Deren Kuppel wölbt sich nicht nur größer und höher als die der Hagia Sophia, dort ist auch die Lösung der statischen Probleme noch genialer. Doch die architektonischen Probleme führen uns von unserem Thema ab, das die Literatur ist.

Wir wenden uns von Sinans Türbe aus nach links und biegen in die Süleymaniye Imareti Sokak ein, an der, zur Külliye (Moscheekomplex) gehörig, die Karawanserei (unzugänglich), die Armenküche (heute Restaurant) und das Hospital liegen. Es ist Ihnen überlassen, sich später dort einmal umzusehen. Unser Weg soll uns zuerst in den Garten, durch den Arkadenhof und in die Moschee selbst führen.

Yahya Kemal Beyatlı (1885-1958), der türkische Lyriker, der stets die klassische Versform bewahrte, aber in der Wortwahl einfacher, ungekünstelter als die Diwan-Literatur ist, preist in seinem Gedicht *Istanbul* die Süleymaniye-Moschee (in der Übersetzung von Annemarie Schimmel):

> »Der Schöpfung Nachhall, weiß die Minarette,
> Die Bögen demutsvoll vor Gott sich neigen,
> Und tief erschauern läßt das Herz des Menschen
> Der Kuppeln schweigendes Zu-Gott-Aufsteigen (...)«

Daß die europäischen Reisenden über diese Moschee viel weniger zu sagen haben als über die Hagia Sophia, mag mit dem geschichtlichen Interesse zu tun haben. Nur Fachleute, Bauhistoriker und Architekten wie Sumner-Boyd/Freely, Vogt-Göknil, Cengiz Bektaş, loben die im Vergleich mit dem Vorbild bessere Raumgestaltung. Laien finden allemal, daß sie »von der Aja Sofia, welche zum Muster gedient, wohl durch die Kühnheit des Kuppelgewölbes, durch die Pracht der Säulen, durch die Ehrwürdigkeit geschichtlicher Erinnerungen« übertroffen wird, das meint jedenfalls der Orientalist und Diplomat in ehemals kaiserlichen Diensten, Joseph von Hammer-Purgstall. Die von Sinan selbst herbeigeführte Konkurrenzsituation hat dem Image des Kunstwerks nicht gutgetan. Zum literarischen Ort wird die Süleymaniye in dem Roman *Das Schwarze Buch* von Orhan Pamuk. Darin stattet der Protagonist Galip, der das geheimnisvolle Gesicht der Stadt Istanbul zu ergründen sucht, der Moschee einen nächtlichen Besuch ab. Geführt wird er von einem Architekten, der mit Ausbesserungsarbeiten befaßt ist und einen Schlüssel hat. Außer diesen beiden ist noch eine Frau, eine ehemalige Klassenkameradin Galips, mit von der Partie. Alle Beteiligten wirken wie betrunken oder verrückt, selbst der Imam, der von dem Krach aufgeweckt wird. Es werden seltsame Andeutungen gemacht über unterirdische Gänge, in denen in Begleitung einer Touristin ein abessinisches Königskind verschwunden sei. Auch halte sich der ganze Bau nur dank einem Geheimnis auf dem Hügel, der insgesamt »schon seit Jahrhunderten zum Goldenen Horn hinabgleite«. Ob dies nur Fiktion ist? Das weiß man bei Pamuks Romanen nie.

»Das Innere der Moschee war leer. (...) Galip fühlte die eisige Kälte an den Füßen durch seine Strümpfe dringen, er blickte zur Kuppel, zu den Säulen auf, durchaus gewillt, sich von der mächtigen Steinmasse über seinem Kopf bewegen zu lassen, doch außer dem Wunsch, beeindruckt zu werden, wurde nichts in seinem Inneren wach – eine Erwartung vielleicht, eine ungewisse Neugier auf das, was kommen könnte ... Er fühlte, daß die Moschee wie die Steine, aus denen sie errichtet war, als ein riesengroßer geschlossener Gegenstand sich selbst in ihrer Existenz genügte. Weder rief der Raum den Menschen zu anderer Stätte, noch trug er den Menschen fort zu anderer Stätte. So, wie er nichts, kein Zeichen für irgend etwas war, so konnte er auch wieder alles, ein Zeichen aller Dinge sein.«

Der Autor bzw. sein Protagonist ringt in dem gesamten Roman darum, die geheimen »Zeichen« lesen zu können: »die Gegenstände schienen zu rufen: ›Gib uns einen Sinn!‹« In der Moschee wäre für einen religiösen Menschen der Sinn zwar vorgegeben, doch der moderne Ungläubige muß sich wie Pamuks Figur Galip den Sinn selber schaffen – oder er erhofft ihn von den Dichtern. Auf unseren Spaziergängen erleben wir dies ja ständig: daß uns die dichterischen Texte einen Sinn und Zusammenhang der Welt vermitteln, den wir selbst womöglich nicht mehr sehen. Zuletzt steigt Galip in der Morgendämmerung auf ein Minarett und beobachtet das Erwachen der Stadt. Diese großartige Textpassage erfaßt

»... er blickte zur Kuppel, zu den Säulen auf, durchaus gewillt, sich von der mächtigen Steinmasse über seinem Kopf bewegen zu lassen ...«
In der Süleymaniye-Moschee

die Altstadt von Istanbul aus einem ungewöhnlichen Blickwinkel:

»Etwas später, schon vor Kälte zitternd, meinte er, das Licht auf den Rauchsäulen der Schlote, auf den Mauern der Moscheen und den aufgehäuften Betonhügeln komme nicht von außen her, sondern schimmerte durch aus dem Inneren der Stadt. Es war wie die Kruste eines noch im Werden begriffenen Planeten, wo auf- und absteigende, kuppelüberwölbte Stadtfragmente aus Beton, Stein, Ziegeln, Holz und Plexiglas sich schwerfällig trennen mußten und aus dem Bauch der Dunkelheit eine mysteriöse, unterirdisch-feurige Helligkeit herausdringen würde, doch die Zeitspanne des noch Unbestimmten hielt nicht lange an. Als sich zwischen Mauern, Schloten und Dächern die Riesenbuchstaben der Zigaretten- und Bankreklamen einzeln zu erkennen gaben, hörten sie aus dem Lautsprecher gleich neben sich die metallene Stimme des Imams, der zum Morgengebet rief.«

Allein mit dem Roman *Das Schwarze Buch*, den die Neue Zürcher Zeitung »ein wunderbares Stück Großstadtliteratur, eine Hommage an Istanbul« nennt, ließen sich mehrere literarische Spaziergänge bestreiten.

Doch um der Moschee und ihrer ursprünglichen Bedeutung gerecht zu werden, wollen wir auch einen religiösen Text zitieren, etwa die erste Sure, *el fatiha*, »die Eröffnende«, die in jedem muslimischen Gebet vorkommt und deshalb von den Gläubigen viele Male am Tag rezitiert wird. Die Verse reimen sich im Arabischen und hören sich an wie ein Gedicht. Die hier zitierte Übersetzung stammt von Fatima Grimm:

»Im Namen Allahs, des Sich Erbarmenden,

des Barmherzigen.

Preis sei Allah, dem Herrn der Welten.

Dem sich Erbarmenden, dem Barmherzigen.
Dem Herrscher am Tage des Gerichts.
Dir allein dienen wir, und Dich allein bitten wir um Hilfe.
Führe uns den geraden Weg.
Den Weg derer, denen Du Gnade erwiesen hast, die nicht
(Deinem) Zorn verfallen sind und die nicht irregehen.«

Selbst wenn längst nicht mehr alle Türken gläubig sind und
nur wenige in der Großstadt wirklich fasten, ist der Monat
Ramazan nach wie vor eine besondere Zeit. Die Moscheen
sind dann illuminiert, zwischen die Minarette sind leuchten-
de Schriftbänder gespannt, deren kurze Texte Gott preisen
oder die Menschen ermahnen. Etwa seit dem 17. Jahrhundert
hat sich eine eigene literarische Form zum Lob des Ramazan
entwickelt, die *Ramazaniye*. Wir zitieren Verse des volks-
tümlichen Dichters und Journalisten Mehmet Tevfik (1843-
93):

»Der Ramazan ist gekommen und hat sich fest eingenistet,
Die Moscheen färbten sich in Licht.
Kanonen wurden abgeschossen, Lampen brannten.
Wir insgesamt glaubten daran.«

Zur Erläuterung: Die Kanonen kündeten früher das Ende des
Fastens am Abend an. Die *Ramazaniye* ist zwar panegyrisch,
aber humorvoll. Sie schildert auch die kleinen Laster, das Gie-
ren der Raucher und Weintrinker, die tagsüber abstinent bleiben müssen, die Verfressenheit derer, die nachts nachholen,
was sie den lieben langen Tag entbehrt haben. Der Dichter
tritt in der Rolle des Trommlers auf, der für seinen Dienst,
die Gläubigen rechtzeitig zur Frühmahlzeit aufzuwecken, in
den Häusern der Reichen abkassiert. Listig merkt er an:

»Denn nie wird uns wieder eine so günstige Zeit, Worte zu verkaufen, in die Hand kommen.«

Dann bettelt er:

> »Mein Bej, ich bin nun zu Ihnen gekommen,
> Wohlan, Friede sei über Euch.
> Der Strick meiner Trommel ist ein bloßer Bindfaden.
> Ich hab die Jacke auf dem Marsch verloren.
> Gib, mein Efendi, mir mein Trinkgeld,
> Denn für Bayram möchte ich mir eine Jacke kaufen.«

Die Gebräuche zu Ramazan Bayramı, dem Zuckerfest, wie es volkstümlich heißt, wären ein eigenes Kapitel wert, doch wir begeben uns nun zu den Türben im rückwärtigen Garten. Neben dem Stifter der Moschee, Sultan Süleyman dem Prächtigen, haben in seiner von Sinan geschaffenen Türbe auch die Tochter Süleymans, die Prinzessin Mihrimah, und die späteren Sultane Süleyman III. und Ahmet II. ihre letzte Ruhestätte gefunden. Über den Herrscher Süleyman, der 1520 mit 25 Jahren auf den Thron kam und dessen Regierungszeit die längste und glanzvollste in der Geschichte des Osmanenreichs war, schrieb der türkische Reiseschriftsteller Evliya Çelebi (1611-82):
»Während der sechsundvierzig Jahre seiner Herrschaft machte er sich die Welt untertan und achtzehn Herrscher tributpflichtig. Ordnung und Recht stellte er in seinen Landen her, durchzog als Sieger die sieben Weltgegenden, mehrte die Schönheit der von ihm mit der Waffe eroberten Gebiete und hatte Erfolg in allem, was er unternahm.«
Als der Sultan (1566) im ungarischen Feldlager starb, betrauerten ihn seine Untertanen aufrichtig, was wahrhaftig nicht

immer der Fall gewesen ist beim Tod eines Herrschers. Der berühmte Hofdichter Bâkî verfaßte eine Trauerode, die Annemarie Schimmel folgendermaßen charakterisiert: »Es ist dies ein gewaltiges, aus sieben Einzelgedichten geflochtenes Poem, überströmend im barocken Prunk seines Stils, bis an die Grenze des Erträglichen überladen mit persischen und arabischen Begriffen, und doch, trotz seiner Wucht, noch immer eindrucksvoll.« Wir zitieren hier nur wenige Verse.

»Er legte sein Haupt zur Erde nieder frischem Rosenblatte
                                                          gleich,
Der Schatzmeister des Schicksals warf ihn in den Sarg einem
                                                          Juwele gleich.«

In der Folge preist der Dichter die Siege des »löwenmutigen Schahs« über die »ungläubigen« Ungarn und Franken, seinen Kampf für den islamischen Glauben, der ihm den Ehrentitel »şehit«, Blutzeuge, einbringt. Bâkî scheut auch nicht den Vergleich des Herrschers mit Alexander dem Großen und dem Perserkönig Dareius. Letztendlich aber ist wichtig, daß er in die »paradiesischen Gärten« einzog, woran der Dichter keinen Zweifel hat:

»Gott sei Dank! ER machte dich in beiden Welten (Diesseits und Jenseits) glücklich.«

Das andere, kleinere Mausoleum in dem Moscheegarten wurde für Süleymans zweite Frau, Haseki Hürrem, im Westen besser bekannt als Roxane oder Roxelane (etwa »die Russin«), errichtet. Sie starb schon 1558, vor dem Herrscher. Dieser hatte sich in jungen Jahren leidenschaftlich in sie verliebt und sie zur rechtmäßigen Gemahlin gemacht, wobei er alle andere Frauen in seinem Harem hintansetzte. Auf ihren Wunsch wurde, wie erwähnt, der Harem ins Topkapı Sarayı verlegt, nachdem es im alten Saray, das an der Stelle der heutigen Universität stand und dessen Parkmauer praktisch an die Süleymaniye-Moschee angrenzte, gebrannt hatte. Die »Russin« wurde unter vorgehaltener Hand »Hexe« genannt, weil Süleyman sich derart stark von ihr beeinflussen ließ, daß er sogar seinen Sohn Mustafa wegen angeblicher Verschwörung hinrichten ließ. Dadurch wurde der Weg frei für Roxelanes eigenen Sohn, Selim II., genannt »der Trunkenbold«, der nach dem Tod des Vaters auf den Thron gelangte.

Die Figur der Roxelane und die vielen Gerüchte, die in verstümmelter Form bis nach Europa drangen, haben den französischen Klassiker Jean Racine (1639-99) zu der Tragödie *Bajazet* inspiriert. Hier heißt der Sultan allerdings Amurat, sein Bruder Bajazet. Während sich der Sultan auf einem Feldzug gegen Babylon befindet, verliebt sich die Favoritin Roxane in Bajazet, der wiederum die Prinzessin Atalide liebt. Durch Zufall gelangt ein Liebesbrief Bajazets an Atalide in Roxanes Hand, die daraufhin aus Eifersucht den Plan des Wesirs Acomat, Bajazet auf den Thron zu bringen, durchkreuzt. Bajazet muß sterben. Zur selben Zeit kehrt der Sultan aus der Schlacht zurück und befiehlt, die ungetreue Roxane umzubringen; Atalide tötet sich aus Liebeskummer, und der intrigante Wesir flieht.

Schon Racines Zeitgenossen hatten kritisiert, der Autor habe die geschichtlichen Ereignisse verfälscht und die türkischen Sitten völlig willkürlich dargestellt. So verkehren zum Beispiel Männer und Frauen ohne Haremsgrenzen frei miteinander. Das Stück, das 1672 in Paris uraufgeführt wurde, war dort gleichwohl erfolgreich, denn es spiegelt im türkischen Gewand den französischen Hof mit seinen Leidenschaften und Machtspielen, ja tödlichen Intrigen, und die Zweideutigkeit aller menschlichen Beziehungen. Wenn Touristen heute das Grab der Roxane besuchen, dann aber wohl weniger in Erinnerung an Racines Tragödie.

Für zeitgenössische Leser bietet eher der historische Roman *Die Sultanin* des in Australien lebenden Journalisten Colin Falconer (Jahrgang 1952) eine unterhaltsame Möglichkeit, sich der Epoche des »Gesetzgebers« Süleyman und der Haseki Hürrem zu nähern. Man erfährt viel über die politischen und gesellschaftlichen Hintergründe und kann sich gleichzeitig hineinträumen in die Seelen der beiden außergewöhnlichen Menschen. Gegen Ende des Buches heißt es: »Sie war jetzt alles und jedes für ihn: sein Gewissen, sein Trost, seine Beraterin, sein Anwalt, sein bester Freund. Sie war der Wesir, den er nie würde haben können, denn ein Wesir, den er zu sehr liebte, würde ihn hintergehen, so wie es Ibrahim getan hatte. Sie war auch sein Harem, tausend Frauen in einer einzigen Gestalt; eine Frau, die sein Gemüt zu besänftigen vermochte, und nicht allein seinen Körper.«

So interessant der Gang über den kleinen Friedhof neben den Mausoleen der Süleymaniye wäre mit seinen Inschriften in »alttürkischer« Schrift, die manchmal Gedichte sind, wir verlassen den Moscheehof und gehen nach links durch die Prof. Sıddık Sami Caddesi bis zu dem Brunnen an der Ekke. Dabei kommen wir an dem noch als solches genutzten Krankenhaus und der Alten Medrese vorbei, an die sich die Schreibschule für Buben (heute Volksschule) anschließt. Diese Gebäude sind alle von Sinan geplant, ebenso wie die Karawanserei, die Armenküche an der Westseite und die Medresen unterhalb und östlich der Nordterrasse. Denn eine von einem mächtigen Stifter gegründete Moschee bestand nicht bloß aus dem Gebetshaus, sondern war umgeben von der Külliye, den angeschlossenen Sozialeinrichtungen und Schulen, die aus dem Stiftungskapital unterhalten wurden.

Das aus dem Arabischen kommende Wort Medrese bedeutet »Ort der Lehre«. Eine Medrese hatte stets nur eine Persönlichkeit als Lehrer. Fortgeschrittene Studenten hörten bei diesem Professor und wohnten in den um einen Hof gereihten Zellen als Stipendiaten, der Professor hatte eine Dienstwohnung neben dem Klassenraum. Es konnten immer nur so viele Studenten aufgenommen werden, wie Zellen zur Verfügung standen. In den Medresen, die mit unseren Lehrstühlen vergleichbar sind, konnte man außer dem Koran und den Hadis (Worte des Propheten Muhammed) auch Medizin studieren. Im 17. Jahrhundert gab es in Istanbul über 150 Medresen.

Wir folgen nun den Mauern der alten Universität entlang der Süleymaniye Caddesi und der Besin Ömer Caddesi, bis wir nach einer weiteren Linkswendung das Tor der Universität erreichen, dessen orientalisierender Stil samt Jahreszahl 1458 in die Irre führen. Die Gebäude stammen aus dem 19. Jahrhundert, die Hochschule wurde erst 1933 von Staatsgründer Atatürk in Anknüpfung an die osmanische Hochschule, Dar-ül Fünun (Haus der Wissenschaft), hier eröffnet. Vielleicht ist es interessant, daß während der Nazizeit deutsche Künstler und Wissenschaftler (z. B. Paul Hindemith, Ernst Reuter, Hellmut Ritter, Fritz Neumark, Alexander Rüstow, Erich Auerbach, Curt Kosswig) in der Türkei, und unter anderem an dieser Universität, Aufnahme fanden. Daran erinnert eine Gedenktafel am Haupteingang.

Die meisten Fakultäten liegen heute nicht innerhalb der Mauern, sondern verteilen sich auf viele Gebäude in der Nähe, denn längst ist die älteste und größte Universität der Türkei aus allen Nähten geplatzt. In den letzten Jahrzehnten sind in Istanbul weitere Universitäten gegründet worden; mit den privaten zusammen sind es wohl schon über zehn.

Das Hauptgebäude der Istanbul-Universität hat, wie der ihr vorgelagerte Platz und die Beyazit Camii, mehrfach politische Ereignisse gesehen, die auch in die Literatur eingegangen sind. Der große Dichter Nazim Hikmet (1902-63) setzt dem Studenten, der 1960 bei den Demonstrationen gegen die amerikafreundliche Politik von Ministerpräsident Menderes erschossen wurde, mit dem Gedicht *Der Tote auf dem Beyazitplatz* ein Denkmal. Dietrich Gronau vergleicht es in seiner ausgezeichneten Hikmet-Monographie, der ich den folgenden Textausschnitt entnehme, mit dem Gedicht *Der Schläfer im Tal* von Rimbaud.

> »Dort liegt ein Toter,
> den man erschoß,
> und das Blut, das aus seiner Wunde floß,
> erblühte wie eine rote Nelke auf seiner Stirn
> auf dem Beyazitplatz in Istanbul.«

Nazim Hikmet lebte seit 1951 im Moskauer Exil und durfte erst in seinen letzten Lebensjahren, in der nach Stalins Tod (1953) einsetzenden Tauwetterperiode, ins Ausland reisen, was ihn zu vielen Gedichten inspirierte. Die Sehnsucht nach seiner Heimat blieb ebenso unerfüllt wie die Hoffnung auf eine politische Umwälzung in der Türkei.

In dem großen Roman *Bir Gün Tek Başına* (Eines Tages ganz allein) von Vedat Türkali (geb. 1919) bilden die Studentendemonstrationen von 1960 sogar das Hauptthema. Vedat Türkali war ein zeitweilig verbotener Autor, weil er als »Kommunist« galt und sich als solcher bekannte. In den 50er Jahren saß er längere Zeit im Gefängnis, nach seiner Entlassung schrieb er Drehbücher und führte Regie in Filmen, die außerhalb der Türkei jedoch wenig beachtet wurden, vielleicht weil sie sich stark auf einheimische Verhältnisse bezogen. In dem anläßlich des Spaziergangs durch Beyoğlu erwähnten Roman desselben Autors, *Yesilçam Dedikleri Türkiye* (Yesilçam als Spiegel der Türkei), wird das Bemühen der Filmemacher um einen volksnahen türkischen Film dargestellt. Die Romane von Vedat Türkali lassen sich durchaus als Kommentare zur Geschichte der türkischen Republik nach dem Zweiten Weltkrieg lesen.

Unter den Philologiestudenten der Istanbul-Universität gilt *Bir Gün Tek Başına* geradezu als ein Muß. Der Inhalt des leider in Deutschland bisher unbekannten Werkes ist kurz gesagt folgender: Kenan hat als junger Lehrer auf einer Polizeiwache zwei kräftige Ohrfeigen bekommen. Das hat ihn erst einmal »geheilt« vom Revoluzzertum und auf den bürgerlichen Weg gebracht. Er hat seine Studienkollegin Nermin geheiratet und eine Buchhandlung in Cağaloğlu eröffnet, deren Existenz allerdings durch den bevorstehenden Abriß des alten Hauses, das den Laden beherbergt, bedroht ist. Sein »Freund« Rasim, der über gute Kontakte zur Polizei und nach Ankara verfügt, unterstützt ihn finanziell. Als Kenan sich in die viel jüngere Doktorandin der Philosophie Günsel verliebt, überläßt er ihm eine kleine Wohnung als Absteige. Daß Rasim jedoch von Anfang an sein Spiel mit ihm treibt, erkennt Kenan nicht.

Der angegraute Buchhändler, der seiner revolutionären Jugend nachtrauert, begleitet die Edelkommunistin Günsel zu Agitationstreffen mit Arbeitern und bekommt über sie Kontakte zu alten Kämpfern, die zum Teil im Untergrund leben müssen. Als die Spannungen zwischen Ministerpräsident Adnan Menderes und der Sozialistischen Volkspartei von Ismet

Inönü sich zuspitzen, demonstrieren die Studenten in Istanbul und Ankara. Die blutigen Auseinandersetzungen eskalieren; das Militär übernimmt die Macht. Viele Studenten werden verhaftet, auch Günsel und ihre Freunde. Kenan beteiligt sich halbherzig an den Demonstrationen, einerseits ist er wohl etwas feige, andererseits mißtrauen die Studenten dem Außenseiter. Es kommt das Gerücht auf, er sei ein Polizeispitzel, ein Verdacht, den kurzzeitig selbst Günsel, die irritierenderweise sehr schnell aus der Untersuchungshaft entlassen worden ist, hegt. Die Verhaftung zweier Studenten, die sie in ihrem Liebesnest versteckt hat, scheint Kenans Schuld zu erweisen. Dabei ist Rasim derjenige, der im Hintergrund seinen »Freund« Kenan politisch, persönlich und finanziell ruiniert. Als Kenan dies erkennt, läuft er Amok: Zuerst verprügelt er Ehefrau Nermin, da diese hinter seinem Rücken mit Rasim kooperiert hat, dann zerstört er Rasims Wohnung, am Ende bringt er sich um. In der letzten Szene des Romans, der Beerdigung, beschließt die abseits stehende schwangere Günsel, Kenans Kind allen Widerständen zum Trotz nun doch nicht abzutreiben.

Die Schilderungen der Demonstrationen an der Universität und auf dem Beyazitplatz bilden den Höhepunkt des Romans. Aus Protest gegen jüngste Verfassungsänderungen der Regierung Menderes, die wesentliche Grundrechte beschneiden, sammeln sich die Studenten der Philosophischen Fakultät im Universitätsgarten und rufen Slogans wie: »Freiheit!, Atatürk!, Menderes soll zurücktreten!, Nieder mit der Diktatur!« Als daraufhin Polizei ins Universitätsgelände einbricht, verteidigen sich die Studenten mit Steinwürfen. Der Rektor wird von Polizisten blutig geschlagen, aber nicht verhaftet. Auf dem Beyazitplatz rückt berittene Polizei zur Verstärkung an. Die Demonstration verlagert sich nach außen, andere Fakultäten schließen sich an. Den Studenten gelingt es, einzelne Polizisten von den Pferden zu zerren und zu verprügeln. Dann fallen die Schüsse, deren einer den Studenten Turan tötet. Andere werden verletzt. Im Roman heißt es: »Die Studenten stürzten aus ihrer Deckung hervor, der Zorn gab ihnen Mut. – ›Mörder … Mörder … Mörder!‹ Was sie vorher schon geschrien hatten, bekam nun eine ganz andere Bedeutung. Jetzt standen sie echten Mördern gegenüber. Jetzt war der Ruf eine schwere Anklage wegen des gerade vergossenen warmen Blutes; er trug die Bedeutung einer Totenklage von herzzerreißender Bitterkeit.«

Nun rücken Soldaten mit Panzern an, die von den Studenten wie Retter begrüßt werden: »Es lebe die Türkische Armee!« Diese Unterscheidung zwischen der verhaßten Polizei und dem als Schützer der Demokratie verstandenen Militär ist bei einem linken Schriftsteller wie Vedat Türkali, jedenfalls für deutsche Leser, erstaunlich. Er gibt jedoch genau das wieder, was sich 1960 am Beyazitplatz ereignet hat. Daß diese Szene für den Autor selbst wohl etwas von einer Schlüsselszene gehabt haben muß, zeigt sich daran, daß er den Ablauf, den der Leser bisher aus der Sicht von Günsel erlebt hat, noch einmal aus der Perspektive von Kenan zeigt, der allerdings das Geschehen mehr vom Rand her begleitet.

Die Istanbul-Universität und der Beyazitplatz haben seither noch so manche Studentendemonstrationen gesehen, teils blutige politische, teils aber auch religiös-ideologische, z. B. für oder gegen das Tragen islamischer Kleidung an der Universität. Im Jahr 2002 richtete sich der Studentenprotest gegen die Auflösung der Bibliotheken der geisteswissenschaftlichen Seminare, nachdem der Rektor verfügt hatte, daß alle Bücher in eine Datenbank einzuscannen seien, so daß sie fortan nur über Computer abrufbar sein sollen.

Haben Sie Lust auf eine Teepause im Freiluftcafé Çınaraltı (unter den Platanen) zwischen Beyazit-Moschee und Universitätsgitter? Für viele ehemalige Studenten ist der Ort mit Erinnerungen aufgeladen. Die Autorin und Filmemacherin Işıl Özgentürk (geb. 1948) sucht in ihrer kürzlich erschienenen Erzählung *Çınaraltı Değişti Mi?* (Hat sich Çınaraltı verändert?) nach den Idealen ihrer Jugend.

»Wie alt waren wir damals im Café Çınaraltı? Wie alt waren unsere Freunde? Wir lasen Simone de Beauvoir, Kafka und Camus. Wir lasen *Die Frau im Sozialismus*. Unsere Freunde mußten wie Intellektuelle sein. Was war das für eine intellektualisierte Mann-Frau-Beziehung? In was für einer Gesellschaft haben wir gelebt? Oder lebten wir nicht eigentlich auf einer Insel?«

Nüchtern konfrontiert sie die Ideale mit der Realität: »Als wir sagten: Männer und Frauen sind gleich, da hatten die Arbeiter der Nachtschicht gerade die erste Stunde geschuftet. Wir sind gleich, sagten wir, und währenddessen warf eine hungrige blauäugige 15jährige ihrem Gegenüber verführerische Blicke zu. Wir sind gleich, sagten wir, und dabei war in den Schlagzeilen der Zeitungen von Besatzung die Rede. Wir sind gleich, haben wir gesagt, aber wir haben das nicht leben können.«

Doch die Autorin betrachtet nicht nur die Vergangenheit mit kritischen Augen, sondern auch die Gegenwart, und da zeigt sich, daß sich das Café unter den Platanen wirklich verändert hat. Denn:

»Es gibt viele Touristen aus der westlichen Welt, die – aus ihrer Sicht – die Schätze dieses unterentwickelten Landes neu zu entdecken beginnen. Vor allem Amerikaner und Deutsche wandern herdenweise am Café Çınaraltı entlang. Die meisten sind über 50. Die Frauen haben gefärbte, zurechtgemachte Haare. Sie stürzen sich wie die Heuschrecken auf alles, was ihnen ›very interesting‹ vorkommt. Jeder Mann hat eine Filmkamera am Hals. Sie suchen ständig nach dem, was sie sich unter dem ›Orientalischen‹ vorstellen, tief verschleierte Schönheiten, das Klagen der Rohrflöte, Gassen, wo der Haschisch dampft. Bei ihrem Anblick wird mir unwohl, aber wenn unsere Jungen ihnen für fünf Dollar einen Plastikabguß von Sultan Süleymans Schwert andrehen, dann muß ich lächeln. Die Jungen bedanken sich artig auf englisch, wenn sie das Geld einstecken, und fügen auf türkisch ›Dummkopf‹ hinzu. Ich möchte am liebsten laut loslachen. Diese Touristen bringen uns bei, wie man Geschäfte macht; ist das denn zu verachten?«

Das Geschäft mit den Träumen läuft manchmal auch subtiler ab, etwa im Antiquariatsbasar, den wir nun durch das kleine Tor in der Mauer betreten. Inzwischen sind hier hauptsächlich Lehrbücher für Studenten, Koranausgaben, religiöse Bücher und alle Arten neuerer Literatur zu finden, daneben aber handgeschriebene, gezeichnete und kolorierte Nachbildungen der alten osmanischen oder gar persischen Schriften und Miniaturen. Für Touristen mit schmalem Geldbeutel werden auch einzelne Blätter kopiert. Originale werden Sie im Basar wohl kaum entdecken. Antiquare mit wertvollen Beständen sind von hier in die besser gesicherten Läden in Beyoğlu umgezogen. Auch gibt es ein Gesetz, daß seltene alte Bücher, ebensowenig wie Antiquitäten, ins Ausland gebracht werden dürfen.

Der Bücherbasar hat den Journalisten Jochen Seyppel zu der Anmerkung veranlaßt: »Jedenfalls, man sieht Bücher, wo man Analphabetentum erwartete.« Daß Istanbul schon im 16. Jahrhundert als »Stadt der Bücher« gerühmt wurde, war ihm wahrscheinlich unbekannt! Der marokkanische Gesandte Abû'l-Hasan al-Tamgrûti, der 1589/90 Istanbul besuchte, schreibt in seinem Reisebericht:

»In Konstantinopel gibt es Bücher in riesigen Mengen. Die Bibliotheken und Basare quellen über davon. Hierher gelangen Bücher aus allen Teilen der Welt. Wir haben eine ziemlich große Zahl höchst interessanter mitgenommen, deren Kauf uns Gott – er sei gepriesen – erleichterte.« Diese Textstelle steht bei Kreiser, der in seinem historisch-literarischen Stadtführer *Istanbul* den Bibliotheken in der osmanischen Zeit ein Kapitel widmet.

Unser Weg führt die Stufen in dem engen Durchgang hinunter. Wir überqueren die Gasse und treten durch eins der Tore in den gedeckten Basar Kapalı Çarşı ein. Wer den Basar schon kennt und nicht verweilen will, durchquert das Tor mit der Aufschrift Beyazid Kapısı, von wo aus die Ladenstraße der Goldschmiede direkt zum Ausgang bei der Nuruosmaniye Camii führt, bei der wir nach unserem Basarbummel ankommen wollen.

Orhan Veli (1914-50), der Mitbegründer der modernen türkischen Lyrik, warnt am Ende seines Gedichts *Der Große Basar* (in der Übertragung von Yüksel Pazarkaya):

> »Sag nicht so achtlos Großer Basar,
> Großer Basar,
> Große Geheimnisse.«

Die Geheimnisse, die der Dichter meint, beziehen sich auf die menschlichen Schicksale, die sich in den ausgestellten Waren verbergen. Tatsächlich kann man im oder am Basar außer Schmuck, Kunstgewerbe und Souvenirs fast alle Dinge des täglichen Bedarfs kaufen, doch überwiegen innerhalb der Gewölbe Läden, die viel Gewinn bringen, denn die Abgaben sind hoch.

Der Große Basar (Kapalı Çarşı heißt wörtlich »gedeckter Basar«) geht zurück auf die Alte Tuchhalle (Eski Bedesten), die Sultan Mehmet der Eroberer an der Stelle erbauen ließ, wo in byzantinischer Zeit eine Handelshalle stand. Unter Sultan Süleyman I. entstand in der Nähe eine zweite Tuchhalle, Sandal Bedesten genannt (sandal ist eine Art Satin). Beide Hallen waren von überwölbten Ladenstraßen mit hölzernen Läden umgeben. Nach dem schweren Brand von 1701 wurde der gesamte Komplex in Stein errichtet. So verwirrend er im ersten Moment wirken mag, der Plan zeigt eine klare Gliederung: Die beiden historischen Hallen liegen umgeben von rechtwinklig angelegten Straßen, deren größere auch Namen haben, die auf alte Gewerbe hinweisen: Pelzmützenmacher, Geldbörsenmacher, Spiegelmacher, Schneider usw.

Schon immer haben europäische Reisende sich über den Basar begeistert oder enttäuscht geäußert, weil sie hier den Zauber des Orients entweder voll zu spüren meinten oder vermißten. Als Beispiel für die erste Gruppe sei Mark Twain (1835-1910) zitiert, der mit seiner meistens scharfen Kritik an allem, was er in Istanbul zu sehen bekam, hier einmal zurückhaltend ist. Er besuchte Istanbul 1865/66 auf einer Reise mit amerikanischen Touristen in die »alte Welt« und fand das meiste unbeschreiblich schmutzig und abstoßend, was er mit kräftigen Worten kundgibt. Die Stelle über den Basar jedoch ist erstaunlich sachlich:

»Wir besuchten natürlich den großen Basar in Stambul, aber ich werde ihn nicht näher beschreiben und nur sagen, daß es ein ungeheurer Bienenstock kleiner Läden ist – Tausender, möchte ich sagen –, die sich alle unter einem einzigen Dach befinden und durch enge, überwölbte Straßen in unzählige kleine Blocks aufgeteilt sind. Die eine Straße ist für die eine Warenart bestimmt, die nächste Straße für eine andere Ware und so weiter.« Der Autor nennt dann als Beispiele Schuhe, Seidenstoffe, Antiquitäten, Schals usw. »Der Ort wimmelt ständig von Menschen, und da vor jedem Laden die buntfarbigen Erzeugnisse des Ostens verschwenderisch ausgebreitet sind, ist der große Basar von Stambul eine der Sehenswürdigkeiten, die zu sehen sich lohnt. Er ist voller Leben und Treiben und Geschäftigkeit, Schmutz, Bettler, Esel, schreiender Händler, Träger, Derwische, hochgeborener türkischer Käuferinnen, Griechen und wunderlich aussehender und wunderlich gekleideter Mohammedaner aus den Bergen und den entfernten Provinzen – und das einzige, was man nicht riecht, wenn man sich im großen Basar befindet, sind Wohlgerüche.«

Wer Wohlgerüche suchte, war hier zu Mark Twains Zeiten am falschen Platz. Im Ägyptischen Basar (Mısır Çarşısı) an der Galatabrücke, wo Gewürze und Weihrauch gehandelt werden, hätte er schon eher fündig werden können. Echtes Rosenöl wurde und wird manchmal auch von fliegenden Händlern vor den Moscheen verkauft. In der modernen Türkei allerdings gibt es Parfümerien, bzw. die Kosmetikabteilungen der großen Einkaufszentren. Letztere bilden für die Einheimischen die Basare unserer Zeit. Während sich die Einheimischen zum Einkaufen also kaum noch in den altertümlichen Basar begeben, allenfalls für bestimmte Stoffe oder Goldschmuck, besuchen die Reisenden unserer Tage mit gesteigerten Erwartungen diesen Ort, an dem sie das »Orientalische« in geballter Form vermuten.

Wollen Sie jetzt noch wissen, daß man im Basar durchaus feilschen kann, was in der Türkei bei Waren des täglichen Gebrauchs längst nicht mehr üblich ist? In meiner *Gebrauchsanweisung für die Türkei* habe ich am Beispiel des Teppichkaufs den Vorgang beschrieben:

»Im Teppichladen sind Sie an dem Ort, wo Sie nach Herzenslust feilschen können. Das erwartet der Händler auch von Ihnen; zum einen, weil er weiß, welche Freude es dem Touristen bereitet, ›echt orientalische‹ Sitte auszuprobieren, zum anderen, weil es bei dieser Art Ware angeblich angebracht ist. Um zu einem gerechten, für beide Seiten angemessenen Preis zu gelangen, setzt jeder erst einmal am Extrem an. Als Faustregel können Sie davon ausgehen, daß die Ware etwa die Hälfte des geforderten Preises wert ist. Nennen Sie um Himmels willen nicht den Betrag, den Sie letztlich zu zahlen bereit sind, sonst haben Sie keinen Spielraum mehr.

Doch ehe Sie das *pazarlık* (Feilschen) genießen, sollten Sie sich in Ruhe umschauen und auswählen. Der Türke nimmt sich Zeit. Lassen Sie sich ruhig stapelweise die Ware zeigen; es gib eine unglaubliche Vielfalt an Stilen, die herrlichsten Farbabstufungen. Wenn der Händler Tee oder Mokka bringen läßt, wenn er Sie nach dem Woher und Wohin ausfragt, nach Ihrer Familie und Ihrem Befinden, sollten Sie das nicht als geschickte Verkaufsstrategie abtun, er erfüllt damit auch ein Gebot orientalischer Höflichkeit. Der Kunde wird zuerst einmal als Gast betrachtet, den man zuvorkommend und großzügig behandelt, auch wenn das Geschäft nicht zustande kommt. Es gilt als unfein, sofort von den Preisen zu sprechen. Eine Ware muß wirklich gefallen, bevor man zu ›handeln‹ anfängt. Allerdings wäre es unklug, wenn Sie Ihr Interesse und Wohlgefallen an einem Stück allzu deutlich äußerten.

Sehen Sie das Ganze als ein Spiel an, in dem beide Seiten nicht bloß materiell gewinnen wollen, vielleicht sogar ›Glück‹ haben, sondern wo es gleichermaßen um Selbstachtung und Ehre geht. ›Willst du einen Menschen kennenlernen, so treibe mit ihm Handel‹, hat der Prophet Muhammed, der selbst Kaufmann war, gesagt. Im Koran wird mit Strafe bedroht, wer eine Ware falsch abwiegt oder in bezug auf ihre Beschaffenheit lügt. Leider können Sie nicht davon ausgehen, daß sich noch viele Händler an das islamische Ethos halten. Also Augen auf!«

Wir lassen uns durch die breite Gasse der Goldschmiede treiben (bei Gold gilt übrigens das Gewicht und der Tagespreis, hier wird nicht gefeilscht), bis wir am unteren Ende den Ausgang und durch ein weiteres Tor hindurch die Nuruosmaniye Camii erreichen, jene erstaunliche Moschee (1755 vollendet) im Stil des Rokoko, die Sumner-Boyd/Freely als »manieristisch, bizarr, auf den Effekt fast bis zur Künstelei bedacht« charakterisieren. Als deren Schöpfer vermuten die Autoren einen Griechen namens Simeon.

Wir schauen uns im Hof der Moschee um, ob wir das Glück haben, einen der Aşık (Liebender) genannten fahrenden Volksänger anzutreffen. Diese wandernden Troubadoure sollen hier gerne Station machen. Das Hauptthema ihrer meist selbstverfaßten Lieder, die sie zur Saz singen, ist die Liebe, die tragische natürlich, aber es kann auch um mystische Liebe zu Gott gehen, um Trennung von der Heimat oder um Kritik an den politischen Verhältnissen. Die Verbindung zu religiösen oder politisch radikalen Gruppen ist manchmal gegeben. Der größte türkische Dichter des Mittelalters, Yunus Emre (ca. 1241-ca. 1321), war so ein wandernder Liebender, doch seine brennende Liebe galt allein Gott. Alle Dinge der Natur wurden ihm zum Zeichen, wie im folgenden Gedichtanfang (in der Übersetzung von Annemarie Schimmel), wo die Nachtigall die suchende Seele verkörpert:

> »Bist du denn fremd hierhergezogen?
> Ach, warum weinst du, Nachtigall?
> Und hast ermattet dich verflogen?
> Ach, warum weinst du, Nachtigall?

> Hast hohe Berge überschritten?
> Bist über Flüsse tief geglitten?
> Hast Trennung du vom Freund erlitten?
> > Ach, warum weinst du, Nachtigall?«

Obwohl Yunus Emre auf seinen Wegen durch die endlosen Weiten Anatoliens nie Konstantinopel berührt hat, soll dieser große Dichter als Prototyp des wandernden Aşık hier genannt werden.

In dem Roman *Der weinende Granatapfel* von Alev Tekinay folgt der junge deutsche Orientalist Ferdinand den Spuren seines Alter ego, des Volkssängers Ferdi T.. In Istanbul, wo er ihn vergebens sucht, klärt ihn Professor Sümergil auf, was es mit den Aşıks auf sich hat: »Um diese Liebe zu erreichen, sind diese Sänger ständig unterwegs, auf der Suche ... Deshalb wandern sie von Dorf zu Dorf, von Stadt zu Stadt.«

Moderne Vertreter der Zunft haben ihre Werke auf Kassetten und CDs aufgenommen. Es finden regelmäßig Sängerfeste mit Wettkämpfen statt, etwa in Bursa oder Konya, in Erzurum oder jährlich zum Todestag des großen mystischen Sängers Hacı Bektaş in Sivas. Ferdinand Tauber reist »seinem« Aşık durch ganz Anatolien nach, doch vor der entscheidenden Begegnung stirbt Ferdi T. Im Radio wird eines seiner Gedichte gesendet, was Ferdinand unsagbar tröstet:

> »Wenn es mich nicht gibt,
> wird es dich geben,
> Bruder,
> in deinem oder in meinem Land,
> in dir lebe ich weiter,
> meine Liebe gilt in dir

jedem Menschen,
der mächtig ist
als irgend jemand.«

Der Roman von Alev Tekinay (geb. 1951), einer in München lebenden, deutsch schreibenden Autorin, ist ein rührendes Zeugnis der Liebe zu zwei Kulturen, die sich gegenseitig bereichern könnten. Leider hat das Buch, das sich in Sprache und Motiven auf Eichendorffs *Marmorbild* bezieht, im deutsch-türkischen Dialog nicht sehr viel Beachtung gefunden.

Wir streben weiter durch die Nuruosmaniye Caddesi mit ihren Luxusgeschäften immer geradeaus bis zur Babiali Caddesi, der wir nach links folgen. An der Ampel biegen wir rechts ab in die Yerebatan Caddesi, wo das Ziel unseres heutigen Ausflugs liegt, das Cağaloğlu Hamamı.

Das Viertel Cağaloğlu war bislang Standort der meisten türkischen Verlage und Zeitungsredaktionen, die interessanterweise nicht in Ankara, sondern in der Kulturhauptstadt Istanbul angesiedelt sind. Aus Platzgründen werden jedoch zunehmend die Druckereien nach Merter hinaus verlegt, und die Redaktionen bevorzugen mittlerweile aus demselben Grund die modernen Hochhäuser im Stadtviertel Levent. Im alten Verlags- und Journalismusquartier Cağaloğlu mit seinen vielen Buchhandlungen muß der Leser sich auch die fiktive Buchhandlung des unglückseligen Kenan aus dem oben zitierten Roman von Vedat Türkali vorstellen. Viele Male beschreibt der Autor, wie sein Held die Straßen und Gassen zwischen dem Laden und der Universität, wo er Günsel zu treffen hofft, durcheilt, oder, meist nach Geschäftsschluß, hinunter nach Sirkeci läuft. Bemerkenswert und für Türken völlig untypisch ist, daß die beiden Liebenden unendliche Strecken zu

Fuß zurücklegen. Auf diese Weise hat Vedat Türkali jedoch die Topographie der Stadt literarisch erschlossen.

Etwas abseits unserer Route liegt das Pressemuseum (Basın Müzesi, Divanyolu Cad. 84), das der türkische Journalistenverband eingerichtet hat. Dort sind unter anderem alte Druckerpressen ausgestellt; wichtiger noch ist das Dokumentationszentrum zum Zeitungswesen in der Türkei. Im ersten Stock wird mit einer Fotowand der vielen türkischen Journalisten gedacht, die in Ausübung ihres Berufes als »Blutzeugen« (şehit) ihr Leben lassen mußten, angefangen von Hasan Fehmi, dem Chefredakteur der *Serbesti Gazetesi* (Freiheitszeitung), der 1909 auf der Galatabrücke erschossen wurde.

Wir haben jetzt die Wahl, uns im Hamam zu entspannen oder nur einen Blick hineinzuwerfen und uns ansonsten literarisch mit dem Thema zu befassen. Wie der Basar, so war und ist auch das Türkische Bad mit vielen Erwartungen von seiten der europäischen Reisenden belastet. Die türkische Badekultur, die auf der griechisch-römischen Tradition aufbaut, war schon für die Kreuzfahrer aus den kalten Burgen des Nordens, in denen man sich kaum mit Genuß waschen und baden konnte, ein Erlebnis. Noch in der Neuzeit galt im prüden Europa ein Bad als Sünde, während der Islam das Waschen vor dem Gebet und Ganzkörperwäsche nach dem Sex als religiöse Vorschrift propagiert. Da die türkischen Haushalte – mit Ausnahme der ganz reichen – früher nicht über eigene Badezimmer verfügten, gingen die Menschen ins öffentliche Hamam, Männer und Frauen getrennt. Im Cağaloğlu Hamamı gibt es zwei eigene Abteilungen. Wenn dies jedoch nicht der Fall war oder ist, badeten Frauen und Männer zu unterschiedlichen Tageszeiten. Seit neuestem haben auch türkische Wohnungen ein Badezimmer, so daß vor allem Frauen selten das öffentliche Bad aufsuchen und viele Hamamanlagen auf Touristen umstellen; andere schließen den Betrieb oder haben nur für Männer geöffnet, weil diese sich lieber ungestört von der Familie, mit Hilfe männlicher Badediener, gründlich reinigen und sich tagsüber hier auch zur Unterhaltung treffen.

Seit jeher ist das Hamam nicht zuletzt ein Ort der Erholung und der Kommunikation gewesen. Im Männerhamam werden Geschäfte abgewickelt, im Frauenhamam wurden und werden manchmal noch Ehen angebahnt, nämlich von den jeweiligen Müttern der jungen Leute. Diese Aktivitäten haben die meisten Reisenden nicht erfaßt. Lady Montagu beschreibt freilich, wie sie die Badezeremonie einer frischgebackenen Braut mit allen Freundinnen, weiblichen Verwandten und Bekannten miterleben durfte. Die meisten Hamam-Geschichten stammen dagegen von Männern, die das für Europäer ungewohnte Erlebnis, die Prozedur, wie der Badewärter sie abrubbelt, einseift und massiert, unterschiedlich bewerten. Wir finden eher sachliche Beschreibungen, wie die von Moltke, der das Hamam nach einem langen Tag im Pferdesattel als sehr angenehm empfindet, oder bewundernde, wie die von Schweigger, der insbesondere die technische Überlegenheit im Unterschied zu deutschen Badestuben lobt; und zuletzt gibt es die empört sarkastische Verurteilung von Mark Twain, der in seinem berühmten Reisebuch *The Innocents Abroad* von 1869, auf deutsch unter dem Titel *Reise durch die alte Welt* erschienen, darüber eine Satire geschrieben hat.

Der Autor bekennt, er habe jahrelang »von den Wundern des türkischen Bades geträumt«, doch er sei »von den Büchern über Reisen im Orient angeschwindelt worden«. Schon der Eingangsbereich enttäuscht den Amerikaner, denn die Umkleidekabinen erscheinen ihm wie »Ställe für menschliche

».. . und legte mich auf eine erhöhte Plattform in der Mitte.« Männerbereich im Hamam von Cağaloğlu

Pferde«, und die Liegen nennt er »Bahren«, belegt mit einem »muffigen Strohsack, der nicht aus Goldgewebe oder persischen Schals bestand, sondern lediglich von der anspruchslosen Sorte war, die ich in den Negervierteln von Arkansas gesehen habe«. Vor dem Bad bekommt der Autor ein Nargileh, eine Wasserpfeife, gereicht, was sicher als besonderer Luxus gedacht war, denn es gehört nicht zum Standard. Auch dieses ist eine Enttäuschung. »Nie wieder ein Nargileh! Der Rauch hatte einen scheußlichen Geschmack. (...) Wenn ich auf einer Packung Tabak aus Connecticut den Großtürken mit gekreuzten Beinen in vorgetäuschter Seligkeit seine Nargileh rauchen sehe, werde ich ihn fortan als den schamlosen Betrüger erkennen, der er ist.«

Trotz allem bricht Mark Twain den Besuch nicht ab; offenbar ist er neugierig, wie es in dem »Gefängnis«, wie er das Hamam nennt, weitergeht.

»Als ich zur Vorbereitung auf eine noch wärmere Temperatur genügend aufgewärmt worden war, brachte man mich dorthin, wo diese herrschte – in einen marmornen Raum, naß, schlüpfrig und dampfig, und legte mich auf eine erhöhte Plattform in der Mitte. Mir war sehr warm. Alsbald setzte mich mein Mann (der Badewärter, B. Y.) neben einen Behälter mit heißem Wasser, machte mich gründlich naß, zog einen groben Fäustling über die Hand und fing an, mich damit von oben bis unten abzupolieren. Ich fing an, unangenehm zu riechen. Je mehr er polierte, desto schlechter roch ich. Es war erschreckend. Nach einer Weile brachte er ein Becken, Seife und etwas, das wie ein Roßschweif aussah. Er schlug eine ungeheure Menge Seifenschaum, überschwemmte mich damit von Kopf bis Fuß, ohne Bescheid zu geben, daß ich die Augen schließen solle, und wischte in niederträchtiger Weise mit dem Roßschweif an mir herum.«

Noch immer wartet der Erzähler auf die »Wohlgerüche Arabiens«, doch vergebens. Am Ende der Zeremonie wird der Gast in »trockene Tischtücher« eingewickelt und wieder in den Ruheraum geführt, den er jetzt mit einem »Hühnerstall« vergleicht. Der zur Entspannung servierte türkische Mokka findet natürlich auch keine Gnade. »Die Tasse ist klein, mit Kaffeesatz verschmiert; der Kaffee ist schwarz, dick, von widerwärtigem Geruch und abscheulichem Geschmack.«

Ganz offensichtlich klafft zwischen den Erwartungen des Reisenden und der Realität ein Abgrund. Die klugen Gastgeber haben im Laufe der Zeit wohl erkannt, daß sie das originale türkische Hamam nicht allen Ausländern zumuten dürfen, deshalb vermeiden die großen internationalen Hotels in ihrem sogenannten Türkischen Bad alles Erschreckende und bieten – zu hohen Preisen, versteht sich – einen Service, wie man ihn auf der ganzen Welt in Wellnessoasen antrifft.

Seltsamerweise findet das Hamam in der türkischen Literatur kaum Erwähnung. Ein Grund könnte sein, daß der Prozeß der körperlichen Reinigung im Dampfbad für einen Türken ähnlich uninteressant erscheint wie für den deutschen Autor das Geschehen im Badezimmer, weil Alltag, den nur Außenstehende als pittoresk erleben. Einleuchtender scheint die Erklärung des Tabubruchs: Über das Hamam zu berichten ist unanständig, weil dort Dinge vorgehen, die der Türke schamvoll verschweigt. Aus diesem Grund ist wohl auch der von deutschen Zuschauern gelobte Film *Hamam* des in Italien lebenden jungen türkischen Regisseurs Ferzan Özpetek in der Türkei als »Verrat« empfunden worden, denn er bedient das Thema so, daß eher die westlichen Hoffnungen erfüllt werden: mit Exotik und Erotik.

# Refugium für Schriftsteller

Vierter Spaziergang:
Mit dem Schiff zu den Prinzeninseln

1. Adalar Iskelesi in Sirkeci
2. Bostancı
3. Kınalı Ada
4. Burgaz Ada
   (Sonderkarte S. 134)
7. Heybeli Ada
   (Sonderkarte S. 141)
9. Büyük Ada

Die heutige Tagestour führt uns auf die sogenannten Prinzeninseln, die im Marmarameer, etwa 20 km südlich des Stadtkerns, nahe der asiatischen Küste liegen. Ihren Namen haben sie von den byzantinischen Königskindern, die von den jeweiligen Herrschern dorthin verbannt wurden, wenn sie diesen bedrohlich erschienen. Die Osmanen lösten später das Problem der Konkurrenz unter Brüdern mit der Ermordung der Rivalen. Fünf der neun Inseln sind bewohnt. Auf unserem Programm stehen Burgaz, Heybeli und Büyük Ada.

»Ada« heißt Insel, unsere Dampferanlegestelle »Adalar Iskelesi« liegt in Sirkeci unterhalb des Bahnhofs. Es empfiehlt sich, nicht zu spät loszufahren und sich vorher genau nach den Abfahrtszeiten zu erkundigen. Im Sommer verkehren am Vormittag mehrere Schiffe, die nicht alle die gleiche Route nehmen; manche sammeln noch Passagiere von der asiatischen Seite ein, andere fahren durch. Es gibt auch ein Schnellboot. Die normale Fahrt dauert etwa eine Stunde. Das Wetter sollte schön und die Luft eher ruhig sein, denn auf den Inseln weht es immer. Aus diesem Grund verbringen manche Istanbuler dort gerne den Sommer. Noch ein kleiner Hinweis: Wenn Sie vorhaben, die Museen der Schriftsteller Sait Faik und Hüseyin Rahmi Gürpınar zu besuchen, vermeiden Sie den Montag, an dem Tag sind die Häuser geschlossen.

Auf einer Dampferfahrt erleben wir eindrucksvoll, daß Istanbul eine Stadt am Meer ist. Emine Sevgi Özdamar schreibt in ihrem Artikel für das *Merian*-Heft *Istanbul*: »In Istanbul weiß man nicht, ob das Meer die Stadt in seinen Armen hält oder die Stadt das Meer.« Die Autorin war in ihrer Kindheit überzeugt, das Meer müsse eine Frau sein, weil es den Einwohnern Fische schenkt. »Manchmal aber wurde diese Frau zum Mann. Das Meer war ein Mann, wenn der Südwestwind die Schiffe, die zwischen der asiatischen und der europäischen Seite von Istanbul hin- und herfuhren, mit seinen hohen Wellen mal nach links und mal nach rechts schlug. Und die Menschen auf dem Schiff und die Teegläser auf der Schiffsbar rutschten hin und her, und draußen stiegen, vom Schiffsfenster aus gesehen, die beiden Ufer von Istanbul hoch und stürzten herab, mit ihren Häusern, den byzantinischen Mauern, den orthodoxen und armenischen Kirchen, dem Genueser Turm und den osmanischen Palästen und Moscheen. An solchen Tagen sagten die Menschen, das Meer ist ein Sultan, es hört auf niemanden.« Wenn das Meer ein Sultan ist, sollten Sie lieber an Land bleiben. Auf den Inseln wohnen nur wenige Menschen; als Sommerparadies sind sie fast ideal, als Dauerwohnsitz zu anstrengend.

Zu Beginn der Fahrt lohnt sich der Blick vom Wasser her auf die Altstadt, der in der Reiseliteratur schon früh gepriesen wird – eine Begeisterung, die für manchen beim Landgang in Enttäuschung umschlägt. Der französische Reisende Joseph Pitton de Tournefort, der im Jahr 1700 für seinen König per Schiff nach Istanbul fuhr, ruft aus: »Wohl läßt sich nichts Schöneres denken als der äußere Anblick von Konstantinopel. Häuser, Dächer, Terrassen, Balkons und Gärten bilden verschiedene Amphitheater, über welche die schönsten Bazare, Serails und Moscheen hervorragen. (...) Doch anders gestalten sich die Dinge, wenn man an das Land steigt.«

Der Edelmann aus Paris betrachtet Konstantinopel nicht vorwiegend unter ästhetischen Gesichtspunkten, sondern anerkennt die strategische und handelspolitische Bedeutung der Metropole, die sich aus ihrer Lage an zwei Meeren ergibt, vor allem zu einer Zeit, als Land- und Luftverkehr kaum Bedeutung hatten. »Konstantinopel mit seinen Vorstädten ist ohne Widerspruch die größte Stadt in Europa. Es scheint, als ob der Kanal der Dardanellen und des Schwarzen Meeres ausdrücklich dazu bestimmt seien, ihr die Schätze aus allen Teilen der Welt zuzuführen.«

Die Schiffe auf dem Marmarameer sind für die Dichter seit jeher eine ständige Quelle der Inspiration. Wir zitieren aus dem wunderbaren Gedicht *Es war ein Schiff* von Bedri Rahmi Eyüboğlu (1911-1975):

> »Es war ein Schiff, ein großes weißes stilles,
> Ein gramlos trauerloses schweifendes.
> In Liedern kam es an, in Liedern ging es.
>     Es war ein Schiff.
> (...)
> Mit guten Menschen kam es,
> Mit guten Meeren ging es
> Und allem, jedem lacht' es.
> Uns allen hat es Traum und Schaum versprochen.
>
> Es war ein Schiff.«

Annemarie Schimmel vermittelt in ihrer Übersetzung nicht nur den Inhalt des Originals, sondern das Schwebende des Rhythmus, das aber in der letzten Strophe jäh zerstört wird, parallel zur Aussage:

> »Ihm geschah etwas, als der Krieg ausbrach,
> Sein Mund wurde stumm, seine Schwinge zerbrach,
> Die Wege wurden alle zu Stein.«

Ein weiteres, herrlich anspielungsreiches Schiffsgedicht ist die *Ballade vom Unglückskahn* von Mehmet Akif Ersoy

(1873-1936). Der Dichter der türkischen Nationalhymne war allerdings kein schwärmerischer Nationalist, wie man vermuten könnte, sondern ein kritischer Kopf, der aus Enttäuschung über die unzureichenden Reformen in der jungen Republik sogar außer Landes ging. Hier Auszüge aus seiner *Ballade*:

> »Es gab anno dazumal hier
>     nen Unglückskahn – Dampfer, uralt,
> Der war für die Mittelmeerfahrt
>     bestimmt und reichlich dotiert.
> Der alte Kapitän: ›Ohne mich!‹ –
>     ›Bringt einen, wenn's einer riskiert!‹«

Der neue Kapitän hat zwar Mut, ist jedoch ohne Orientierung. Offensichtlich kennt er sich im Mittelmeer, wo der Dampfer treibt, nicht aus, und die einzige vorhandene Karte zeigt groteskerweise nur das Schwarze Meer.

> »Nun beugt er sich nieder und schaut:
>     Die Nadel am Kompaß fehlt hier.
> Den Weg kennt er auswendig nicht –
>     Ach weh dir, mein Schiff, wehe dir!
> Der Nord weht und weht immer mehr,
>     die Wogen erregt von den Winden ...
> Er ruft: ›Bringt die Nadel!‹ O je!
>     Wie soll man die Nadel jetzt finden?
> ›'ne Nadel gibt's nicht, Kapitän –
>     ich weiß nicht, was soll'n wir jetzt bringen?‹
> Da meint er: ›Wenn's so ist, dann könnt
>     Das Glaubensbekenntnis ihr singen.‹«

»Es war ein Schiff, ein großes weißes stilles ...« Dampfer verbinden die einzelnen Stadtteile sowie die Stadt mit den Prinzeninseln

Die meisten Inseldampfer kreuzen auf die asiatische Seite hinüber, um entweder in Kadıköy oder in Bostancı noch Passagiere aufzunehmen. Dort drüben wohnte der Autor Haldun Taner (1915-86), der Deutschland seit seiner Studienzeit freundschaftlich verbunden war. In einer Erzählung *Yalıda Sabah* (Morgen im Sommerhaus) schweift der Blick von seinem auf der Steilküste gelegenen Haus über das Meer zum Topkapı Sarayı auf der gegenüberliegenden Landnase und zu seiner Linken auf die aus dem Nebel auftauchenden Inseln. Sein besonderes Interesse gilt den Möwen und ihren Konkurrenzkämpfen. Wie die Möwen um den Platz auf einem bestimmten »schönen« Felsen kämpfen, ob sie wütend oder traurig sind, wenn andere den ausersehenen Standort schon besetzt haben. Die Bemerkung: »Doch woher soll ich wissen, was die Möwen denken; ich war ja noch keine«, zeugt vom Humor dieses Autors, der sensible Naturbeobachtungen mit satirisch genauer Wiedergabe der menschlichen Umgebung verknüpft.

So schildert er etwa, wie vor seinem Fenster ein Motorboot an einer Klippe kentert und die jungen Leute, die mit der Raserei in Papas Luxusschlitten haben angeben wollen, sich als technische und moralische Versager erweisen. Für den Text von ca. 22 Seiten, der zwischen Erzählung, Essay und Reportage pendelt, bekam er 1983 den Sedat-Simavi-Literaturpreis.

In den 80er Jahren eroberte Haldun Taner mit einem Theaterstück, *Die Ballade von Ali aus Keşan*, deutsche Bühnen. Das in seiner direkten Sprache und leicht verständlichen Komik sehr volkstümliche Stück spielt zum großen Teil in einem Istanbuler Gecekondu (hier: Slum). Der Ausdruck »Ballade« (türkisch »destan«) verweist auf das epische Theater in der Nachfolge Brechts. An das große Vorbild erinnern die lehrhaften Songs, die Projektionen und Überschriften, die die Handlung vorwegnehmen, sowie das Einbeziehen des Publikums. Das Lehrstück hat freilich ein genuin türkisches Thema: die Auswüchse und tragischen Folgen des männlichen Ehrenkodex. Ali hat vier Jahre als Mörder eines Gecekondu-Gangsters im Gefängnis gesessen, wahrscheinlich unschuldig. Doch der Knast hat ihn gelehrt, daß er als Schläger und Killer geachtet wird, während er, solange er seine Unschuld beteuerte, als »Muttersöhnchen« getreten und verachtet wurde. Im Triumph kehrt er in sein Gecekondu, den »Fliegenberg«, zurück. Sehr schnell räumt er dort mit den Konkurrenten um die Macht auf und sorgt auf seine Weise für Ordnung. Die Bewohner sind es zufrieden, und der Chor lobt:

> »Wir haben endlich einen Chef,
> der vertreibt jetzt alle Plagen.«

Zwar sind Abgaben, Vetternwirtschaft, Korruption nun keineswegs abgeschafft, aber übersichtlicher geworden.

»*1. Slumbewohner*:
Die Korruption ist tot, es lebe die Korruption! Was hat sich nun eigentlich verändert?
*Chor*:
So ein bißchen darf schon sein.
*Temel*:
Früher haben drei Mann kassiert, jetzt ist alles in einer Hand!
*Nuri*:
Früher ging es wild zu, heute ist die Korruption organisiert.«

Nur die schöne Zilha, die Nichte des Ermordeten und frühere Liebste Alis, läßt sich durch die neuen Machtverhältnisse nicht korrumpieren und hält Ali seine Fehler vor. Da sie ihn aber trotz allem liebt, kehrt sie nach einigen Verwicklungen zu ihm zurück. Damit könnte das Stück glücklich enden. Doch das Hauptmotiv, der verfehlte männliche Ehrbegriff, steuert auf einen tragischen Schluß zu. Es taucht ein Kerl namens Macken-Cafer auf, der die Ehre, Zilhas Onkel getötet zu haben, für sich in Anspruch nimmt. Da Ali seinen Ruf als »Held« nicht verlieren will, tritt er dem mit zwei Pistolen bewaffneten Herausforderer unbewaffnet gegenüber. Im Gerangel löst sich ein Schuß – und Alis Ehre ist gerettet: Er hat nun wirklich einen Menschen auf dem Gewissen. Es entsteht die »Legende«, die der Chor zur Verhaftung Alis singt:

»Oh! Oh!
Über dem Fliegenberg Trauer und Klagen,
seit sie den Helden in Ketten geschlagen.
Heil Ali! Held Ali! Bruder und Freund,
nie hat man um einen Beß'ren geweint.
Weiße Hemden trug er nur,
schweres Silber, Kett' und Uhr,
blitzend Auge, weich wie Samt,
hat so manches Herz verbrannt.
Muttermal und Messerstich
zieren Schläfe und Gesicht,
tückisch' Blei von feiger Hand
lähmt unmerklich seinen Gang.
Schützte unsre Wellblechhütten,
baute Straßen, Brunnen, Brücken,
brachte Licht und Wasser her
und wir waren wieder wer.«

Nach diesem Loblied auf den »Helden« mahnt freilich die Klosettfrau Şerife das Publikum, Legenden nicht unbesehen zu akzeptieren, sondern zu diskutieren – dies ist die Absicht eines Lehrstücks. Haldun Taner hat in der Türkei die Diskussion über das Selbstverständnis des Mannes nicht nur mit seiner bereits 1964 veröffentlichten »Ballade« *Keşanli Ali Destanı*, sondern auch durch zahlreiche Zeitungsartikel angeregt. Er war schon ein »neuer türkischer Mann«, als es noch wenige dieser Art gab.

Unser Dampfer nähert sich der Insel Kınalı. Kına heißt Henna, und der Name bezieht sich auf die rötlichen Felsen, die aus dem Meer aufragen. Auf Kınalı wohnt der wohl beste Kenner der Inseln, Pars Tuğlacı, der über sie ein zweibändiges großformatiges Werk mit reichlichem Dokumenten- und Fotomaterial verfaßt hat (*Tarih Boyunca Istanbul Adaları*, Die Istanbuler Inseln im Laufe der Geschichte). Sein Schwerpunkt liegt allerdings auf dem Historischen, auf Architektur und Sozialstruktur, während der Literatur nur wenige Seiten gewidmet sind. Doch verdanken wir Tuğlacı wertvolle Hinweise auf die Dichter und Schriftsteller, die ganz oder teilweise auf einer der Inseln gewohnt haben oder in ihren Werken die Inseln beschrieben und besungen haben.

Kınalı lassen wir hinter uns und steuern unser erstes Ziel, die Insel Burgaz, an. Dort ist die Erinnerung an den Autor Sait Faik ungebrochen lebendig, als wäre er nicht schon seit einem halben Jahrhundert tot. Nach dem Verlassen des Dampfers sehen wir auf dem freien Platz vor dem Ortseingang eine Büste des Autors stehen, und in der Nähe entdecken wir auch den Schaukasten mit Fotos vom letzten Erzählerwettbewerb: Jedes Jahr am 11. Mai, dem Todestag des 1954 Verstorbenen, wird der Sait-Faik-Erzählerpreis verliehen, um den sich vor allem junge Schriftsteller bemühen.

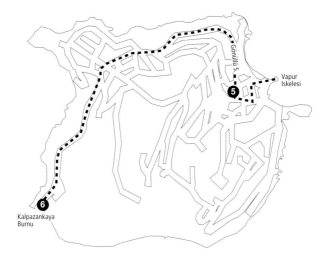

**5.** Museum Sait Faik  **6.** Denkmal von Sait Faik

Das Wohnhaus des Dichters ist leicht zu Fuß zu erreichen. Sie gehen einige Schritte vom Hafen geradeaus in den Ort hinein und biegen links in die Straße ein, die am Beginn zu beiden Seiten von Imbißlokalen flankiert wird. Dieser folgen Sie bis zu einer nach rechts abzweigenden Gasse, die Sie leicht bergauf an der orthodoxen Kirche vorbeiführt. Sie kreuzen zwei Querstraßen und sind da. Sollten Sie sich dennoch verlaufen, so kennt hier jedes Kind das Haus von Sait Faik. Samstagnachmittags und montags hat das Museum geschlossen sowie in der Mittagspause von 12-14 Uhr.

Der 1906 in Adapazarı geborene Dichter hatte in Istanbul und Grenoble Literatur studiert. Seit dem Tod seines Vaters lebte er mit seiner noch jungen, von ihm sehr geliebten Mutter (deren Name war Abasıyanık, darum ist Sait nicht nur unter dem Nachnamen seines Vaters Faik bekannt) und zeitweilig auch mit seiner griechischen Freundin Alexandra in der typisch eingerichteten Villa: Arbeits- und Wohnzimmer unten, private Räume oben. Ohne fließendes Wasser und ohne Heizung muß es etwas spartanisch zugegangen sein, zumal es auf den Inseln im Winter ziemlich kalt wird. Freunde waren ihm sehr wichtig. Seine Dichterkollegen Behçet Necatigil und Fazıl Hüsnü Dağlarca haben seinen Tod mit Gedichten betrauert, deren Texte eingerahmt an der Wand eines Zimmers hängen. Die Leberzirrhose, an der der Dichter starb, mag die Folge seiner Alkoholkrankheit gewesen sein. Die Mutter überlebte ihn um neun Jahre. Sie erfüllte das Vermächtnis ihres Sohnes, die nicht unbedeutenden Einnahmen aus seinen Büchern nach ihrem Tod einer wohltätigen Stiftung (die heute auch das Haus unterhält) zu übertragen. In den Vitrinen liegen u.a. Zeitschriften und Taschenbücher seiner Werke aus: vor allem meisterhafte Kurzprosa, für die Sait Faik 1953 in den USA den Mark-Twain-Preis bekam, außerdem zwei Romane, ein Gedichtband, journalistische Arbeiten, d.h. Essays und Reportagen – ein umfangreiches Werk für ein so kurzes Leben. Es bleibt zu hoffen, daß sich ein fachkundiger Konservator der hier einfach so abgelegten Dokumente annimmt, ehe sie ganz zerschlissen und zerfallen sind.

Wenn es Ihre Zeitplanung nach der Besichtigung erlaubt (wann geht der nächste Dampfer?), empfehle ich Ihnen eine Fahrt mit der Pferdekutsche – Standplatz links unterhalb der orthodoxen Kirche – zum Denkmal des Dichters auf Kalpazankaya. Der Ausflug dauert etwa eine Stunde, je nachdem, wie lange Sie dort verweilen. Zu den Pferdekutschen gibt es keine Alternative, denn auf den Inseln sind Autos verboten; nur Militär, Polizei und Verwaltung genießen eine Ausnahme. Der Weg führt aus dem Ort hinaus bergauf zu einer Felsenklippe, wo etwas unterlebensgroß die bronzene Sitzfigur des Künstlers aufs Meer hinausschaut. Leider läßt das um das Denkmal herum sich ausbreitende Gartenrestaurant, das es zu Zeiten des Autors nicht gab, kaum einen Gedanken an »Dichtereinsamkeit«, geschweige denn Verlassenheit aufkommen, wie etwa in Sait Faiks anrührender Erzählung *Wo keiner vom anderen weiß.*

Auf der damals kaum besuchten Seite der Insel liegt – in der Fiktion – ein einsames Haus, in dem ein altes Ehepaar wohnt. Als eines Tages der Mann stirbt, läuft die Frau nach unten ins Dorf, doch weder die Beamten noch der Arzt wollen ihr helfen. Schließlich versucht die Witwe den in ein Bettlaken gehüllten Leichnam selbst nach unten zu schaffen, denn er muß ja beerdigt werden. »Es hatte angefangen zu schneien. Als sie nach draußen kam, wurde das Laken in einer Minute schneeweiß. Halb trug sie den Toten, halb schleifte sie ihn bis zum Hügel.« Der Autor sagt nicht, daß die Frau zu schwach ist, den Toten weiterzuschleppen; er stellt auch keine Vermutungen darüber an, was sie denkt oder fühlt. Der Leser erfährt nur, was sie tut, er sieht ihr gleichsam von außen zu: »Weiter vorn taten sich die Schluchten auf. Die Frau rollte den Toten von dort aus hinunter, mit einer lautlosen Bewegung.« Viele Tage oder Wochen später wird die Frau wieder im Dorf gesehen. Sie scheint unschlüssig, besteigt dann den Dampfer. »Sie war die einzige Frau auf dem Dampfer. Als einzige hatte sie keinen Fahrschein. Aber so viele Fahrscheine es auf dem Dampfer zur Landungsbrücke von Kadıköy gab, so viele Menschen stiegen aus. Nicht mehr und nicht weniger.« Der Erzähler überläßt es dem Leser, den Schluß zu ziehen, daß die Frau durch einen unbeobachteten Sprung vom Schiff Selbstmord begangen haben muß. Sait Faik gilt als der Begründer der modernen türkischen

Kurzgeschichte. Eine verhältnismäßig große Auswahl seiner Kurzgeschichten und Erzählungen sind uns auf deutsch in Sammelbänden (z. B. *Samowar*) und in Anthologien zugänglich. Außerdem sind die Romane *Ein Lastkahn namens Leben* und *Verschollene gesucht* in deutscher Übersetzung erschienen. Der zuletzt genannte Titel ist die Überschrift einer Vermißtenanzeige, mit der ein Vater seine verschollene Tochter sucht. Der Vater, ein höherer Beamter, hatte seine Tochter nach den Prinzipien der modernen Türkei, die der Frau Freiheit und Gleichberechtigung garantieren, erzogen. Die Mutter des Mädchens macht ihrem Mann deshalb Vorwürfe: »›Das ist alles Ihre Schuld, Bey!‹ sagte Fazıla Hanım. ›Genau das ist das Ergebnis, wenn ein Mädchen nicht nach den Normen der Gesellschaftsschicht, der sie angehört, sondern nach neuen Wertvorstellungen erzogen wird, die sich noch nicht durchgesetzt haben.‹«

Die junge Frau, die als Journalistin in Ankara gearbeitet hat, ist nach der Trennung von ihrem Ehemann zu den Eltern in das Fischerdorf am Bosporus zurückgekehrt, wo der ehemalige Konsul seinen Ruhestand genießt. Dort nimmt sie sich die gleichen Freiheiten heraus wie die jungen Männer, was – natürlich – ein Skandal ist. »Dieses Mädchen hängt sich bei dem Vertäuer ein, führt ihn ins Gartencafé und spielt mit ihm Tavla. Mit meinem Jungen schwimmt sie Seite an Seite. Den fünfzehnjährigen Sohn von Rıdvan Bey setzt sie vor sich aufs Rad und radelt mit ihm über den Markt. Na, was ist denn schon dabei, Mensch!« Was der Kneipenwirt hier zu verteidigen versucht, ist für die Fischer Schande, nein Sünde. In dieser Welt gibt es für die junge Frau keinen Platz. Sie muß verschwinden. Als sie sich absetzt, ohne eine Adresse zu hinterlassen, bleibt offen, ob sie eine neue Identität annimmt oder ihrem Leben ein Ende setzt.

Die Texte von Sait Faik sind keine Idyllen, sondern sehr genaue Studien, die die seelischen Abgründe des Menschen im Spannungsfeld seiner sozialen Bedingungen und des gesellschaftlichen Systems verdeutlichen. Sprachlich ist Sait Faik insofern etwas schwierig, als er die Regeln öfter verletzt, und das, wie Yüksel Pazarkaya im Klappentext zu *Verschollene gesucht* feststellt, mit Absicht: »Dies ist das Stilmittel eines Bohemiens und inneren Anarchen. Dies ist eine Form des Auflehnens gegen das normativ Verordnete, Konservierende, weil es dem Leben, dem Pulsieren, dem immer wieder in Staunen versetzenden prägnanten Augenblick abträglich ist.«

Auf der Insel leben noch einige Menschen, die Sait Faik gekannt haben und seine Volksverbundenheit und die Liebe gerade zu den kleinen Leuten und zu den Kindern bezeugen können. Es gibt wunderbare Texte, in denen Kinder die Hauptrolle spielen, etwa *Das Schiff Stelyanos Hrisopulos*. Es handelt vom Fischerjungen Trifon, der sich ein Schiffchen baut, das ihm die Welt bedeutet. »Für Trifon war dieses Schiff ein Mädchen mit blauen Augen. Und am seltsamsten war, daß er dieses Mädchen mit den blauen Augen selbst geschaffen hatte. Dieses Mädchen mit den blauen Augen liebte Trifon auch. (...) Das Schiff war einen Meter lang, weiß gestrichen und hatte eine vergoldete Blume am Bug wie die großen Jachten.«

Die anderen Kinder, die den einsamen Träumer Trifon vielleicht beneiden, vielleicht nicht leiden können – das verrät uns der Erzähler nicht –, zerstören das kleine Wunderwerk: »Nach dem Knall der dritten Kanonenkugel war Trifon völlig durcheinander, und er ließ sogar den Bindfaden los. Das Schiff Hrisopulos raste wie wild davon. In diesem Augenblick sprangen sechzehn Kinder hervor, unter ihnen Kinder,

die Motorboote besaßen, Kinder, die Jachten mit Spielzeug-
figuren auf dem vergoldeten Deck hatten, sechzehn Kinder,
die mit Steinen in den Händen, Steinen in den Hosentaschen
aufsprangen und das Schiff Stelyanos Hrisopolus versenk-
ten.«

Es scheint, als wollte Sait Faik, der Autor mit der griechischen
Geliebten, Partei ergreifen für die griechischen Bewohner der
Insel, die an diesem Platz ursprünglich einmal die Mehrheit
bildeten und auch heute noch zahlreich vertreten sind. Die
Auswahl der Beispiele soll nicht den Eindruck erwecken, als
sei Sait Faik ein »Inseldichter«. Viele seiner Geschichten spielen in Istanbul, in Anatolien und sogar im Ausland, zum Beispiel in Frankreich.

Inzwischen sind Sie sicher wieder unten bei der Dampferanlegestelle angekommen, wo Sie das Schiff nach Heybeli
nehmen. Wenn man sich dieser Insel von Burgaz her nähert,
gleicht sie mit ihren zwei Hügeln einer doppelseitigen Sattel-
tasche (türkisch: heybe), deren eine Seite die Militärakademie und die andere das orthodoxe Kloster mit ehemaliger
Priesterschule beherrscht. Ohne Zweifel gab es Dichter unter
den Mönchen und den Priesterschülern, wie auch die Kloster-
bibliothek mit ihren 60 000 Bänden nicht nur theologische
Werke enthält.

In der Militärakademie wirkte der Lyriker Yahya Kemal, genannt Beyatlı (1884-1958), als Lehrer für Geschichte, und
das glücklicherweise zu der Zeit, als Nazim Hikmet Student
dieser Anstalt war (1917-19). Der nur wenige Jahre ältere Dozent wurde auf den jungen Mann aufmerksam und half ihm,
sein erstes Gedicht (*Im Zypressenhain*) in einer Zeitschrift
zu veröffentlichen. Yahya selbst schrieb im klassischen Stil,
d. h. nach den strengen metrischen Regeln, doch verwendete
er häufig türkische Wörter, so daß seine Sprache weniger ge-

schraubt wirkt als die von persischem und arabischem Vokabular durchsetzte Hofpoesie.

Schon im 19. Jahrhundert galt die Insel als Refugium für Dichter. Sie ist auch heute verträumter als die Große Insel mit ihren eleganten Clubs und lauten Restaurants. Das bekannte Lied des Liedermachers Yesari Asim Arsoy (1900-1992) über die nächtlichen Kahnfahrten kennt jeder etwas gebildete Türke. Ob, und wenn ja, von wem es übersetzt worden ist, entzieht sich meiner Kenntnis. Deshalb versuche ich es hier selbst einmal:

> »Auf Heybeli fuhren wir raus jede Nacht
> Im Mondenschimmer vor Freude trunken.
> Uns're Nachen trugen der Seligkeit Fracht,
> Wir waren in tiefe Lust versunken.
> In jenen betäubenden Augenblicken
> Da die Töne der Saz vom Strand widerklangen,
> Ringsum alles entbrannt von den Liedern, Gedichten,
> Die wir in unseren Booten sangen,
> War'n wir in tiefe Lust versunken.«

Auf Heybeli ist auch das einstige Wohnhaus eines Schriftstellers – heute Museum – zu besichtigen, das von Hüseyin Rahmi Gürpınar (1864-1944). Da die Villa schwierig zu finden und zu Fuß, weil bergauf, mühsam zu erreichen ist, nehmen Sie wieder eine Kutsche. Auf den Halteplatz der Pferdekutschen stoßen Sie, wenn Sie rechts vom Dampferanlegeplatz am Atatürkdenkmal geradeaus in den Ort hineingehen. Die Fahrpreise sind fix (Tafel); bis zur Villa (köşk) des Schriftstellers dürften es drei bis vier Euro sein. Sollten Sie auch wieder hinunterfahren wollen, müssen Sie das mit dem Kutscher vereinbaren. Genießen Sie die Fahrt an den schönen Holzvillen vorbei und später durch den Kiefernwald.

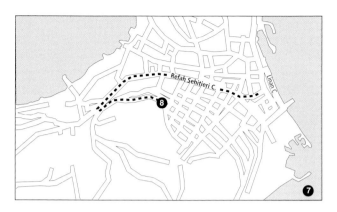

**7.** Heybeli Ada
**8.** Museum Hüseyin Rahmi Gürpınar

Das Museum ist im Sommer außer montags ganztägig und im Winter an einigen Tagen (dienstags, donnerstags, samstags) über Mittag geöffnet. Die Familie des Museumswärters wohnt im Untergeschoß, und gegen ein Trinkgeld erhalten Sie ein englischsprachiges Faltblatt, das die spannende Geschichte der Rettung des Hauses vor dem völligen Verfall berichtet. 1964 hatte der Staat das Haus von den Erben gekauft, doch erst 1999, als Gebäude, Einrichtung und Schrifttum des Autors schon fast verrottet waren, gelang es dem Inselgouverneur Mustafa Farsakoğlu, das Kultusministerium zum Handeln zu bewegen. Schließlich wurde mit staatlichen und privaten Geldern, vor allem unter tatkräftiger Mithilfe einzelner Inselbewohner, das Haus restauriert. Die Einrichtungsgegenstände, besonders die Textilien, zeigen eindrucksvoll die Spuren des Verfalls.

Doch nun zum Werk des Autors, der 1912 seinen ständigen Wohnsitz auf der Insel nahm, weil ihm seine Bücher so viel

Geld einbrachten, daß er sich diese schön gelegene Villa kaufen konnte. Über 50 Bücher, davon 40 Romane, umfaßt das Werk Gürpınars, und die Titel seiner Romane und Erzählungen sind in ihrer Wirkung auf eine breite Leserschaft hin ausgerichtet. Hier eine kurze Auswahl in freier Übersetzung: Der verrückte Philosoph, Ein Toter kehrt zurück, Ehrbare Huren, Wie meine Schwiegermutter durchdrehte, Herz aus Plastik, Die Hexe, Freude den Hütten, Wir haben der Gerechtigkeit vertraut, Waren die Menschen einst Affen?

Gürpınar beschäftigt sich mit Themen wie sozialer Gerechtigkeit, religiösen Vorstellungen und Aberglauben, dem Verhältnis zwischen Mann und Frau. Sein Anliegen war es, eine Synthese zwischen den Traditionen und der Gedankenwelt des Volkes und dem modernen, auf Vernunft und Wissenschaftlichkeit basierenden Denken zu finden. Er war gewissermaßen ein Volkserzieher. Sein Stil ist realistisch und mit satirischen Elementen durchsetzt. Auch brachte er mehrere satirische Zeitschriften heraus und schrieb drei Theaterstükke. In deutscher Sprache haben wir außer einigen Erzählungen nur den Roman *Die Erzieherin (Mürebbiye)*, in dem die komischen Auswüchse des »Westlertums« in der Endphase des Osmanischen Reiches karikiert werden. Die französische Halbweltdame Angèle verdingt sich als angeblich ausgebildete Erzieherin in einer reichen türkischen Familie und verführt alle Männer, auch den Hausherrn, im Namen moderner westlicher Vorstellungen. Die sehr einfache Handlung besticht durch die witzigen Dialoge und die humorvoll gezeichneten Charaktere.

Der vielseitige Hüseyin Rahmi Gürpınar, der unter anderem in zwei Legislaturperioden als Abgeordneter im türkischen Parlament saß, verstand sich sogar aufs Weben, Sticken, Spitzenklöppeln und Malen. Sämtliche Gemälde im Haus stammen von ihm. Die Handarbeiten, die im Obergeschoß ausgestellt sind, wirken geradezu rührend.

Nach dem Rundgang durch die Villa begeben wir uns wieder hinunter zur Anlegestelle, wo Sie bis zur Abfahrt des Dampfers Tee trinken oder einen Imbiß einnehmen können. Die Insel Heybeli bewahrt zudem die Erinnerung an andere Schriftsteller, etwa an den auch in Deutschland sehr bekannten Satiriker Aziz Nesin (1915-1995), der hier als Sohn eines Proviantmeisters der Marineschule zur Welt kam. In der Erzählung *Meine eigene Geschichte* schreibt der Dichter:

»Da ich nicht die Wahl hatte, konnte ich es nicht verhindern, ausgerechnet in jenem üblen Jahr 1915 geboren zu werden, da der Erste Weltkrieg am heftigsten tobte und das Blut in Strömen floß. Auch den Ort meiner Geburt konnte ich mir nicht aussuchen: Die Marmara-Insel Hegbeliada paßte kein bißchen zu mir, denn sie ist die Sommerresidenz der steinreichen Leute der Türkei. Meine Eltern wohnten nicht ohne Grund auf dieser vornehmen Insel: Die reichen Leute brauchen die armen Leute, zu ihrem feinen Leben haben die Reichen die Armen bitter nötig. Ich will damit nicht sagen, daß ich es bedauere, armer Leute Kind zu sein. Ganz im Gegenteil, ich betrachte es als eine Gunst des Schicksals, nicht einer aristokratischen, reichen und berühmten Familie zu entstammen.«

Bald nach seiner Geburt übersiedelte die kleine Familie nach Istanbul, wo Aziz Nesin in unsagbarer materieller Bedrängnis, jedoch liebevoll erzogen aufwuchs. Dies ist im ersten Teil seiner hochinteressanten Autobiographie *So geht es nicht weiter – der Weg beginnt* nachzulesen.

Regelmäßig zieht sich der berühmte Romanautor Orhan Pamuk in sein Haus auf Heybeli zurück, aber wir werden uns hüten, ihn zu stören. In dem Roman *Die weiße Festung* läßt Pamuk den venezianischen Ich-Erzähler, der am Ufer des

143

Goldenen Horns bei einem türkischen Gelehrten halb als Gefangener, halb als forschender Kollege lebt, vor der Pest auf die Insel fliehen. Es heißt dort: »Von der Insel Heybeli hatte mir zuerst ein junger Priester erzählt, der von dort nach Istanbul herübergekommen war. In leuchtenden Farben hatte er mir bei unserer Begegnung in Galata die Schönheit der Inselwelt geschildert.«

Bis ihn der Gelehrte findet und zurückholt, verbringt der Erzähler einige Zeit auf der Insel: »Morgens fuhr ich mit den Fischern aufs Meer hinaus und abends kehrte ich mit ihnen zurück. (...) Wenn das Wetter für den Fischfang ungünstig war, wanderte ich über die Insel oder ich schlüpfte auch in die Weingärten des Klosters und fiel unter dem Rebengehänge in friedlichen Schlummer. Eine Pergola gab es, durch einen Feigenbaum abgestützt, von der aus die Sicht an klaren Tagen bis zur Hagia Sophia reichte. Ich saß darunter, schaute nach Istanbul hinüber und baute stundenlang Luftschlösser.« Sollen wir daraus schließen, daß es auf den Inseln nur auszuhalten ist, weil die große Stadt noch in Sehweite liegt?

Es gibt eine Reihe anderer Dichter und Schriftsteller, deren Namen sich mit der Insel verbinden, doch ist das Bemühen um Vollständigkeit hier aussichtslos. Erwähnt werden soll noch Barbara Frischmuth, deren Protagonistin in dem Roman *Das Verschwinden des Schattens in der Sonne* nach Heybeli zum Baden aufbricht: »aber ich hatte Sehnsucht nach der Fähre, nach den Inselgriechen mit ihrer knarrenden, fröhlichen Sprache, nach der Brise, die mir unter den Rock und ins Haar fahren würde, und vor allem nach Wasser. Ich hatte Sehnsucht nach den Oleandersträuchern und den Kiefern auf Heybeli und nach dem Stück steinigen Strandes (...).«

Nicht immer ist es empfehlenswert, literarischen Figuren

nachzueifern. Zu Badefreuden laden die steinigen Strände der Insel und das leider seit Jahren stark verschmutzte Wasser kaum mehr ein. Unbedenklich können Sie aber dem Beispiel des amerikanischen Lyrikers James Lovett (geb. 1922) folgen, der lange Jahre Dozent am Robert Kolej (heute Bosporus-Universität) war und auf Heybeli ein Haus bewohnte. Es genoß gerne einen doppelten Rakı im Ufercafé und schaute dem Treiben der Insulaner zu. Sein episches Gedicht *The Senior Resident At A Café By The Boat-Station On Saddle-Bags Island Speculates Upon The World's Goods* fragt nach den wirklich wichtigen Dingen des Lebens, statt der vielen unwichtigen, mit denen wir uns belasten. Lovetts Gedichte sind unter dem Titel *O Istanbul* zweisprachig (englisch/türkisch) erschienen und der näheren Beschäftigung wert. In dem Gedicht *Summer On Saddle-Bags Island* preist er die Intensität der wuchernden Heckenrosen: »So it's roses, roses on Heybeliada«, die ihm aber schließlich in ihrer Vitalität wie Unkraut erscheinen, das er umgraben möchte:

»They bloom and bloom. The mind grows weary of them.
The hand aches for a spade to dig them up.«

Auch der Winter auf Heybeli wird mit einem Gedicht bedacht, in dem die ganzjährig dort Wohnenden bedauert werden:

»They are left to the bungalow, the kerosine
The lap-rug, and a walk in miles of wind
Around the shore.«

Wir nehmen nun das nächste Schiff auf die Große Insel, nach Büyükada. Dort gibt es kein weiteres Schriftstellerhaus zu besichtigen, denn das Wohnhaus von Reşat Nuri Güntekin

(1889-1956), eines sehr populären und erfolgreichen Schriftstellers, das im Ortsteil Maden liegt, wird von seiner Tochter bewohnt und ist nicht zugänglich. Eine Messingtafel am Haus erinnert an den Autor, der Abgeordneter in Ankara und eine Zeitlang Kulturattaché in Paris war. Jedes Schulkind kennt wohl in Auszügen den Roman *Calıkuşu* (*Zaunkönig*), der die Erlebnisse einer armen Waise aus guter Familie in den letzten Jahren des Osmanischen Reiches beschreibt. Die Sprache ist ungekünstelt und frisch, die Charaktere sind eindrucksvoll gezeichnet. Feride, die Hauptperson, hat eine unkomplizierte Einstellung zu ihrer verzopften Umwelt und ist voller Lebenslust, die ihr schon in der Schule den Spitznamen »Calıkuşu« (Zaunkönig) einbringt. Der Stoff wurde mehrfach in der Türkei verfilmt. Lehrkräfte verschenken dieses Buch gerne in der Mittelstufe an besonders eifrige Schüler, allerdings in einer gekürzten, bereinigten Jugendversion.

Eine Überraschung erlebt, wer sich die Mühe macht, die wesentlich umfänglicheren Originaltexte, die auch der deutschen Fassung von 1942 zugrunde liegen, einzusehen. Darin liegt die Betonung nämlich weniger auf der harmlosen Internatszeit der Protagonistin bei den französischen Nonnen in Istanbul. Auch ist die Frage, ob Feride ihren Vetter Kamuran nach vielen Verwicklungen endlich ehelicht, weniger wichtig als die Erfahrungen der jungen Lehrerin, die in Dorf- und Kleinstadtschulen in Anatolien »durch eigener Hände Kraft (...), ohne jemandem zur Last zu fallen« ihren Lebensunterhalt verdienen möchte. Am Beginn des 20. Jahrhunderts war dieses Ansinnen derart ungewöhnlich, daß Feride mehr gegen Klatsch und Intrigen zu kämpfen hat als mit der Unwissenheit der Kinder und mit der primitiven Ausstattung der Schulen. Zwar gab es auch damals weibliche Lehrkräfte, doch waren sie entweder verheiratet oder so alt, daß sie nicht ständig die Männerwelt durcheinanderbrachten wie die hübsche Feride. Obwohl diese ihre Arbeit als »Dienst an ihrem Land« sehr ernst nimmt und bei den Schülern beliebt ist, wird sie, und zwar wegen des an jedem Ort neu aufflammenden Begehrens der Männer und der damit einhergehenden üblen Nachrede, ständig versetzt. Letztlich ist sie gezwungen, den Beruf aufzugeben. Doch endet der Roman nicht tragisch, sondern Feride heiratet ihre Jugendliebe, den inzwischen verwitweten Vetter Kamuran. Daß die eigentliche Bestimmung der Frau in der Ehe liege, will der Autor damit gleichwohl nicht sagen. Seine Botschaft enthält eine deutliche Forderung nach Gleichberechtigung der türkischen Frau in Beruf und Lebensgestaltung.

Reşat Nuri Güntekin hat wesentlich mehr geschrieben als dieses populäre, sehr gefühlsbetonte Werk seiner Frühzeit, aber seine sozial-realistischen Thesenromane, die er unter dem Einfluß von Emile Zola später verfaßte, fanden bei den türkischen Lesern nicht dasselbe Interesse.

Der zweite berühmte Name auf der Großen Insel ist der Leo Trotzkis, der von 1929 bis 1933 mit seiner Frau hier im Exil gelebt und an seiner *Geschichte der Russischen Revolution* geschrieben hat. Vielleicht weist der Kutscher Sie bei einer Insel-Rundfahrt auf ein ehemaliges Trotzki-Haus hin.

Die meisten Ausflügler besuchen die Insel weder wegen Güntekin noch wegen Trotzki, sie pilgern zu der orthodoxen Wallfahrtskirche Hagios Giorgios, zu der man zwar mit der Kutsche hinauffahren kann, aber besser zu Fuß gehen sollte, damit die Gebete auch erhört werden. In der Sommerhitze diese knapp 200 Meter hinaufzusteigen ist schon Buße genug. Demir Özlü erwähnt in *Ein Istanbuler Traum*, daß die Liebenden, »die unter ihrer Leidenschaft litten, (...) sich in

»Von einem Haufen Erinnerungen blieben nur/ Kiefern, Möwen, Wasser und laue Abende.« Im Winter leben nur wenige Menschen auf den Inseln. Autos sind hier verboten.

Klöster zurückzogen. In die alten Klöster auf den Prinzeninseln (...)«

Nicht minder beliebt war die Insel als letzte Ruhestätte bei Christen und Muslimen. So hatte unter anderen der Dichter Ahmet Rasim (1865-1932) in seinem Testament verfügt, auf Büyükada begraben zu werden. Auch der sogenannte Insel-Dichter Tahsin Nahid, der mit seiner Frau zusammen auf Büyükada ein gastfreies Haus führte, in dem die Dichter, unter ihnen der auf Heybeli als Lehrer arbeitende Yahya Kemal, aus- und eingingen, hat hier sein Grab. Da die türkische Literatur über die Inseln weitgehend aus Natur- und Liebesgedichten besteht, die aber in meiner wörtlichen Übersetzung ihren besonderen Reiz verlieren, begnügen wir uns hier mit ein paar Namen und Zitaten der neueren Zeit aus dem vorgenannten Werk von Pars Tuglacı (vgl. S. 133).

Halit Fahri Ozansoy (1891-1971) hat den Inseln viele Gedichte gewidmet, und immer wieder bringt er den Abschied im Herbst zur Sprache:

> »Der Sommer ist vorbei.
> Wir sind von den Inseln in die Stadt zurückgekehrt.
> Aus einer Menge Erinnerungen blieben nur
> Kiefern, Möwen, Wasser und laue Abende übrig.«
> (aus: *Tahassür*; Sehnsucht)

Anders als Ozansoy beschwört der Lyriker Cahit Sıtkı Taranci (1910-56) den Beginn der Insel-Saison im Sommer:

> »Frag mich, meine Schöne, sei nicht traurig,
> Ich bin ja ein Dichter und weiß natürlich,
> Wann dieser Regen endlich aufhört,
> Wann sich das Wetter klärt,

Wann der Dampfer auf die Inseln fährt,
Wie sich die Liebenden unter den Kiefern umarmen.«
(aus: *Ada'ya Davet*, Einladung auf die Insel).

Realitätsbezogen formuliert Bedri Rahmi Eyüboğlu (1913-1975) in *Istanbul Destanı* (Die Ballade von Istanbul):

»Bei Istanbul fallen mir die Inseln ein
Das schlechteste Französisch der Welt wird dort strapaziert.
Die sechzigjährigen Damen sind hochnäsig,
Doch wenn die einsamen Kiefern sprechen könnten,
Hätten sie viel auszuplaudern
Über weibliches Erbarmen.«

Außer einem schlechten Französisch kann man auf den Inseln – der multikulturellen Bevölkerung entsprechend – viele andere Sprachen hören. Da in jüngster Zeit mehrfach Istanbuler Juden die von den Griechen verlassenen Sommerhäuser gekauft und renoviert haben, ist das seltene sephardische Jüdisch oder Spanjolisch der vor über fünf Jahrhunderten aus Spanien Vertriebenen ein weiteres Element in der Vielfalt. Ganz so à la mode wie früher sind die Inseln bei den Reichen allerdings nicht mehr, sie bevorzugen die wesentlich saubereren Mittelmeerstrände, die auch mehr Unterhaltung bieten. Vor dem Zweiten Weltkrieg war der Sonntagsausflug nach Büyükada, den sich heutzutage jeder Istanbuler leisten kann, den vornehmen Kreisen vorbehalten, wie es Adalet Ağaoğlu in ihrem Roman *Ölmeye Yatmak* (Sich hinlegen zum Sterben) beschreibt. Im Café Tilla wagten die jungen Leute aus guter Familie erstmals, ein Mädchen in wohlgesetzten französischen Worten zum Swing aufzufordern, nachdem sie bis dahin in der Tanzstunde nur »Trockenübungen« absolviert hatten. Adalet Ağaoğlu, die »grande dame« der türkischen Literatur, zieht sich zum Schreiben häufig auf die Insel zurück, doch ihre Werke spielen zumeist in Ankara oder in der türkischen Provinz – oder im Ausland, wie zum Beispiel der wunderbare Roman *Romantik bir Vienna Yazı* (Ein romantischer Wiener Sommer).

In deutscher Sprache liegt von dieser vielfach mit Literaturpreisen ausgezeichneten Autorin neben einigen Kurztexten in Anthologien bisher nur der Roman *Die zarte Rose meiner Sehnsucht* vor. Der »Held« des Romans, der Gastarbeiter Bayram, ist ein Feigling, Egoist, Lügner, Prahlhans, Kleingeist, dem sein goldfarbener Mercedes alles bedeutet. Durch jahrelange Schufterei bei BMW in München hat er endlich genug gespart, um ehrenvoll in sein Heimatdorf zurückkehren zu können. Während der sehr eindrucksvoll beschriebenen Autofahrt – in den 70er Jahren auf türkischen Straßen noch ein gefährliches Abenteuer – erinnert sich Bayram an Bruchstücke seines bisherigen verfehlten Lebens, das mit der Heimkehr in der völligen Desillusionierung endet. Wie die Autorin den Charakter dieses einfachen Mannes entwirft, ohne ihn zu verraten, das hat ganz große Klasse. In auffälliger Weise vermeidet der Roman jedoch, die Fahrt durch Istanbul auszumalen. Die Stadt bleibt gewissermaßen ein schwarzes Loch. Der Leser taucht mit Bayram bei Küçükçekmece in den Taumel der Großstadt ein, um mit ihm kurz darauf auf der Fähre den Golf von Izmit zu überqueren. Warum erwähnen wir dann überhaupt diesen Istanbul aussparenden Roman? Vielleicht weil es für deutsche Leser kaum eine andere Möglichkeit gibt, eine der wichtigsten Autorinnen der türkischen Gegenwartsliteratur kennenzulernen.

Die Inseln sind freilich nicht bloß das Revier der bereits Erfolgreichen. Auch junge Dichter haben dieses Rückzugsgebiet aus dem lauten Großstadtgetriebe entdeckt. Wir sind gespannt auf die Früchte.

Achten Sie darauf, daß Sie den letzten Dampfer nicht verpassen, und genießen Sie einen schönen Abend!

# Das Goldene Horn und seine Legenden

Fünfter Spaziergang:
Bootstour nach Eyüp,
Spaziergang am heiligen Ort

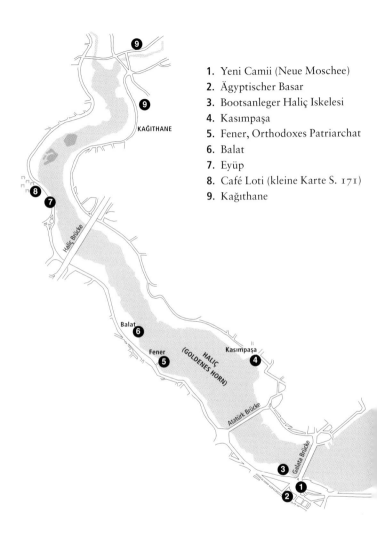

1. Yeni Camii (Neue Moschee)
2. Ägyptischer Basar
3. Bootsanleger Haliç Iskelesi
4. Kasımpaşa
5. Fener, Orthodoxes Patriarchat
6. Balat
7. Eyüp
8. Café Loti (kleine Karte S. 171)
9. Kağıthane

Ich kann Ihnen nicht verdenken, daß es Sie gruselt bei dem Vorschlag, einen Spaziergang am Goldenen Horn zu unternehmen. Gruseln wird es insbesondere all jene, die literarisch vorbelastet sind, denn in manchen Büchern wird der Haliç als so abstoßend, nachgerade ekelerregend beschrieben, daß man diese Gegend aus seinem Besichtigungsprogramm lieber streicht. So heißt es etwa in *Zorn des Meeres* von Yaşar Kemal: »Mit Istanbul erwachte auch das verdreckte, schreckliche Goldene Horn, dieser unter Abfällen und dem Gewicht der Kadaver von Katzen, Hunden, Ratten und Möwen erstarrte Fluß, der keine Wellen schlägt, in dessen Schlamm sich fahl das Licht der Sonne, der Neonröhren und Scheinwerfer spiegelt, auf dem sich Astwerk, Obstschalen und am Gemüsemarkt eingekippte Unmengen vergammelter Tomaten, Auberginen, Apfelsinen, Melonen, vermischt mit Industrieabwässern und Fetten, zu einer zähen, stinkenden Schicht verklebt haben, einer Schicht über einem Sumpf, so übelriechend wie kein zweiter auf dieser Welt.«

Zutreffend war diese Beschreibung bis in die 80er Jahre hinein, doch dann wurden die Haliç-Ufer saniert, eine Reihe alter Häuser und Fabriken abgerissen, Kanalisation angelegt und die Uferstreifen auf der Altstadtseite begrünt. Das Wasser, das ja nicht steht, sondern strömt, weil am Ende des versunkenen Flußtals, das nur wie eine Meeresbucht erscheint, mehrere Bäche einfließen, hat sich wieder gereinigt, es stinkt nicht mehr. Sogar Fische leben wieder in den ruhigen Fluten. Eine Bootsfahrt auf dem Haliç ist vielleicht nicht so erholsam und romantisch wie eine Bosporusfahrt, literarisch interessant ist sie indes allemal.

Wir beginnen unseren Spaziergang, der uns zur Wallfahrtsstätte Eyüp mit ihren Moscheen, Türben und Friedhöfen, aber auch zum Café Loti führen wird, mit einer Moschee, der Yeni Camii (Neue Moschee, 1663 vollendet, somit nur relativ »neu«) in Eminönü. Doch keine Angst: Es wird nicht allzu fromm, denn die Dichter haben sich weniger für das Haus des Gebets als für die Plätze davor und daneben interessiert. Emine Sevgi Özdamar beispielsweise, deren Roman den Titel *Die Brücke vom Goldenen Horn* trägt, entwirft ein groteskes Bild der Tauben und Bettler, das allerdings nicht die gegenwärtige Situation, sondern die Zeit Ende der 60er Jahre spiegelt, als ihre Ich-Erzählerin, eine »Gastarbeiterin« aus Deutschland, auf Heimatbesuch in Istanbul weilt und die früher vertraute Umgebung verfremdet erlebt:

»Am Ende der Brücke vom Goldenen Horn gab es eine große Moschee, dort saßen Blinde unter der Sonne, und Tauben saßen auf ihren Köpfen und Beinen, weil die Blinden Getreide verkauften. Wenn Leute dort entlangliefen, flogen die Tauben plötzlich auf, kamen wieder herunter und pickten weiter an dem Getreide der blinden Männer. Zwei blinde Männer liefen Arm in Arm und lächelten, sie trugen Schuhe aus den 50er Jahren wie von Elvis Presley mit hohen Absätzen. Ein anderer blinder Mann drehte sich nach links und rechts und sagte: ›Moslems, helft mir, gebt mir einen Arm.‹« Mit ihrem bewußt eingesetzten »Gastarbeiterdeutsch« hat die Autorin 1991 den renommierten Ingeborg-Bachmann-Preis gewonnen.

Auch in dem zu Beginn des Kapitels schon zitierten Roman Yaşar Kemals *Zorn des Meeres* spielen nicht nur der Vorplatz der Moschee und der Blumenmarkt neben dem Ägyptischen Basar, sondern dieser selbst und die angrenzenden Handwerkerhöfe wie auch die am Haliç-Ufer vertäuten Schiffe eine große Rolle als Verstecke für die stets gejagten Straßenkin-

»Schon der Eintritt in diesen Basar war mystisch und die Lichteffekte von malerischer Wirkung. Es gab nur Oberlicht, und bei der größten Hitze war es dort kühl.« Der Ägyptische Basar neben der Neuen Moschee

der, die kleinen und großen Gangster. Lesen Sie diese überaus farbigen Schilderungen selbst nach in dem von Cornelius Bischoff meisterhaft übersetzten Werk.

Der sogenannte Ägyptische Markt (Mısır Çarşısı) wurde als Stiftung der Mutter Mehmets IV., Turhan Valide, zusammen mit der Neuen Moschee erbaut und war ursprünglich für den Gewürz- und Arzneihandel bestimmt. Der Name »ägyptisch« erklärt sich durch die Schiffe aus Ägypten, die einstmals hier anlegten; sie brachten hauptsächlich ägyptische Schilfmatten, die im Sommer anstelle von Teppichen Verwendung fanden und noch immer finden, nur daß sie nicht mehr importiert, sondern in der Türkei hergestellt werden. Literarisch findet der Ägyptische Basar öfter Erwähnung, denn er ist so pittoresk, daß die Autoren von den Bildern geradezu überfallen werden. Anna Grosser-Rilke schreibt in ihren *Lebenserinnerungen* begeistert:

»Schon der Eintritt in diesen Basar war mystisch und die Lichteffekte von malerischer Wirkung. Es gab nur Oberlicht, und bei der größten Hitze war es dort kühl. Die Türken in ihrer vornehmen Ruhe kauerten in ihren Ständen mit Würde und Überlegenheit, kein Geschrei, kein Hasten, kein Lärm. In diesen heiligen Hallen war ich unendlich gern, dies war der richtige Orient. (...) Was für schöne Typen von Menschen sah ich dort, und wie ehrwürdig wirkten sie mit ihren langen weißen Bärten. Man bekam bei ihnen alle ›Gewürze‹ der Welt, das kostbarste war das Rosenöl.« Die Verfasserin dieser Zeilen würde den Basar wohl nicht mehr wiedererkennen, denn mit der »vornehmen Ruhe« der Zeit um 1900 ist es vorbei. Auch die Beschränkung auf Gewürze und Essenzen ist längst zugunsten anderer Anbieter aufgehoben, wie der folgende in den 60er Jahren spielende Text von Vedat Türkali zeigt.

158

»Er gelangte in den Ägyptischen Basar und lief Richtung Flachshändler-Tor. Die Lebensmittelgeschäfte zu beiden Seiten, die Schlachter, die verschiedenen Läden, das Gewühl von Kommen und Gehen legte sich langsam wie eine Decke über seine Gedanken. Das in den Schaufenstern aufgehängte Pökelfleisch, die Wurstringe, die Fleischstücke, die Auswahl der Eßwaren in den Läden begannen ihn zu fesseln. Am Ausgang beim Flachshändler-Tor blieb er eine Weile vor den Auslagen des Helva-Verkäufers stehen.«

Die Rede ist hier von Vedat Türkalis unglücklichem Protagonisten Kemal aus dem Roman *Bir Gün Tek Başına* (Eines Tages ganz allein), der wieder einmal nach einem Streit mit seiner Frau durch die Stadt irrt. Er erinnert sich an seine Studienzeit, als er im Ägyptischen Basar Helva zu kaufen pflegte, um dann hinunter zur Galatabrücke zu gehen, wo er einen preiswerten Imbiß, gegrillten Fisch zwischen einem halben Weißbrot, einnahm. Später, als Kemal seine Frau Nermin kennengelernt hatte, nahm er sie mit an seine Lieblingsplätze. Im nachhinein sieht er das als Fehler an. »Am nächsten Tag kam Nermin krank in die Vorlesung. Schon damals war das Mädchen offensichtlich zu dumm ... Nein, in Wirklichkeit bist *du* dumm, weil du nicht gemerkt hast, daß eine Nermin nicht unter der Brücke Fisch essen kann. Und es hat Jahre gedauert, bis du das gemerkt hast.«

Wir begeben uns nun zum Haliç hinunter. Vor dem Ägyptischen Basar durchschreiten wir den Fußgängertunnel, wenden uns danach nach links, von der Galatabrücke fort, und halten nach dem versteckt jenseits des Busbahnhofs liegenden Anleger (Haliç Iskelesi) für die stündlich abfahrenden Boote Richtung Eyüp Ausschau. Nach Eyüp mit dem Taxi zu fahren wäre schneller, teurer und – würde Sie einiger Eindrücke berauben. Da das Linienboot nicht immer dieselben

Stationen anfährt, sollten Sie sich vergewissern, daß es Sie auf jeden Fall nach Eyüp bringt, wo normalerweise die Endstation ist.

Ziemlich bald nach dem Start fahren wir unter der Atatürkbrücke, der wichtigsten Verkehrsverbindung zwischen Altstadt und Beyoğlu, hindurch. Früher verlief auch an der Altstadtseite des Haliç die byzantinische Befestigungsmauer. Bei der Eroberung Konstantinopels durch die Türken wurde sie etwa 450 Meter hinter der (damals natürlich nicht vorhandenen) Atatürkbrücke am 29. Mai 1453 durchbrochen. Eine bescheidene Gedenkstätte erinnert daran. Angeblich hatte Sultan Mehmet II. die stark verteidigte Einfahrt in den Haliç von der Seeseite aus nicht nehmen können und deshalb die Flotte von Beşiktaş über die Hügel bringen lassen. Diese Legende ist lange Zeit kritiklos tradiert worden und findet sich z. B. auch bei Stefan Zweig in *Sternstunden der Menschheit*. Nedim Gürsel hinterfragt in seinem Roman *Der Eroberer* die Entstehung des Berichts über diesen Vorgang. Ein Page Mehmets, gerade aus dem Schlaf erwacht, beobachtet von weitem das »Wunder«:

»Über die Hügel von Galata glitten sie eines nach dem anderen mit geblähten Segeln zum Goldenen Horn hinab, diese kampferprobten Seefahrzeuge, die je drei Reihen Ruderern Platz boten. Mein Gott, konnte das Wirklichkeit sein? Sicher träumte ich schon wieder! Mehmet bewegte seine Flotte über das Festland! Wie ein Zauberer, was sag ich da, wie ein Prophet überlistete er die Natur.«

Der Page meldet das Gesehene dem Hofberichterstatter Tursun Bey, der sich, obwohl Mitglied im Kriegsrat, von der Nachricht überrascht zeigt. Gleichwohl erwähnt er in seiner Chronik einen schriftlichen Befehl des Padischah:

»Aufgrund dieses Fermans versammelten sich die Kunstfertigsten unter den Handwerkern und Wissenschaftlern. Die mit Flaggen geschmückten islamischen Schiffe hißten ihre Segel und durchquerten die Luft hinter der Befestigung von Galata. Vielleicht flogen sie auch. So majestätisch und mit hervorragenden Waffen ausgestattet, wurden sie in das Binnenmeer eingebracht.«

Verblüfft stellt der Page fest, wie sich die von ihm mit allen Zweifeln vorgebrachte Beobachtung hier in »Hofberichterstattung« verwandelt. Er traut sich jedoch nicht zu fragen, wie das Ganze technisch und zeitlich ablaufen konnte, ohne daß selbst der innere Zirkel der Macht etwas davon bemerkt hat. In Gedanken kommentiert er die Darstellung ganz schön ironisch: »Ja natürlich, man hatte den Schiffen Flügel angeheftet und sie in die Lüfte geschickt. Was macht das schon, wenn man das nicht so genau erklären kann! Liegt denn nicht in jedem Entschluß unseres Sultans Mehmet ein Wunder verborgen?«

Hinter der Atatürkbrücke liegt rechter Hand der Stadtteil Kasımpaşa mit mehreren Schiffswerften, die eine alte Tradition haben. Schon der berühmte türkische Reiseschriftsteller Evliya Çelebi (1611-1684 oder 1687), nach dem eine von Galata zum Anleger von Kasımpaşa hinunterführende Straße benannt ist, hat zu seiner Zeit hier den Bootsbau beobachtet. In diesem Stadtteil wurde dem als Sohn eines beim Palast angestellten Goldschmieds geborenen, hochbegabten jungen Mann auch seine Berufung klar. Während er sich im Traum zusammen mit vielen im Glaubenskrieg gefallenen Heiligen beim Gebet in einer Moschee gesehen hatte, war ihm der Prophet Muhammed erschienen und hatte ihm zu verstehen gegeben, daß er sein Leben als Reisender zubringen werde. Evliya (der Name bedeutet »Gottesfreund«) ist sich unsicher, was der Traum, der seine Seele mit Glückseligkeit erfüllt, sagen will. Er ist damals zwanzig Jahre alt, hat bisher Theologie studiert und Schüler im Koranlesen unterrichtet. Im Vorwort zu seinen Reiseberichten bekennt er:

»Als ich danach die Waschungen verrichtet und mein Morgengebet dargebracht hatte, ließ ich mich von Konstantinija in die Vorstadt Kasım Paşa übersetzen, wo ich den Traumdeuter Ibrahim Efendi um Rat fragte, was es mit meinem Gesicht auf sich habe. Von ihm wurde mir die tröstliche Auskunft zuteil, daß es mir bestimmt sei, ein großer Reisender zu werden, so daß ich denn meinen Weg durch die ganze Welt nehmen solle, bis daß durch des Propheten Zuwirken ich meine Erdenbahn beendet hätte, um aufgenommen zu werden ins Paradies. So kehrte ich denn in meine schlichte Wohnung zurück, verlegte mich auf das Studium der Geschichtsschreibung und begann mit der Schilderung der Stadt meiner Geburt, Istanbul.«

Joseph von Hammer-Purgstall (der auch durch seine Hafis-Übersetzung die Vorarbeit für Goethes *West-östlichen Divan* leistete) hat das zehnbändige Werk des Evliya leider nicht ins Deutsche, sondern in Auszügen ins Englische übersetzt, so daß wir diese von vielen, auch gegenwärtigen Autoren zitierte Quelle nur auf Englisch – oder eben Türkisch – nachlesen können. Das obige Zitat stammt aus dem bekannten Istanbul-Führer von Hilary Sumner-Boyd und John Freely, wo das Werk *Seyahatnâme* (Reisebuch) von Evliya Çelebi als zuverlässige Grundlage häufig zitiert wird. Evliya beschreibt, wie gesagt, zuerst detailliert seine Heimatstadt, das alte Istanbul, ab 1640 bereist er die Türkei (Izmit, Bursa, Trabzon), später – teilweise auch im Staatsdienst – die Krim, Aserbeidschan und Georgien. Dann wendet er sich nach Damaskus und schließlich nach Persien. Ob er alle Reisen, die er beschreibt, auch tatsächlich ausgeführt hat, bezweifelt die

Forschung inzwischen. Zwischen 1667 und 1670 hat er wohl den Balkan besucht und angeblich den Botschafter Kara Mehmet Paşa nach Wien begleitet. Umstritten allerdings ist, ob er sich, wie er angibt, zwei Monate und siebzehn Tage dort aufgehalten hat. Seine Notizen aus der Kaiserstadt liegen uns ausnahmsweise auf Deutsch vor unter dem Titel *Im Reiche des Goldenen Apfels*.

Orhan Pamuk versetzt die Handlung seines Romans *Die weiße Festung* in die Zeit Evliya Çelebis, ins 17. Jahrhundert, und seinen Ich-Erzähler, einen von Türken auf See gefangengenommenen Venezianer, nach Kasımpaşa. Weil er sich als heilkundig und naturwissenschaftlich gebildet ausgibt, kauft ihn ein türkischer Hoca, also ein Gelehrter, der ihm wundersamerweise wie ein Zwilling ähnlich sieht. In dessen Holzhaus am Ufer des Haliç »forschen« die beiden in den Bereichen Astronomie, Heilkunde und Technik. Doch alle ihre Projekte sind mehr ein von Zufällen bestimmtes Herumprobieren denn zielgerichtetes Forschen und Experimentieren. Dies offenbart sich nicht nur bei ihren Heilversuchen während der Pestzeit, sondern gleich zu Anfang, als sie für die Hochzeit eines Prinzen ein Feuerwerk vorbereiten, das den Haliç illuminieren soll. Rein zufällig fügen sie dem Schießpulver eine Mischung aus Schwefel und Kupfervitriol bei, »welches ein herrlich strahlendes Funkeln ergab. (...) Damit das Funkeln auch Farbe bekam, mischten wir alles nur Erdenkliche bei (...). Als es hieß, der Padischah sei am anderen Ufer des Goldenen Horns als Zuschauer erschienen, geriet ich in heftige Aufregung und hatte große Besorgnis, daß etwas schiefgehen und ich für lange Jahre nicht in mein Vaterland heimkehren könne.« Wider Erwarten gelingt das Spektakel. »Der Himmel war plötzlich in Rot, Gelb und Grün getaucht, es krachte auch gehörig und war schöner, als wir erwartet hatten.«

Jahrhundertelang war es üblich, auf dem Goldenen Horn die Schlachten, natürlich nur die siegreichen, des Osmanischen Reiches nachstellen zu lassen. Dieser Brauch spiegelt sich in Pamuks Schilderung der Prinzenhochzeit: »Nun setzten sich die Flöße auf dem Goldenen Horn in Bewegung. Zuerst fingen die darauf befindlichen Türme und Festungen aus Pappe Feuer, während sie im Vorbeigleiten aus ihren Bastionen Raketen schleuderten. (...) Als man dann die Schiffe aus dem Jahr meiner Gefangennahme vorbeiziehen ließ, nahmen die übrigen unseren Segler unter Raketenfeuer, womit ich den Tag noch einmal erlebte, an dem ich meine Freiheit verlor.« Der Haliç wird zur Bühne, während die Zuschauer auf beiden Seiten in gebührendem Abstand dem gefährlichen Schauspiel beiwohnen.

Durch die Übersetzung des Romans *Die weiße Festung* im Insel Verlag (1990) wurde die deutsche Leserschaft erstmals auf den damals schon in der Türkei berühmten Autor Orhan Pamuk (geb. 1952) aufmerksam. Lesenswert ist *Die weiße Festung*, weil hier einmal die Geschichte der Wissenschaft aus der Perspektive des Scheiterns dargestellt wird, was quälend und komisch zugleich wirkt. »Wohl selten ist es einem Autor in Ost oder West gelungen, die Wichtigkeit und Nichtigkeit männlichen Tuns und Denkens derart mit Hohn und Liebe darzustellen«, heißt es im Klappentext. Die Konstruktion einer astronomischen Uhr und die jahrelange Bastelei an einer monströsen Kriegsmaschine, die im Einsatz vor der weißen Festung kläglich versagt, sind nur ein Teil der spannenden Geschichte dieser zwei sich eifersüchtig belauernden, dennoch voneinander faszinierten Männer. Das andere stets präsente Motiv ist das der Individualität und Identität. So verhilft schließlich der gefangene Venezianer dem türkischen Hoca zu einem neuen Leben, nämlich zur Flucht in den von beiden erträumten Westen, während er selbst als nun freier »Türke« relativ glücklich zurückbleibt.

Von Kasımpaşa – wenn unser Boot überhaupt dort angelegt hat – fahren wir wieder auf die linke Seite hinüber nach Fener, wo sich seit 1601 der Sitz des orthodoxen Patriarchats befindet. Das auffällige rote Gebäude ist das griechische Gymnasium in diesem seit alters von wohlhabenden Griechen (den Phanarioten) besiedelten Viertel. Leider ist die Zahl der in Istanbul lebenden Griechen stark geschwunden. Die wechselseitige Vertreibung von Griechen und Türken nach dem Ersten Weltkrieg, aber auch das jahrzehntelang feindselige Mißtrauen zwischen Ankara und Athen – erst in jüngster Zeit hat sich da ein Wandel angebahnt – haben viele Griechen bewogen, die Stadt zu verlassen. Inzwischen zählen die etwa achtzig orthodoxen Kirchen noch etwa insgesamt 2000 Gläubige. Das den griechischen Einwohnern Istanbuls widerfahrene Unrecht (speziell auch das Massaker von 1955) klingt in den Erzählungen eines Demir Özlü immer wieder als Motiv der unmöglichen Liebe zwischen Türken und Griechen an. Bei Vedat Türkali bildet dasselbe Motiv einen ganzen Handlungsstrang in dem Roman *Yeşilçam Dedikleri Türkiye* (Yeşilçam als Spiegel der Türkei). Beide Autoren wählen Kirchen als »romantischen« Ort, wo man die geheimnisvolle Geliebte treffen kann, wo sich aber der Türke auch wie ein an allen Greueln irgendwie mitschuldiger Außenseiter fühlt.

Zurück zu dem, was wir vom Boot aus sehen: Am Abhang von Fener liegt die Kirche der Theotokos Panhagiotissa (der Allerheiligsten Gottesmutter). Sie ist das einzige Gotteshaus in Istanbul, das nie das Kreuz gegen den Halbmond eingetauscht hat und in dem ununterbrochen seit byzantinischer Zeit die Priester den griechisch-orthodoxen Ritus vollziehen. Der türkische Journalist Deniz Som beschreibt in einer seiner sensiblen Reportagen, wie er sich bemüht, einen Blick hinter die normalerweise verschlossenen Türen des Heiligtums zu werfen. Ohne doppelt ausgefertigte schriftliche Erlaubnis des Patriarchen geht gar nichts, und selbst dann gebärdet sich die schwarzhaarige Pförtnerin so abweisend, daß er ihr ironisch den Namen »Eirene« (Frieden) verpaßt. Immerhin zeigt sie ihm einen Erlaß des Sultans Mehmet Fatih, der der Kirche ihre Unantastbarkeit verbrieft. Deniz Som ist einer der wenigen zeitgenössischen türkischen Journalisten, die sich für die verfallenen Ecken Istanbuls, die geschichtsträchtigen, aber abseits des touristischen Treibens liegenden Hinterhöfe der Stadt interessieren. Seine Reportagen aus dem neuen Jahrtausend sind zuerst in Zeitungen wie *Cumhuriyet* und als Sammlung unter dem Titel *Tepe Tepe Istanbul* (Istanbul von Hügel zu Hügel) erschienen.

Fener oder Phanar bedeutet wörtlich »Leuchtturm«. Ein solcher stand früher am Ufer. Der von seinem Feuerschein gut beleuchtete Anlegeplatz spielt in dem später noch ausführlich vorgestellten Liebesroman *Aziyadeh* von Pierre Loti eine Rolle, weil von hier aus mit dem Ruderboot das Häuschen in Eyüp leichter zu erreichen ist als auf dem Landweg. »Als Aziyadeh in unserer Barke saß, legten wir wieder ab. Die Entfernung von dem Anlegeplatz am Phanar bis zu dem von Eyub war noch groß. Hie und da ließ ein einzelnes aus einem griechischen Haus kommendes Licht einen gelben Streifen über das trübe Wasser fallen; sonst war überall tiefe Nacht.« Trotz aller Verliebtheit hat der französische Erzähler einen Blick für die Besonderheit des griechischen Viertels: »Als wir an einem alten eisenstarrenden Haus vorbeifuhren, drangen die Klänge eines Orchesters und die Geräusche eines Balles an unsere Ohren. Es war eines jener noblen Häuser, geschwärzt von außen, aber prunkvoll von innen, in denen die alteingesessenen Griechen, die Phanarioten, ihren Reichtum, ihre Diamanten und ihre Toiletten aus Paris verbergen.« Balat, das Wohnviertel an der nächsten Anlegestelle auf der linken Seite, bietet eine weitere Facette der Vielvölkerstadt: Hier wohnen, ebenso wie auf dem gegenüberliegenden Ufer in Piri Paşa, vorwiegend Juden. Der emeritierte Professor Jak Deleon, der zu den alteingesessenen Familien von Balat gehört, hat dazu eine lesenswerte Monographie in türkischer Sprache geschrieben: *Balat ve Çevresi* (Balat und seine Umgebung). Seit Sultan Beyazit II. im Jahr 1492 die von der Inquisition aus Spanien Vertriebenen (Sepharden) aufgenommen hat, fanden bis in unsere Zeit Juden aus aller Welt in Istanbul Zuflucht, und zwar nicht nur am Haliç (es gab kein Ghetto). Mit seinem Roman *Istanbul Bir Masaldı* (Istanbul war ein Märchen, 1999) setzt der Autor Mario Levi den Immigranten ein literarisches Denkmal. Der Titel trügt jedoch, denn die Liebes- und Leidensgeschichten der Istanbuler Juden im 20. Jahrhundert klingen keineswegs märchenhaft. Viele fühlen sich »fremd in ihrer eigenen Stadt«, obwohl ihnen von seiten der Einheimischen eine unerwartete Toleranz begegnet. In einem virtuosen Türkisch gestaltet der 1957 in Istanbul geborene und aufgewachsene Autor das Lebensgefühl einer Minderheit, die »durch ein ganz anderes Fenster« auf Istanbul blickt, wobei er selbst einen integrativen Standpunkt vertritt. »An Lebenswegen, die bewusst das Jüdische und das Nichtjüdische vereint haben, verdeutlicht Levi Dimensionen gelungener und bereichernder Verbindungen«, schreibt seine Übersetzerin, Beatrix Caner.

Der Roman wurde in der Türkei mit Begeisterung aufgenommen und im Jahr 2000 mit einem hochgeschätzten Literaturpreis, dem Yunus Nadi Roman Ödülü, ausgezeichnet. Das Erscheinen der deutschen Ausgabe ist für 2005 geplant.

Inzwischen hat unser Schiffchen die Stelle erreicht, wo zur Linken noch Reste der gewaltigen Landmauer zu erkennen sind, die hier im stumpfen Winkel auf die ursprünglich auch am Haliç entlangführende Seemauer traf. Letztere hat man bis auf einige Torbauten abgerissen, während der besser erhaltene Teil zwischen Ayvansaray und Yedikule restauriert wurde.

Gleich danach, hinter der hohen modernen Brücke, auf der die Ringautobahn den Haliç überquert, taucht Eyüp mit seinem sich am grünen Hang erstreckenden Friedhof auf. Hier irgendwo am Ufer muß sich Ende des 19. Jahrhunderts die Tekke, das Derwischkloster, befunden haben, dessen Scheich die schöne Mehpare Hanım heiratet. Oder gibt es diese Tekke nur in der Phantasie des Autors Ahmet Altan, der den Tag der Hochzeit folgendermaßen schildert?

»Schwefelgelbe Wolken wirbelten hoch am Himmel, der sich wie ein pelziges Tier aufblähte; das Goldene Horn, das sich bis zu dem Friedhof neben der Tekke, dem Ordenskonvent, erstreckte, schien wie aufgebläht vom Geruch des Todes, der aus der Stadt herüberzog; die Zypressen auf den Hügeln von Eyüp erhoben sich nachtschwarz in den Himmel. (...) Der Tag schien nicht gerade geeignet für eine Hochzeitsfeier.«

Die Feststellung bezieht sich nicht auf das seltsame Wetter – für Istanbul keine Seltenheit –, sondern auf die politische Lage in der Stadt: »Drei Tage schon dauerten die nur hin und wieder aussetzenden Zusammenstöße zwischen Kämpfern des armenischen Untergrunds und der muslimischen Bevölkerung an. (...) Aus Galata tönte Waffenlärm herüber. Die Armenier hätten die Osmanische Bank besetzt, hieß es. Scheich Yusuf Efendi blickte über den Friedhof hinweg auf das Goldene Horn, wobei er, seiner Gewohnheit gemäß, die

Augen leicht zusammenkniff; er wartete auf den Hochzeitszug, der in Kürze hier ankommen sollte.«

In den wenigen Sätzen deutet sich schon an, wie der Roman *Der Duft des Paradieses* (der türkische Titel lautet: *Kılıç Yarası Gibi*, wörtlich übersetzt: Wie eine Schwertwunde) aufgebaut ist. Darin geht es zum einen um die wunderschöne Mehpare. Der Scheich entläßt sie nach kurzer Ehe, weil er seine Leidenschaft zu ihr nicht kontrollieren kann, was ihn als spirituellen Menschen derart verunsichert, daß er sich zum Verzicht entschließt. Mehpares zweite Ehe mit dem Sohn des Leibarztes des Sultans verläuft dann viele Jahre lang glücklich, da die Ehepartner sich miteinander an immer ausgefalleneren erotischen Spielen ergötzen. Doch zuletzt erkaltet die Leidenschaft. Mehpare verfällt einem jugendlichen Liebhaber; ihr Ehemann erschießt sich. Damit endet der Roman.

In einem zweiten Erzählstrang wird der Zerfall des Osmanischen Reiches unter Sultan Abdulhamit II., der zwischen 1876 und 1909 regierte, dargestellt. Wahrscheinlich haben gebildete türkische Leser keine Schwierigkeit, den niemals namentlich Genannten zu identifizieren. Im Text werden die meisten politischen Ereignisse, wie Aufstände, Verschwörungen, Feldzüge, diplomatische Missionen und internationale Konferenzen, derart verschleiert und stets ohne Jahresangaben behandelt, daß der Leser sich fragt, ob sie nun real waren oder nur ein Teil der Romanfiktion sind. Nichtsdestotrotz entsteht ein eindrucksvolles Bild Istanbuls an der Schwelle des 20. Jahrhunderts. Die führenden Familien leben in verschwenderischem Reichtum. Dekadenz und Zynismus deuten an, daß diese Lebensform genauso am Ende ist wie der Staat, dessen Führung kraftlos dem Niedergang zusieht.

»Der Padischah war zwar der Vorgesetzte, gleichzeitig aber auch der Sklave seiner Generäle, und es lag nicht in seiner

Macht, gegen die Bestechlichkeit und Korruption seiner Untergebenen einzuschreiten. (...) Die Macht des Padischah reichte nicht mehr aus, die bestechlichen Elemente in seinem Umfeld zu entfernen. Durch die Duldung der Machenschaften seiner Paschas war der Sultan allerdings auch persönlich verantwortlich für deren Schandtaten, so daß er am Ende in einem Morast von Skandalen steckte, aus dem er nicht mehr herauskam.«

Unter den jungen Offizieren in verschiedenen Teilen des Reiches reift die Opposition; die einzelnen Geheimbünde schließen sich zusammen. Es kommt zur Revolte in Saloniki. Şemsi Paşa, der die Revolte niederschlagen soll, wird erschossen. Der Sultan erfüllt die Forderung des »Komitees für Einheit und Fortschritt« und setzt die konstitutionelle Verfassung, der er bei seiner Thronbesteigung 1876 schon einmal hatte zustimmen müssen, wieder in Kraft. Es handelt sich um die »Jungtürkische Revolution« von 1908, wie geschichtlich versierte Leser schließen müssen – denn aus unerfindlichen Gründen sagt Ahmet Altan dies nicht. Der Erzähler, ein später Nachkomme der Protagonisten, der wahnsinnige Osman, der mit den Toten sprechen kann, imaginiert angesichts des Festtagsjubels der Bevölkerung die Entwicklung des gesamten 20. Jahrhunderts:

»Osman dachte bei sich, daß dieses nun schon lange im Totenreich weilende Volk, das sich hier über das Ende der Zwangsherrschaft freute, ja nicht wissen konnte, daß auf diesem Boden die Despotie nie enden, daß jedes abdankende Unterdrückungssystem durch ein neues abgelöst würde; daß hier nur die Unterdrückung gedeihen konnte.« Wollen wir hoffen, daß der wahnsinnige Osman für die Zukunft der Türkei nicht recht behält.

Das Linienboot erreicht in Eyüp nun seine Endhaltestelle.

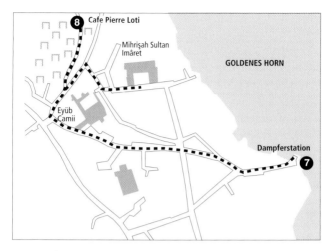

**7.** Dampferstation Eyüp   **8.** Café Loti

Wir steigen aus und überqueren die Straße, wenden uns hinter der kleinen Moschee nach rechts und gehen in den Ort hinein. Der Moscheenkomplex mit Brunnen, Vorhöfen, Innenhöfen und Türben (Mausoleen) ist nicht zu verfehlen. Hier, am wichtigsten Wallfahrtsort der Türkei, drängen sich immer Menschen, die für ihre Anliegen die Hilfe der »Heiligen« erbitten. Es ist übrigens keineswegs so abenteuerlich, als Nichtmuslim hier herumzugehen, wie Loti das in seinem Roman *Aziyadeh* darstellt:

»Am 6. September, um sechs Uhr morgens ist es mir gelungen, in den zweiten Innenhof der Moschee von Eyub vorzudringen. Das alte Denkmal war still und leer, zwei Derwische begleiteten mich zitternd ob der Verwegenheit dieses Unternehmens. Wir schritten schweigend über die Marmorplatten. Zu dieser frühen Morgenstunde war die Moschee von schneeigem Weiß; Hunderte von Ringeltauben pickten und flatterten in den verlassenen Höfen umher. Die beiden in Gewänder aus grobem, grauem Wollstoff gekleideten Derwische hoben die Lederportiere, die das Heiligtum verschloß, zur Seite, und es war mir gestattet, einen Blick in diese heilige Stätte zu werfen, die heiligste Stambuls, auf die noch nie zuvor ein Christ die Augen hatte richten können.«

Wenn er außerdem behauptet: »Der Zutritt ist den Christen von jeher untersagt gewesen, und selbst im äußeren Umkreis sind sie nicht sicher«, löst das bei manchen eventuell Angst aus. Doch seien Sie unbesorgt – dies ist so nicht richtig: Sie können hier alles besichtigen, solange Sie in punkto Kleidung und Verhalten etwas Rücksicht auf die Gefühle der Muslime nehmen.

Die Bedeutung von Eyüp liegt in der Wiederauffindung des Grabes des Fahnenträgers des Propheten Muhammed, des Abu Eyüp oder Ayyub al-Ansari, der bei der ersten arabischen Belagerung Konstantinopels 668/69 vor den Toren der Stadt gefallen war.

Nedim Gürsel, der die Geschichte des Sultans Mehmet Fatih in dem schon zitierten Roman *Der Eroberer* darstellt, verwendet die in der Türkei jedem Schulkind bekannte Überlieferung fast wörtlich. Ausführlich legt er dar, wie nahe der Fahnenträger dem Propheten gestanden habe und daß er als alter Mann nach dem Tode Muhammeds noch einmal in den Krieg gezogen sei zum vergeblichen Sturm auf die stark befestigte Stadt Konstantinopel.

»Bevor er fiel, hatte er angeordnet, daß man ihn hier begraben und – damit die Pferde der islamischen Reiter nicht gehindert würden – keinen Grabhügel errichten sollte. Deswegen weiß seit jener Zeit niemand, wo Ayyub al-Ansari begraben liegt.«

Während der verbissenen Kämpfe um die Stadt unter Sultan

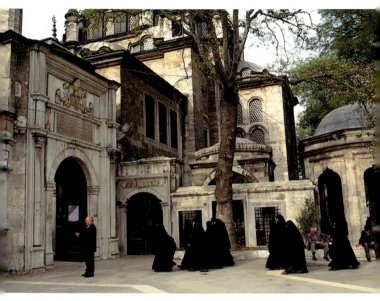

»Wir schritten schweigend über die Marmorplatten. Zu dieser frühen Morgenstunde war die Moschee von schneeigem Weiß.« Eyüp ist die meistbesuchte Wallfahrtsstätte der Türkei

Mehmet II. findet sein geistlicher Berater, Scheich Akşemsettin, geleitet von einem Traumgesicht, das Grab des Eyüp, und zwar unmittelbar beim Heerlager der durch die bisherigen Mißerfolge entmutigten Truppen.

»Ak Şemseddin erwiderte leise: ›Hab’ ich es dir nicht gesagt, Mehmet, nun gib endlich den Befehl, daß das Heer den Generalangriff vorbereitet. Glaub mir, der Sieg wird unser sein.‹ Es war nach diesem Vorfall, daß der Padischah zu seinem endgültigen Entschluß gelangte. Bald liefen die Ausrufer durch das gesamte Heerlager und verbreiteten den Befehl zum Generalangriff. Und sofort begann man mit den Vorbereitungen.«

Vielleicht ist jetzt verständlich, weshalb es Brauch wurde, daß an der für die neue osmanische Hauptstadt so bedeutsamen Stätte in Eyüp sich viele Sultane bei ihrer Inthronisation mit dem Schwert des Kalifen Osman gürten ließen. Beliebt war die Nähe zum Heiligengrab auch als Begräbnisstätte. Der Großwesir Sokollu Mehmet Paşa (gest. 1579) ließ schon zu Lebzeiten seine Türbe hier errichten zusammen mit einer von ihm gestifteten Medrese, einem geistlichen Lehrstuhl. Größer noch ist die Anlage aus Türbe und Külliye (Stiftungskomplex) mit funktionstüchtiger Armenküche der Mihrişah Sultan, Mutter Selims III., der um 1800 das damals verfallene Heiligtum völlig erneuern ließ.

Obwohl es keine Sultane mehr gibt, wallfahrten die Istanbulaner gerne nach Eyüp, vor allem die Buben vor ihrer Beschneidung, aber auch Frauen, die sich ein Kind wünschen oder endlich eins bekommen haben, Schülerinnen und Schüler in Angst vor der Versetzung, fromme Geschäftsleute vor einer riskanten Unternehmung. Auch an den hohen islamischen Feiertagen ist ein Besuch in Eyüp für viele Familien Brauch. Manchmal wird dabei ein Tier für die Armenspeisung geopfert, natürlich nicht im Moscheehof. Aber selbst in der Nähe des Heiligtums war das Schlachten so störend, daß gegenüber der Anlegestelle auf dem anderen Haliçufer ein neuer Schlachthof gebaut wurde.

Gert Heidenreich hat seine Beobachtung für das Gedicht *Istanbul. Beyoğlu. November* also gerade noch rechtzeitig gemacht:

»... wie das Schaf in der Armenküche
von Eyüb, das von der kaschmirgekleideten Dame
gewählt, gewogen vom Mann mit der Mütze, sofort dann
vom Schlächter mit starrer Gummischürze auf den Boden
geworfen und mit einem entschlossenen Schnitt
zu Fleisch gemacht wurde.

Gelübde und Spende. In der
Steinrinne Wasser und Blut.«

Den vollständigen Text finden Sie im Spaziergang durch Beyoğlu (s. S. 40 f.).

Unser nächstes Ziel ist das Café Loti, das sich im Friedhof oberhalb von Eyüp befindet. Beim Verlassen der Moscheeanlage wenden wir uns nach rechts, wo der Aufgang ins Gräberfeld bei einer marmornen Gedenktafel hinter einem Brunnen beginnt. Unter den in Eyüp begrabenen Berühmtheiten finden sich auch die Namen des Dichters und Musikers Baki (1526-1600), der dichtenden Prinzessin Adile Sultan (1826-98) und des Wissenschaftlers Ali Kuşçu (1400-?).

Der gepflasterte Weg führt durch die Gräber bergauf. Bei Gabelungen nehmen wir stets den äußeren, dem Haliç näheren Weg. Die alten Grabsteine unterscheiden zwischen männlichen, mit Turban oder Fez versehenen Stelen, und weib-

175

lichen, die mit einer Blüte geschmückt sind. Es werden auch heute noch Bestattungen auf dem alten Friedhof vorgenommen, sofern die Familie hier ein Familiengrab besitzt. Die Inschriften auf den Steinen sind meistens nicht so geheimnisvoll, wie die arabischen Buchstaben dies vermuten lassen, sondern geben schlicht die Lebensdaten an und rufen die Vorübergehenden dazu auf, für den Toten die Sure *el fatiha* zu beten. Auf einigen Grabsteinen befinden sich auch längere poetische Texte, insbesondere, wenn der Verstorbene jung aus dem Leben scheiden mußte. So zitiert Robert Lidell zum Beispiel die Prosafassung eines Gedichts auf einen jungen Mann: »Vom Tod in der Blüte meines Lebens hinweggerafft, verlasse ich einen geliebten Vater und eine Mutter, die mich beweinen. Mein Trost ist, daß ich mich hier unten dem Studium der schönen Literatur gewidmet habe, denn so hoffe ich, die Nachtigall des Paradieses zu werden.«

Bemerkenswert ist, wie viele Autoren von diesem Ort hoch über dem Haliç angeregt wurden, über die Tragik des Todes oder den ewigen Frieden zu schreiben. Auch mich hat diese Stätte zu einem Gedicht inspiriert, das – vielleicht etwas überspitzt – die in Eyüp und sonst in der ganzen Stadt verstreuten Heiligengräber zum einzig lohnenden poetischen Motiv erklärt:

### Istanbul

»Istanbul, du verleitest zu Schlagern
Denn wahrscheinlich ist alles
Bereits gesagt von deinen Moscheen
Bazaren, Kringelverkäufern
Von Chaos und Dreck.
Man muss blind sein oder ein Dichter

Hier noch zu rühmen
Es sei denn jenen vergitterten Garten
Wo aus den Gräbern der Erleuchteten
Zedern wachsen und Nussbäume
Wo die weißen Steine mit ihrer Rätselschrift
Einsinken, Wandlung und Rückkehr
Zum großen Ozean
In dem unsere Erde
Leise zitternd dahingleitet.«

Wir haben inzwischen das Café Loti erreicht, das nach dem französischen Schriftsteller Pierre Loti (mit bürgerlichem Namen Julien Viaud, 1850-1923) benannt ist, der eine Zeitlang in Eyüp gewohnt und mehrere Romane verfaßt hat, die im alten Istanbul spielen. Das Café und das angrenzende Häuschen wurden von Verehrern des Autors als Gedenkstätten eingerichtet. Für an der jüngsten türkischen Entwicklung Interessierte ist der von Onat Kutlar zum Jahresbeginn 1995 entworfene und an einer Wand ausgehängte Artikel aus der Intellektuellenzeitung *Cumhuriyet* wichtiger. Onat Kutlar wurde kurz darauf (30. 12. 94) Opfer eines Terroranschlags auf das Café Marmara am Taximplatz. Durch seine skeptische Sicht auf die türkische politische und gesellschaftliche Entwicklung, die er auch in dem Artikel, den er hier im Café Loti niederschrieb, zum Ausdruck brachte, hatte er sich bei gewissen Rechtskonservativen unbeliebt gemacht.
Zurück zu Pierre Loti. Im Laden neben dem Café werden seine Bücher verkauft, allerdings nur in französischer und englischer Sprache, denn in Deutschland finden sich kaum mehr Fans dieser »romantischen« Romane aus einem Istanbul, das es so wohl nie gegeben hat und die vielmehr das Produkt einer kitschigen Orientphantasie sind. Der bekannte

türkische Lyriker Nazim Hikmet sagt dazu in seinem Gedicht *Orient und Okzident*, direkt auf Loti bezogen:

»Das ist
der Orient
der Bücher
        von denen pro Minute eine Million gedruckt werden!
Doch
es gab
        weder gestern
            noch gibt es heute
so einen Orient und es wird ihn
        auch morgen
            nicht geben!«

Was hat Nazim Hikmet an Lotis kleinem Roman in Tagebuch- und Briefform *Aziyadeh* (erschienen 1879, dann 1894 teilweise, aber erst 1983 vollständig auf deutsch zugänglich) so geärgert? Die Handlung wird im Klappentext folgendermaßen zusammengefaßt: »Loti, im Buch zum englischen Marineoffizier und daseinsüberdrüssigen Dandy verfremdet, gewahrt in Saloniki hinter Gittern die reizende (...) Aziyadeh. Sie ist die vierte und jüngste Frau eines reichen alten Türken und bald bereit, sich nächtlich mit dem Leutnant zu treffen. Er wird nach Konstantinopel versetzt (...) erlaubt sich die mannigfaltigen Abenteuer und Ausschweifungen des Orients. Unbefriedigt jedoch gibt er sein Quartier im Europäerviertel Pera auf und erwartet in einem Häuschen in Eyub die Ankunft der kindlichen, ihm unendlich ergebenen Geliebten ...« Tatsächlich erscheint eines Tages Aziyadeh, deren Mann samt Harem ebenfalls nach Istanbul umgezogen ist, und für ein paar Monate können die beiden ihr heimliches

Liebesabenteuer genießen, bis der junge Leutnant erneut versetzt wird. Daraufhin nimmt er seinen Abschied aus der englischen Marine und meldet sich bei den türkischen Truppen als Freiwilliger. In der Schlacht von Kars fällt er am 27. Oktober 1877 als »tapferer Verteidiger des Islam«.

Natürlich ist der Schluß nicht autobiographisch, denn Loti lebte wie gesagt noch bis 1923. Wahrscheinlich erschien dem Autor der tragische Schluß als einziger ehrenhafter Abgang für seinen lebensmatten Jüngling. Auch Aziyadeh verbleicht, nachdem ihr Ehemann hinter ihre Affäre gekommen ist – allerdings hat Loti sich da bereits verabschiedet, und so stirbt sie, die vorbehaltlos geliebt und für den Geliebten alles aufs Spiel gesetzt hat, eigentlich an gebrochenem Herzen. Auf seiten des Engländers ist grundsätzlich klar, daß er sich nur eine Zeitlang mit ihr amüsieren will, während seine Familie zu Hause schon die Braut für ihn aussucht. Er weiß, daß sein Verhalten »allen mohammedanischen Begriffen widerspricht«. An den Freund William Brown schreibt er: »Sie werden mir sagen, daß es, um so weit zu kommen, im erschreckendem Maß der Selbstsucht bedarf; dem will ich nicht widersprechen; doch ich bin zu der Erkenntnis gelangt, daß alles, was mir behagt, zu tun ratsam ist, und daß es gilt, das fade Mahl dieses Lebens so gut man kann zu würzen.« Diese Einstellung hat Nazim Hikmet in dem oben zitierten Poem mit folgenden Versen kommentiert:

> »Du, französischer Offizier,
>     hast jene Aziyadeh mit ihren Traubenaugen
> noch schneller vergessen
>     als eine Hure.
> (...)
> Was für ein Schwein von Bourgeois bist du ...«

Daß die Bewohner von Eyüp dem Treiben in dem von Loti gemieteten Häuschen schweigend zusehen, hat seine Bewandtnis darin, daß er ihnen als »Türke« gegenübertritt, indem er türkische Kleidung trägt und sich den Namen Arif Efendi gibt. Auch geht er mit den Nachbarn wie einer ihresgleichen um:

»Hier bin ich ein Mann des Volkes geworden, ein Bürger von Eyub; ich begnüge mich mit dem bescheidenen Leben der Bootsleute und Fischer, sogar mit ihrer Gesellschaft und ihren Vergnügungen. Im türkischen Kaffeehaus, beim Kahveci Suleyman, erweitert man den Kreis um das Feuer, wenn ich abends mit Samuel und Ahmet komme. Ich reiche allen Anwesenden die Hand und setze mich nieder, um dem Geschichtenerzähler der Winterabende zu lauschen (es sind lange Geschichten von Dschinn und guten Geistern, die sich über acht Tage erstrecken). Die Stunden vergehen ohne Mühe und ohne Reue; ich fühle mich in ihrer Mitte wohl und in keiner Weise fremd.«

Die erzkonservative politische Einstellung dieser einfachen Leute wird von Loti geteilt. Als Sultan Abdulhamit II. nach der Thronbesteigung die konstitutionelle Monarchie verkündet, schreibt Loti an seinen Freund Plumkett: »Nun ist die arme Türkei soweit, sie ruft ihre Verfassung aus! Wo soll das hinführen? frage ich Sie; und in welches Jahrhundert sind wir hineingeboren? Ein konstitutioneller Sultan, das bringt alle Vorstellungen von einem Sultan, die mir beigebracht worden sind, aus dem Lot. In Eyub ist man über dieses Ereignis bestürzt; alle frommen Mohammedaner glauben, daß Allah sie verlassen und der Padischah den Verstand verloren habe.«

Die Aversion intellektueller Türken gegen diesen französischen Türkenfreund läßt sich durchaus verstehen. Doch sollte nicht vergessen werden, daß Loti nach Ende des Ersten Weltkriegs, als die Türkei in Europa völlig isoliert dastand, durch einen offenen Brief in der Pariser Zeitung *L'Œuvre* sich für eine starke Türkei im Bündnis mit Frankreich einsetzte. Loti war damals weltbekannt. Dennoch hat sein Plädoyer nichts bewirkt.

Wir genießen beim Abstieg noch etwas den Blick von oben über den Haliç und stellen uns vor, daß links, also stadtauswärts, früher ein beliebtes Erholungsgebiet lag. Dort, wo zwei Flüßchen ins Goldene Horn münden, befand sich ein liebliches Wiesental, umgeben von hohen Bäumen. Sultan Ahmet III. (1703-30) ließ nach dem Vorbild französischer Gartenschlösser, wie etwa Trianon, dort ein Lustschloß erbauen, das er »Saadâbâd« nannte, Haus der Glückseligkeit. Der Dichter Nedim (1681-1730) lädt seine Geliebte, die er als »wandelnde Zypresse« anspricht, zu einem Ausflug an diesen schönen Ort ein:

»Laß uns dieses Herz vergnügen, laß es nicht so traurig flehn!
Komm, du wandelnde Zypresse, laß nach Saadâbâd uns
                                                    gehen!
Sieh dort an der Landestelle drei Paar Boote wartend stehn –
Komm, du wandelnde Zypresse, laß nach Saadâbâd uns gehn!
Laß uns lachen, laß uns spielen, laß uns recht die Welt
                                                    genießen,
Aus der neuerschloß'nen Quelle Wasser trinken,
                                            von dem süßen,
Laß uns sehn, wie Lebenswasser aus den Drachenmäulern
                                                    fließen –
Komm, du wandelnde Zypresse, laß nach Saadâbâd
                                                uns gehen!«

Das Gedicht, übertragen von Annemarie Schimmel, hat insgesamt fünf Strophen, die alle mit dem Refrain, dem Aufruf an die »wandelnde Zypresse« enden. Achten Sie auch auf die Erwähnung des »süßen Wassers«, das, neu gefaßt, aus Drachenmäulern in marmorne Becken strömt. Der Luxus von Saadâbât kostete Ahmet III. schließlich den Thron, da der Hof verschwenderisch feierte, während für die Verteidigung der bedrohten Ostgrenze des Reiches das Geld fehlte. In der Janitscharenrevolte von 1730 wurde zunächst die Verbrennung des Lustschlosses gefordert, doch der Nachfolger des abgedankten Herrschers, Sultan Mahmut I., konnte einen geordneten Abbruch der Schloßanlagen durchsetzen. Ausführlich ist dies alles nachzulesen bei Klaus Kreiser, von dem ich auch die nachfolgend zitierten Passagen aus *Ein Jahr in Konstantinopel* von Mehmet Tevfik (um 1900) übernehme.

»Mag man nun zu Wagen oder mag man zu Boot hinausfahren: der erste Ort, nach dem man sich wenden und den man besuchen muß, ist Eyüp. Die Männer verrichten dort das Freitagsgebet, die Frauen unterhalten und ergötzen sich ein wenig.« Dann wird auf dem Markt von Eyüp der Proviant ergänzt, und weiter geht der Ausflug in das Wiesental, wo man unter den Bäumen lagert, ißt, spielt und tanzt.

Bei Anna Grosser-Rilke, die dreißig Jahre lang bis 1918 in Istanbul gelebt hat, lesen wir:

»An dem Flüßchen wurde auf Teppichen gelagert, und im harmlosesten Vergnügtsein verlebten sie (die türkischen Familien, Anm. B. Y.) ihren Freitag bis zum Sonnenuntergang, bis des Imams Stimme von den verschiedenen Moscheen zum Gebet und zu den vom Koran vorgeschriebenen Waschungen rief. Jede Familie führte Musik mit sich, bei der Flöte und Trommel die Hauptrolle spielten. (...) Mit Frau

v. H., meiner steten Gefährtin bei solchen Unternehmungen, verbrachte ich ganze Tage in diesem idyllischen Tal; wir legten uns gleichfalls ins Gras, aßen türkische Gerichte, tranken eine Menge kleiner Tassen Kaffee, rauchten Zigaretten und verträumten unter blauem Himmel bei angenehmer Wärme ganz im türkischen Verdämmern (kef) viele solcher schönen Stunden.«

Wir beschließen die Betrachtung der Idylle mit einem weiteren Textstück von Mehmet Tevfik, das sich auf den nach Abriß des Schlosses erhalten gebliebenen Kanal bezieht: »Die wonnigste Unterhaltung von Kağıthane ist die Mondschein-illumination (mehtab) der Kaskaden. Das Herabfluten des Mondlichts auf jenen künstlichen, reichlich strömenden Bach, dessen Wellen wie wahnsinnig Verliebte, ihrer selbst nicht bewußt, von Stein zu Stein fallen und dahinfließen, schafft solche Lichtreflexe, daß der Blick des Beschauers in dem einen Augenblick schimmerndes Quecksilber und im nächsten schon einen dunklen Strudel zu sehen glaubt.«

An dem Kanal erhebt sich, wo einst Saadâbâd stand, das Gebäude der Stadtverwaltung von Kağıthane, die sich gerade darum bemüht, die Gecekondu-Siedlungen, die sich im 20. Jahrhundert im Zuge der Industrialisierung ausgebreitet hatten, zu sanieren. Die Bezeichnung »Kağıthane« rührt von einer früheren Papierfabrik her. Nicht wenige Schriftsteller zeigen in ihren Werken das andere, das proletarische Gesicht der Ufer des Goldenen Horns. Zum Beispiel hat der wenig bekannte türkische Autor Mahmud Yesari (1895-1945) die Tabakfabrik Çibalı zum Schauplatz seines Romans *Çulluk* (Die Schnepfe) gemacht, eines sozialkritischen Romans, der im Arbeitermilieu spielt.

Bekannter in Deutschland ist Sait Faik, dessen Erzählung *Der Samowar* den jungen Arbeiter Ali porträtiert. Er ist glücklich mit seinem einfachen Leben, seiner Arbeit, dem glänzenden Samowar, in dem die Mutter den Tee aufbrüht. Dann stirbt seine Mutter, so lautlos, wie sie gelebt hat, und sein Leben verliert alle Geborgenheit und Wärme. Fortan benutzt Ali den Samowar nicht mehr, sondern trinkt draußen auf der Straße Salep, ein Wintergetränk aus Milch und Knabenkrautwurzel.

»Der Winter verläuft am Goldenen Horn härter und nebliger als im übrigen Istanbul. Arbeiter, Lehrer, Viehhändler oder Schlachthofkunden, Menschen, die in aller Frühe auf unebenen Kopfsteinpflastern vereiste Schlammklumpen zertretend zur Arbeit gehen, machen eine Pause vor der Fabrik, sie lehnen sich an die hohe Mauer und trinken einen Salep, mit Ingwer und Zimt bestreut. Arbeiter, manchmal blond, mit Schnupfen in der Nase, Mühsal und Streik im Kopf, Arbeiter, die ihre wertvollen Hände in Wollhandschuhen versteckt an den Salepkessel hielten, Lehrer, Viehhändler oder Schlachthofkunden und ab und zu arme Studenten lehnten an der mächtigen Fabrikmauer und tranken Schluck für Schluck von dem Salep, auf den der Rest ihrer Träume gestreut war.«

Auch in den Romanen von Vedat Türkali wohnen die Arbeiter in den kleinen armseligen Häuschen am Ende des Haliç. In den Gecekondu finden heimliche Treffen zwischen Arbeitern und Intellektuellen statt, die der ideologischen Schulung der Arbeiterinnen und Arbeiter dienen. Als die Doktorandin Günsel (aus dem Roman *Bir Gün Tek Başına*, Eines Tages ganz allein) sich nach dem blutig niedergeschlagenen Studentenaufstand verstecken muß, findet sie Zuflucht bei der Familie der Arbeiterin Sevil im Gecekondu hoch über dem Haliç.

»Mehr als zehn Tage blieb sie bei Sevil und ihren Leuten. Sie wohnten in einem Zweizimmerhäuschen (anderthalb könnte

man auch sagen) aus rohen Ziegeln im Gewirr des Gecekondu, das auf den Haliç, nach Kağıthane runterschaute. Die Fenster mit bedruckten Gardinen, vor der Tür Nelken und Basili-
kum in Konservendosen, die Mauern gekalkt, das Plumpsklo
im Eingangsbereich ständig stinkend.«

Ein Buch des Arbeiterdichters Aras Ören (geb. 1939), der die
sogenannte Gastarbeiterdichtung in Deutschland in den 70er
Jahren wesentlich mit geprägt hat, ist sogar nach Kağıthane
benannt, doch spielt das Poem *Der kurze Traum von Kağıthane* (kongenial übersetzt von Ahmed Schmiede) zum großen Teil in Berlin unter den türkischen Gastarbeitern von
Kreuzberg. Diese kommen, wenigstens teilweise, aus Istanbul, wohin sie sich auch immer wieder zurückträumen. Der
Dichter beschwört den Kontrast zwischen dem einstigen
»Lustort« und dem durch Industrialisierung und Landflucht
neu entstandenen Elendsviertel Kağıthane:

> »Dort wo die Vorfahren fröhlich
> die Kerzen auf Schildkröten klebten
> und die zwischen Tulpen umherkriechenden Tiere
> mit den flackernden Lichtern
> im dunklen Raum der Nacht
> verglichen mit einem Firmament
> von tausendundeinem Stern
> herabgesunken auf die Erde,
> dort geht jetzt ein Elend auf,
> das die Geschichte
> der hastigen Flucht
> vom Land in die Städte
> erzählt.«

Wenig später heißt es:

> »Die Gassen des Viertels sind
> steil und abschüssig.
> Zu beiden Seiten der Gassen die Hütten,
> hastig aufgebaut aus den Teilen
> von Blech- und Holzkisten
> und irgendwelchen Resten Baumaterials.
> (...)
> Kein Strom.
> Kein Gas.
> Kein Wasser.«

Solche Zustände herrschen inzwischen nicht mehr in Kağıthane, sondern in anderen weiter draußen neu entstehenden Gecekondus.

Kurioserweise nördlich von Eyüp liegt in *Von Bagdad nach Stambul* jenes geheimnisvolle Räubernest, das Kara Ben Nemsi erst belauscht und dann ausheben läßt. Der Baharije Köj genannte Stadtteil brennt im Zuge der Polizeiaktion gänzlich nieder – heutige Verehrer Karl Mays (1842-1912) sind also nicht versucht, den Romanschauplatz besichtigen zu wollen. Der Vorwurf, der Autor habe das Istanbul seiner 1882 entstandenen Abenteuergeschichte nicht selbst bereist, fällt in sich zusammen, wenn man den Text als das nimmt, was er ist: Fiktion. So gesehen ist die Atmosphäre der umtriebigen Vielvölkermetropole, in der sich Nationen und Religionen begegnen, Interessen und Handelswege kreuzen und das Verbrechen blüht, erstaunlich gut getroffen.

Wir nehmen den Rückweg nach dem Ortskern von Eyüp und finden dort ein Taxi, das uns in die Innenstadt zurückbringt. Damit endet unser Spaziergang.

# Zwischen Europa und Asien

Sechster Spaziergang:
Mit dem Dampfer durch den Bosporus

1. Eminönü
2. Dolmabahçe Sarayı
3. Beşiktaş
4. Ortaköy
5. Bosporusbrücke
6. Beylerbey Sarayı
7. Bebek
8. Rumeli Hisarı
9. Emirgan
10. Paşabahçe
11. Yeniköy
12. Beykoz
13. Büyükdere
14. Rumeli Kavağı
15. Anadolu Kavağı

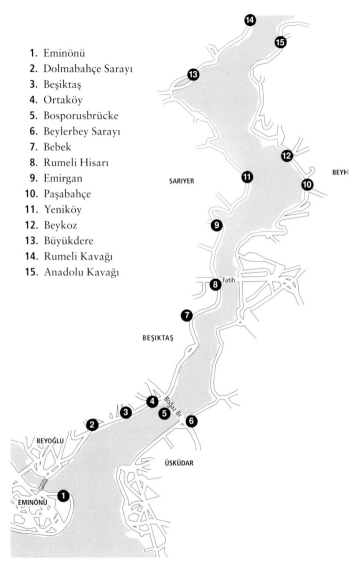

Auch wer nur kurze Zeit in Istanbul verweilt, sollte die ebenso erholsame wie interessante Dampferfahrt durch den Bosporus in sein Programm aufnehmen. Täglich zu festen Zeiten fahren Linienschiffe von der Landungsbrücke in Eminönü ab (Boğaz Iskelesi). Der Dampfer steuert einige Orte am rechten und linken Ufer an und gibt den Passagieren an der Endhaltestelle eine gute Stunde Zeit für den Landgang, ehe es auf der gleichen Strecke zurückgeht.

Der Name »Bosporus« wird in einer griechischen Sage folgendermaßen erklärt. Der Göttervater Zeus hatte sich in die Priesterin Io verliebt und diese, um seine stets eifersüchtige Ehefrau Hera zu täuschen, in eine Kuh verwandelt. Hera ließ sich jedoch nicht austricksen und trieb die Kuh mittels einer Bremse von Land zu Land, bis diese schließlich an die Wasserstraße zwischen Europa und Asien kam. Auf der Flucht durchschwamm die Kuh, also Io, das Wasser, das seitdem Bosporus, »Furt der Kuh«, heißt.

Die von den Türken »boğaz« (Schlund, Hals, Engpaß) genannte Verbindung zwischen den beiden Meeren, dem Schwarzen und dem Mittelmeer, wurde ob ihrer Schönheit und Gefährlichkeit von vielen Dichtern besungen; sie bildet den Schauplatz von Romanen und verführt auch in sonst sachlichen Reisebeschreibungen die Autoren zur Schwärmerei. Schon der französische Humanist Pierre Gilles oder Petrus Gyllius, der von 1544 bis 1550 in Istanbul lebte – auf dem Höhepunkt der Regierungszeit Süleymans des Prächtigen –, erging sich in der Schilderung des Bosporus hymnisch: »Auf beiden Seiten des Bosporus erheben sich mäßige Anhöhen mit waldreichen Tälern. Rebenstöcke, Südfruchtbäume, Blumen und Kräuter stehen da in herrlicher Vermischung.

Und von diesen Hügeln herab rinnen diesseits und jenseits an dreißig klare Quellenbäche. Dieß und die vielen Busen, welche der Bosporus bildet, machen die Gegend um denselben nicht bloß zu einer der wohnlichsten, sondern auch zu einer der schönsten. Sonach aber darf man eben sich nicht wundern, daß Jason schon diese Gestade für einen Götteraufenthalt erklärte und zu den schon vorhandenen Tempeln und Altären noch andere gründete. Mit Recht opferte er damals dem Apollo, der Here, der Aphrodite, der Pallas, dem Zeus, dem Poseidon, dem Bacchus, der Demeter und der Artemis hier, denn alle diese Götter haben ihrer Gaben Fülle über die Gestade des Bosporus ausgeschüttet.«

Die Erwähnung des Jason weist auf die Fahrt der Argonauten hin, die durch den Bosporus ins Schwarze Meer gelangten, um in Kolchis das Goldene Vlies zu holen. Jason nahm die Königstochter Medea zur Frau und brachte sie mit nach Korinth. Der tragische Verlauf dieser Ehe ist von diversen Autoren gestaltet worden, faszinierend in dem Roman *Medea* von Christa Wolf.

Auch türkische Autoren besingen die Gabe, die die Natur ihnen vor den Toren der (ehemaligen) Hauptstadt schenkt: »O du Frühling von Istanbul! Ihr zahllosen Auen am Bosporus!« ruft Mehmet Tevfik (1843-93) aus. »Du melancholisch, wehmütig stimmendes Ufer! Ihr leise, leise fächelnden Winde! Sind sie nicht als Süßigkeiten des Lebens und als Beruhigung des Gewissens, als Paradies der Menschen der Beschreibung am würdigsten? Im April ist die Gegend von Küçük Su (am anatolischen Ufer) ein wahrer Lustort der Freude, dessen Beschreibung, um von mir ganz zu schweigen, die Kräfte schönheitstrunkener Dichter, ja dessen Vorstellung schon die kühnste Phantasie übersteigt.«

Kahnpartien und damit Ausflüge zu den »Lustorten« am Bosporus konnten sich seinerzeit nur die Vornehmen und Reichen der Gesellschaft leisten; erst seit der Mitte des 19. Jahrhunderts verkehren in England gebaute Raddampfer – nein, nicht ganz wie heute: Anfangs durften Frauen diese Dampfer nicht besteigen, denn es gab noch keine passenden Anleger, so daß auf Ruderboote umgestiegen werden mußte, wobei Frauen in »unschickliche« Situationen hätten kommen können. Inzwischen ist die Schiffahrt durch den Bosporus und die Rast an den lieblichen, leider oft schrecklich überlaufenen Ausflugsorten für Istanbuler Familien aus allen Schichten ein erschwingliches Vergnügen. Natürlich kann man auch mit Bus oder Auto jeweils am europäischen oder am asiatischen Ufer entlangfahren.

Wir unternehmen die Betrachtung vom Wasser aus. Das Schiff hält sich zunächst nahe am europäischen Ufer. Unmittelbar vor der Anlagestelle von Beşiktaş tuckern wir an dem gewaltigen Dolmabahçe Sarayı entlang. Dieses Schloß, das Sultan Abdülmecit I. von den Architekten Karabet und Nikogos Balyan errichten ließ, war seit 1856 anstelle des Topkapı Sarayı die Residenz der Osmanen. Der seltsame Name (dolma bahçe heißt »gefüllter Garten«) kommt daher, daß hier schon unter Ahmet I. (1603-17) eine Bucht mit Steinen aufgefüllt worden war. Der überaus prächtige Palast mit seinen rund 300 Zimmern und dem überkuppelten Thronsaal (36 m hoch) war in der Endphase des Osmanischen Reiches Schauplatz bedeutsamer politischer Ereignisse. Hier hat Sultan Abdulhamit II. 1877 das erste türkische Parlament eröffnet, nachdem vorher am selben Ort Sultan Abdülaziz durch einen Militärputsch abgesetzt worden war. Auch der Empfang des Deutschen Kaisers Wilhelm II. während seiner Staatsbesuche bei Sultan Abdulhamit II. 1895 und 1898 fand im Dolmabahçe Sarayı statt. Mit dessen Pracht und Herrlichkeit wollte das Osmanische Reich demonstrieren, daß es für das Deutsche Reich ein achtenswerter und immer noch mächtiger Partner war.

Rosa von Förster, die sich selbst als »deutsches Landeskind« und »Patriotin am Bosporus« bezeichnet, zitiert in liebenswerter Naivität in ihren *Reiseerinnerungen* ein Willkommensgedicht, das wir hier stark verkürzt wiedergeben:

> »Edler Bosporus, Du Perle aller Schöpfung!
> Heute schmückt dich hoher Festesglanz:
> Nationen strömen zu dir voll Begeistrung,
> Deutschlands Kaiser zu begrüßen in Byzanz.«

Zuletzt heißt es durchaus nicht unpolitisch:

> »Heil dir Padischah! Beherrscher aller Gläubigen!
> Deutschlands Kinder wissen treu dir Dank.
> Daß du paßfrei Völkern aller Zonen
> Schutz und Schirm gewährst in deinem Land.«

> »Heil dir Dolma Baghshe, wo zwei Kaiserhände
> Fest besiegelten der Freundschaft Bund,
> Dieser Tag bleibt wichtig ohne Ende
> Allen Völkern auf dem Erdenrund.«

Verzückt beschreibt sie die Ankunft des Kaiserpaares: »Endlich ertönten die Signalschüsse: Er war da! Mein Herz schlug ihm entgegen! Im hellsten Sonnenschein (...) war er gelandet und an den Stufen von Dolma Bagtsche von Sr. Majestät dem Sultan empfangen worden. Viele treue Landeskinder der Kolonie und die deutsche Schule waren ihm entgegengefahren bis San Stefano.«

Anders als in dem Bericht der Rosa von Förster bildet das Dolmabahçe Sarayı in dem bekannten Roman der Sultansenkelin Kenizé Mourad *Im Namen der toten Prinzessin* den Schauplatz für die Kindheitserlebnisse der Prinzessin Selma, ihrer Mutter. Mit ihren Eltern lebt Selma in einem kleineren Schloß etwas weiter draußen am Bosporus, doch zu den hohen islamischen Festen, dem Fest am Ende des Ramazan und zum Opferfest, finden sich alle Mitglieder der kaiserlichen Familie und die hohen Würdenträger des Reiches in der Residenz ein, um dem Herrscher – es ist nun der Sultan Reşat (1909-18) – zu gratulieren. »Beim Eintritt in den Palast bleibt Selma, überwältigt von der Lawine aus Gold und Kristall, stehen. Sie ist schon oft hier gewesen, aber jedesmal erstarrt sie aufs neue vor so viel Pracht. Die Lüster und Kandelaber rascheln mit Tausenden von glitzernden Blättern; die Ehrentreppe ist aus Kristall wie die riesigen offenen Kamine, und von den Rauchfängen aus Diamant geht ein irisierendes Leuchten aus, das im Laufe des Tages in verschiedenen Farben spielt.«

»Rauchfänge aus Diamant« sind märchenhaft übertrieben. Doch könnten Sie sich mit eigenen Augen davon überzeugen, daß die Heizkörper der Zentralheizung (Kamine reichten nicht aus, die riesigen Räume zu erwärmen) mit Blattgold überzogen sind. Weiter im Text des Romans: »Das kleine Mädchen liebt solche Festtage. Durch sie wird es in seinem Glauben an die unerschütterliche Macht und den nie endenden Wohlstand des Reiches, an Glück und Schönheit der Welt bestärkt. Natürlich gibt es den Krieg, über den die Freunde des Vaters so ernst miteinander sprechen, und es gibt auch diese Männer und Frauen mit den fiebrigen Augen, die sich jeden Tag an die Gitter des Palastes drängen und um Brot betteln. Aber sie kommen Selma vor wie die Bewohner eines anderen Planeten, und der Krieg ist für sie nur ein Wort im ununterbrochenen Redestrom der Erwachsenen.«

Es dauert nicht lange, und Selma muß erfahren, daß die »unerschütterliche Macht« zusammenbricht. Sie geht mit ihrer Mutter ins Exil und erlebt nicht nur Heimatlosigkeit, sondern sogar Existenzsorgen.

In der Zeit der Türkischen Republik war das Dolmabahçe Sarayı zeitweilig Wohnsitz des Staatgründers Mustafa Kemal Atatürk, besonders in seinem letzten Lebensjahr bis zu seinem Tod am 10. November 1938. Die Trauer der Bevölkerung wird unter anderem in dem großartigen Roman von Adalet Ağaoğlu *Ölmeye Yatmak* (Sich hinlegen zum Sterben), der persönliche Schicksale auf dem Hintergrund der türkischen Geschichte darstellt, ausführlich geschildert. Tagelang habe am Gitter des Palastes eine Menschenmenge gestanden und laut geweint. Noch heute betreten die Türken das Sterbezimmer mit Ehrfurcht. Der Leichnam des »Vaters« wurde nach Ankara überführt und ruht heute in dem 1953 fertiggestellten Atatürk-Mausoleum auf einem Hügel am Stadtrand der neuen Hauptstadt.

Es gibt viele mehr oder weniger literarisch anspruchsvolle Gedichte auf den Tod des Landesvaters, die insbesondere bei den jährlichen Gedenkfeiern an seinem Todestag von Schulkindern rezitiert werden. Sie sind z. B. in der Anthologie *Şiirlerle Atatürk ve Milli Bayramlarımız* (Atatürk und unsere Nationalfeiertage in Gedichten) zu finden. So scheinen dem bekannten Lyriker Cahit Sıtkı Tarancı (1910-56) vor Trauer beinahe die Worte zu fehlen:

> »Im Jahre 38, Donnerstag den 10. November
> In einem nie zu vergessenden Herbst
> Erzittert Istanbul auf seinen sieben Hügeln

Rauh weht der Wind in Dolmabahçe.
Ein Alptraum, der niemals hätte Realität werden sollen
Um fünf nach neun ist Atatürk gestorben
Wo hat man so eine große Trauer je gesehen?
Zusammen mit uns weinen Wölfe und Vögel.«

Dagegen tröstet Mümtaz Zeki Taşkın:

>»Atatürk ist gestorben, jedoch
In uns lebt er.
Dieser große hehre Name
Leitet unsere Herzen.«

Diese häufig vorkommende Wendung des in Gedanken und Herzen weiterlebenden Landesvaters hat schon fast etwas Religiöses, ist freilich im Laufe der Jahre zur Formel erstarrt. Im Dolmabahçe Sarayı hatte auf Anweisung Atatürks eine Expertengruppe auch die Schriftreform erarbeitet. Daran erinnert im Garten eine Schultafel mit Buchstaben. Seit 1928 werden in der Türkei anstelle der arabischen Buchstaben die des lateinischen Alphabets verwendet. Schreiben sollte kein Privileg mehr sein wie im Osmanischen Reich, sondern für jedes Dorfkind leicht erlernbar. Dank des phonetischen Prinzips – jedem Laut entspricht ein Zeichen – beherrschen am Ende des ersten Schuljahrs die meisten türkischen Kinder die Rechtschreibung. Dies macht es auch Ausländern leicht, sofort das Türkische lautrichtig zu lesen.
Nach dem Ablegen in Beşiktaş, wo sicherlich weitere Passagiere zusteigen, achten wir auf den am dortigen Ufer liegenden Çırağan Palast, der heute, nachdem er 1910 großenteils abgebrannt war, renoviert und durch moderne Flügel ergänzt, als Luxushotel dient.

Im Çırağan-Palast lebte der gemütskranke Sultan Murat V. seit seiner Absetzung 1876 bis zu seinem Tod 1904 zusammen mit seiner Familie in Gefangenschaft. Er war der Urgroßvater der oben zitierten Autorin Kenizé Mourad, die ihn einen »sensiblen und großzügigen Prinzen« nennt, der vom Volk »freudig und mit großer Begeisterung begrüßt worden« sei. Dann klagt sie: »Ah! Murad V. regierte nur drei Monate lang … Seine sensiblen Nerven hatten unter den Palastintrigen und Morden vor seinem Machtantritt so gelitten, daß er in tiefe Depressionen verfiel. Der seinerzeit beste Spezialist, der österreichische Arzt Liedersdorf, war der Meinung, Seine Majestät werde sich bei entsprechender Ruhe in einigen Wochen erholen. Aber die Umgebung nahm von dieser Diagnose keine Notiz.«

Kurz vor der Brücke liegt auf der europäischen Seite Ortaköy, das an den Wochenenden mit seinem Silberschmuckmarkt und den vielen Cafés ein beliebtes Ausflugsziel für Jugendliche und Verliebte ist. Die ins Wasser hineingebaute neubarocke Moschee, ebenfalls von Nikogos Balyan entworfen, wurde mehrmals durch die Strömung und durch Blitzschlag beschädigt und ist nun restauriert und stabiler als ursprünglich. Der Dichter und Maler Bedri Rahmi Eyüboğlu (1911-1975) hat dem Minarett, das sich im Bosporus spiegelt, ein langes Gedicht mit wortmächtigen Bildern gewidmet, das wir hier nur teilweise zitieren können. Ganz nachlesen können Sie es in der Sammlung türkischer Gedichte *Aus dem Goldenen Becher*, herausgegeben und übertragen von Annemarie Schimmel.


»Jetzt ist das Minarett von Ortaköy im Wasser.
Die Wasser sind zur Zeit grad ziemlich tückisch.
Eine Melonenschale riecht und riecht –

»Jetzt ist das Minarett von Ortaköy im Wasser.« Moschee von Ortaköy, dahinter die erste Bosporusbrücke

Wo kommt denn bloß die Melonenschale her?
Ich rede doch vom Minarett!

Aber da gibt's doch zwei Minarette, guck:
Eines, das da im Himmel,
Fein gedrechselt so wie ein weißer Bleistift,
Schick, würdig, gescheit,
So selbstzufrieden, so gründlich selbstbewußt, daß
Das andere Ding, das ins Wasser fiel, ganz verwirrt
In keiner Weise noch aussieht wie 'n Minarett.«

Schließlich bekennt der Dichter, daß seinem Herzen das
wacklige, unsichere Abbild im Wasser näherstehe als das
»selbstbewußte« Kunstwerk des Architekten.
Wahrscheinlich haben Sie längst die Bosporus-Brücke im
Blick, unter der das Schiff jetzt hindurchgleitet. Sie verbindet seit 1973 das europäische mit dem asiatischen Ufer.
(Und seit 1988 gibt es eine zweite, die Fatih Köprüsü weiter
nördlich bei Rumeli Hisarı.) Schon vor der Einweihung über-
schlugen sich in- und ausländische Zeitungen in der Verherr-
lichung des technischen Wunderwerks (1580 m Gesamtlänge,
1074 m freie Spannweite, 64 m über der Wasseroberfläche,
33 m Breite) und feierten es als kulturelle und völkerverbin-
dende Großtat. So schreibt etwa der Journalist Rudzinski
am 19. 7. 1972 in der *Frankfurter Allgemeinen Zeitung*:
»An Eleganz der Golden Gate Bridge von San Francisco glei-
chend, erhebt sich dieses neue technische Wunderwerk vor
der großartigen Kulisse einer der ältesten und schönsten Kul-
turlandschaften der Erde.« Und ein gutes Jahr später (am
26. 10. 73) schreibt in derselben Zeitung Eberhard Schulz
zur Eröffnung: »Die Brücke über den Bosporus, die die Meerenge zwischen dem europäischen Teil Istanbuls und seiner

asiatischen Seite Beylerbeyi überspannt, gehört zu den alten technischen Träumen, welche die Menschheit sich lange aufsparte, um sie heute in vollendeter Grazie darzustellen (…) Die Perfektion liegt in der äußerst sparsamen Darstellung der technischen Kräfte, in dem verringerten Querschnitt jener kantigen Stahltürme und endlich in dem flach ausgezogenen Brückenteil selbst, der wie ein Silberstrich die beiden Erdteile verbindet, die an dieser Stelle so nah aneinandergerückt sind. Die Brücke ist seit Menschengedenken gleichsam ein Postulat der Geografie und erfüllt nun ihren geheimsten Wunsch, der seit den Tagen des persischen Großkönigs Darius so oft ausgeführt werden sollte.«

Der Verfasser fragt sich, ob nicht durch den technischen Fortschritt der Bosporus an »Romantik« verlieren könnte, kommt aber zu dem Ergebnis: »Eher hat die Technik dieser uralten Stadt ein Element ihrer eigenen Romantik hinzugefügt. Von der Brücke erblickt das Auge die Kuppeln der Hagia Sophia und die Minarette der Blauen Moschee in dunstiger Ferne, und es schient kein Widerspruch zwischen den alten Wundern Stambuls und den neuen zu bestehen.«

Der Hinweis auf Dareios veranlaßt zum Nachlesen. In der Tragödie *Die Perser* von Aischylos ist es Xerxes, der Sohn des Dareios, der das Heer über eine Schiffsbrücke nach Griechenland führt. Allerdings unterscheidet Aischylos nicht zwischen Hellespont und Bosporus. In dem Dialog zwischen dem Schatten des toten Dareios und der Königin Atossa klingt das so:

»*Dareios*:

Doch wie überquerte ein so großes Heer zu Fuß das Meer?
*Atossa*:

Künstlich überjocht' er Helles Enge. So entstand ein Weg.

*Dareios*:

Dies vollbrachte er, so, daß der große Bosporus sich schloß?

*Atossa*:

Es geschah. Ein Daimon wirkte wohl bei diesem Plane mit.

*Dareios*:

Weh! Ein großer Daimon fiel ihn an, daß er es schlecht erwog.«

Dareios bewertet die Tat seines Sohnes als »Übermut«, als Hybris, die für die alten Griechen stets die Götter herausforderte. Die den Griechen gelungene Vernichtung des persischen Heeres und der Flotte wurde folglich von dem griechischen Verfasser der Tragödie als Strafe der Götter gedeutet.

»Der, im Wahn, den heil'gen Hellespont mit Banden,
                                                  einem Knecht
Gleich, den strömenden zu halten, Bosporus,
                                                  des Gottes Strom,
Umgestaltete die Enge und in Schmiedefesseln ihn
Schlug und also einen großen Weg schuf für ein großes Heer.
Sterblich, meint' er, alle Götter – nicht im wohlberat'nen
                                                  Sinn –
Ja, Poseidon zu bemeistern. Kam nicht Krankheit des Gemüts
Über meinen Sohn?«

Historisch richtig ist jedoch, daß schon Dareios selbst 512 v. Chr. im Feldzug gegen die Skythen mit einer gewaltigen Heeresmacht den Bosporus, allerdings nicht an der ersten Bosporusbrücke, sondern bei Rumelihisar, wo der Strom am schmalsten ist, überquerte.

Unbestritten eignet sich die Brücke als symbolisches Bild für Zwischensituationen. Alev Tekinay läßt ihren Romanhelden, den Orientalistikstudenten Ferdinand, der sein morgenländisches Alter ego, den Volkssänger Ferdi T. sucht, auf der Brücke verweilen. »Die Fahrt, die Busfahrt nach Bursa, begann auf der Brücke. Auf der Bosporus-Brücke, die, wie mit unsichtbaren Seilen am Himmel befestigt, über der Meeresenge zwischen Asien und Europa hängt.

Ein Weg von Ost nach West, von West nach Ost.

Und als der Bus im Verkehrsstau mitten auf der Brücke stehenblieb, dachte Ferdinand: Jetzt hänge ich zwischen Europa und Asien und weiß nicht, wo ich bin. Und weiß nicht, wer ich bin. Aber Ferdi T. weiß es.« (Aus: *Der weinende Granatapfel*)

Julien Green sieht in der Brücke ebenfalls mehr als »ein Meisterwerk an Grazie und an italienischer und englischer Technik«, nennt er sie doch »zart wie der Faden der Liebe, der allein die Völker zu vereinen vermag, deren Geister sich nie ganz verstehen werden«. Dieser Satz aus *Üsküdar* in *Meine Städte* ist insofern rätselhaft, als die Brücke zwar Kontinente, nicht aber verschiedene Völker verbindet.

Das Sommerschloß Beylerbey auf der asiatischen Seite liegt so nahe an der Brücke, daß man schon gefürchtet hatte, es könnte Schaden nehmen. So ruhig und erholsam wie zu Sultanszeiten ist es unter dem ständigen Dröhnen des Verkehrs dort nicht mehr. Helmuth von Moltke, preußischer Offizier und Militärberater Mahmuts II., der ein vorzüglicher Beobachter war und stets mit leichtem Humor über seine Erlebnisse in Konstantinopel nach Hause berichtete, beschreibt seine zweite Audienz beim Großherrn im Juli 1837 in Beylerbey. Er lobt die schöne Lage am Bosporus und fährt fort: »Beylerbey selbst ist ein ausgedehntes Gebäude, hellgelb angemalt, wie alle übrigen Wohnungen aus Brettern zusammengenagelt und mit zahllosen Fenstern, eins über dem anderen.« Der Garten war damals wie heute in französischem Stil angelegt: »Nach dem Bosporus sind die Fenster in der Mauer außer den größeren Gittern mit einem ziemlich dichten Geflecht aus Rohrstäben zugesetzt, so daß man zwar hinaus-, aber nicht hineinsehen kann. An der Seite des Harems sind diese Rohrjalousien doppelt und schließen, selbst im dritten Stock des Palais, die Fenster bis zum obersten Rande.«

Der Sultan ruft dem Deutschen ganz zwanglos aus dem Fenster zu, er solle doch raufkommen. »Unten auf dem Flur, welcher mit schönen Marmorplatten ausgelegt ist, begegneten wir dem dritten Prinzen Sr. Majestät auf den Armen eines schwarzen Sklaven, einem sehr schönen Knaben von zwei Jahren, lustig und gesund aussehend.«

Der Großherr empfängt seinen Besuch schließlich, die Pfeife rauchend, in einem Kabinett. »Das Zimmer war von einer angenehmen Dunkelheit; ein starker Zugwind, den hier niemand fürchtet und ohne den man nicht leben kann, unterhielt trotz der Hitze des Tages die angenehmste Kühle; die Fenster sehen auf den Bosporus, dessen Strömung sich hier mit Geräusch gegen den Quai bricht.«

Moltkes *Briefe*, die bereits kurz nach seiner Rückkehr nach Deutschland (1839) publiziert wurden, sind derart anschaulich und humorvoll geschrieben, daß man sie als ein »Werk von ausgesprochen literarischer Prägung« lobte (Willy Andreas im Vorwort zur Ausgabe von 1922). Moltke hielt sich etwa zweieinhalb Jahre, von 1835 bis 1839, in der Türkei auf als einer von mehreren Militärberatern, die Sultan Mahmut II. vom König von Preußen erbeten hatte. Der junge »Kapitän«, so Moltkes Titel, zeichnete übrigens ständig geographische Karten. Dank ihm wurde erstmals ein maßstabgerechtes Bild des Bosporus, der Stadt Konstantinopel, der Dardanellen und zahlreicher Orte auf dem Balkan erstellt. Der Schwerpunkt seiner Arbeit lag jedoch in Kleinasien, wo er den Feldzug gegen Ibrahim Paşa mitmachte. Die Schlacht von Nisib (1839) war für Moltke, der die Verantwortlichen übrigens ergebnislos beschworen hatte, in der aussichtslosen Situation nicht anzugreifen, eine besondere Katastrophe: Er verlor sein gesamtes im Osten erstelltes Kartenmaterial.

Zurück zum obigen Zitat: Es wird ersichtlich, weshalb die Menschen in der Sommerhitze an den Bosporus flüchten. Der Strom bewirkt eine leichte Luftbewegung, und die Bauweise der Häuser – Holz, viele Fenster, deren Rohrgeflecht jeden Luftzug durchläßt, jedoch die Sonne aussperrt – begünstigt noch die »angenehmste Kühle«. Nicht nur der Hof hatte seine Sommerresidenzen, auch die Vornehmen und Reichen Istanbuls pflegten in der heißen Zeit eine »yalı« genannte Villa am Wasser zu bewohnen. Man sieht vom Schiff aus an beiden Ufern auch jetzt noch schöne alte Holzhäuser, oft sind sie liebevoll renoviert, manchmal verfallen. Ein Yalı zu unterhalten ist nicht billig. Und soll es seinen Zweck, im Sommer luftig zu sein, erfüllen, dann ist es natürlich im Winter zu ungemütlich, weil zugig. Folglich braucht man zusätzlich eine Stadtwohnung.

Der Ich-Erzähler in Nedim Gürsels Roman *Der Eroberer* bleibt am Ende des Sommers allein in einer Ufervilla zurück, um die Geschichte des Sultans Mehmet Fatih, des Eroberers von Konstantinopel, zu schreiben. »Die Schiffssirenen reißen mich aus dem Schlaf. Um sie voneinander zu unterscheiden, brauche ich mich weder zu erheben noch aus dem Fenster zu schauen. Dieses halberstickte Tuten, zum Beispiel, das aus den Tiefen einer Höhle hervorzudringen scheint, gehört ganz bestimmt einem russischen Öltanker. Denn der kommt von sehr weit her und will so schnell wie möglich nach Odessa zurückkehren. Dort wird er seine alte Liebe, seinen heimatlichen Hafen, wiederfinden. Und dieses andere Horn, das wie ein Freudenschrei – oder sollte ich sagen Lustschrei? – tönt, gehört zum Beykoz-Fährschiff.«

Nicht bloß Ausflugsboote sind auf dem Bosporus unterwegs, sondern Tanker und Fähren, die Leute zur Arbeit bringen. »... die Lehrlinge und Arbeiter der Schiffswerften und die schüchternen und traurigen jungen Mädchen aus den Textilfabriken, die in den Gecekondus auf den Hügeln in der Umgebung von Beykoz wohnen«. Nachdem der Erzähler weitere Schiffe beschrieben hat, kommen zuletzt »zwei in gleicher Richtung fahrende Bosporusdampfer, beide ziemlich abgetakelt und ohne einen einzigen Fahrgast an Bord, und dann, ja dann kommt noch ein Schleppkahn, ein weiterer Tanker und dann noch einer.«

Die Betonung des Tankerverkehrs weist auf ein gravierendes Problem der relativ schmalen, gewundenen Wasserstraße hin: Die schwierigen Strömungsverhältnisse und die vielen Untiefen sind für auswärtige Kapitäne ohne Hilfe kaum zu meistern. Immer wieder jedoch gibt es Probleme, weil die Türkei die Durchfahrt gestatten muß, ohne auf einer Lotsenpflicht bestehen zu dürfen. Um ein internationales Abkommen, das dieses Problem regelt, wird seit langem gerungen. Dieser Umstand hat schon schreckliche Tankerunfälle verursacht, die die gesamte Stadt Istanbul bedrohen. Yaşar Kemal greift das Motiv in seinem Roman *Zorn des Meeres* auf:

»Im Nu hatte sich der Tanker in einen flammenden Berg verwandelt, der die Villen und Wohnhäuser an beiden Ufern des Bosporus, die Bäume, die an den Bäumen hängenden Netze, die vor Anker liegenden Schiffe, die Landungsbrücken und die dickbauchigen Lastenkutter der Lasen in rotes Licht tauchte und die Umgebung taghell erleuchtete. Der Bosporus glich einem dahingleitenden Flammenmeer. Hin und wieder lösten sich minaretthohe Flammen vom steuerlos treibenden

Tanker, die, in Flammenfetzen zerfallend, in den nächtlichen Himmel stiegen, während sich das brennende Schiff, von der Strömung erfaßt, wie in einem riesigen Strudel langsam um seine eigene Mitte drehte. Ganz Istanbul war in Angst: Die Wasser des Bosporus flossen in Flammen, und ein riesiger, feuerspeiender Berg trieb mitten in der Nacht auf die Stadt zu.«

Die schlimmste Katastrophe bleibt noch einmal aus. Der Tanker explodiert nicht und steckt auch die Ufer nicht in Brand. Doch dies könnte jederzeit passieren; dazu braucht es nicht die Phantasie eines Yaşar Kemal.

Jeder der kleinen Orte auf beiden Seiten ist literarisch verewigt, mehrere Dichter haben sogenannte Uferstationengedichte geschrieben, in denen die Anlegestellen aufgelistet werden. Am populärsten ist das »Liedchen« eines Anonymus, in dem ein Mädchen befragt wird, aus welchem Ort am Bosporus sie stamme, aus Arnavutköy oder Ortaköy, aus Emirgan, Bebek oder Asiyan usw. Und dann horcht der neugierige Sänger das Mädchen richtig aus: »Bist du vielleicht versprochen oder verlobt? Ist dein Liebster alt oder ein Jüngling? Ist dein Lächeln gespielt oder kommt es von Herzen? Kannst du barmherzig sein oder frostig?« Geht es dem Sänger wirklich um die Orte am Bosporus oder nicht vielmehr darum, die Gunst eines Mädchens aus dem Volk zu erringen? Der vollständige türkische Text findet sich in der Liedersammlung des Refik Özcan.

Mit einem Gedicht von Orhan Veli, das von Yüksel Pazarkaya ins Deutsche übersetzt wurde, passieren wir Bebek, einen der größeren Uferorte auf der europäischen Seite. Es ist ein gutes Beispiel für den von Orhan Veli (1914-1950) mitbegründeten »neuen« Lyrikstil. Dieser ist einfach, volksnah in der Wortwahl, verzichtet auf das in der osmanischen Dichtung übliche Silbenzählen, auf Metrum und Reim. Die sparsamen Sätze und Satzfragmente in einem an das natürliche Sprechen angepaßten Rhythmus gewinnen auf diese Weise ein ganz neues Gewicht. Hier nun die *Bebek-Suite in acht Teilen*:

»*Der Weg*
Ist eben.
Die Straßenbahn fährt darauf,
Männer gehen vorbei,
Frauen gehen vorbei.

*Frauen*
Frauen ...
Abends und morgens
Warten sie auf die Straßenbahn
Vor der Tabakmanufaktur.

*Grün*
Sie mögen als Farbe
Grün.
In der Hand halten sie
Proviantbeutel.

*Straßenbahnführer*
Schaut immer geradeaus,
Raucht nicht;
Der Straßenbahnführer
Ist Gold wert.

*Landschaftsbild*
Häuser, Läden, Mauern;
Kohlelager.
Das Meer;
Tuckerboote, Schleppkähne, Ruderboote.

*Das Meer*
Wer mag nicht das Meer,
Wenn man auf oder an ihm
Fische
Gefangen hat.

*Fischer*
Unsere Fischer
Singen ihr Lied
Nicht aus einem Mund
Wie die Fischer in den Büchern.

*Dein Haus*
Durch alle diese Straßen
Kann man mit der Straßenbahn fahren.
Doch dein Haus
Liegt weiter weg.«

Die Straßenbahn gibt es in Bebek nicht mehr, ebensowenig
wie die Tabakmanufaktur. Die Industrievorstädte sind vom
Uferstreifen verbannt, um das romantische Bild nicht zu stören. Doch hinter den Villen, den Ausflugslokalen und Parks
wohnen auf beiden Seiten, besonders aber auf der asiatischen, viele arme Menschen, oft in Gecekondus, obwohl
die Verwaltung deren Errichtung zu verhindern sucht. Bebek
jedoch ist heute keine Arbeitervorstadt mehr, eher etwas für

die »Schickeria«, die es in Istanbul wie in jeder Großstadt
gibt. Es hat viel Grün, gute Restaurants und Cafés, luxuriöse
Wohnanlagen – und ist dementsprechend teuer. Trotzdem
treffen sich auch Studenten und Künstler hier draußen, etwa
um einen Sommerabend außerhalb der stickigen Stadt zu verbringen. Und das einfache Volk, das sich das Einkehren nicht
leisten kann, flaniert auf der Uferstraße.

»Es ging gegen Abend, und die Wege zu beiden Seiten der
Uferstraße waren von Spaziergängern überschwemmt, die lachend und aufgekratzt, als hätten sie zum erstenmal am Tag
die Häuser verlassen, in beiden Richtungen dahinströmten.
(...) Wir saßen da, in der halben Kühle, die von der Meerenge
kam, und in der halben Wärme, die vom Boden aufstieg, und
sahen aufs Wasser hinaus, auf dem immer mehr Farben inein-
anderliefen, je schräger der Winkel wurde, in dem das Licht
auf die Oberfläche traf.« Die drei Studentinnen, von denen
hier die Rede ist, zwei Türkinnen und eine Deutsche, werden
später in Aytens Wohnung in Bebek die ganze Nacht durch
Wodka trinken, tanzen und erzählen und sich ihrer weiblichen Freiheit bewußt werden. Es wäre sehr reizvoll, den hier
zitierten Roman von Barbara Frischmuth (*Das Verschwinden des Schattens in der Sonne*) und den mehrfach erwähnten von Alev Tekinay (*Der weinende Granatapfel*), beides
»Orientalisten-« und zugleich Studentenromane, in bezug
auf ihr Hauptmotiv, die Begegnung von jungen Deutschen
und Türken mit der jeweils anderen Kultur, zu vergleichen.
Übrigens befindet sich bei Bebek auf dem Hochufer eine der
besten Universitäten der Türkei, die aus dem ehemaligen
Robert College (1863 von dem Amerikaner Cyrus Hamlin gegründet) hervorgegangene Bosporus-Universität. Die Unter-
richtssprache ist nach wie vor Englisch. Unter den Absolventen sind Schriftsteller, wie die heute viel gelesene Ayşe Kulin,

und Filmregisseure, wie Derviş Zaim und Nuri Bilge Ceylan. Durch die Großzügigkeit begüterter Absolventen besitzt die Universitätsbibliothek eine umfassende Sammlung ausländischer Reisebeschreibungen aus dem Orient; außerdem Beispiele für die frühesten osmanischen Druckerzeugnisse aus dem 18. Jahrhundert, z. B. siebzehn Werke des ersten türkischen Druckers, Ibrahim Müteferrika.

Der amerikanische Lyriker James Lovett (geb. 1922) hat fast zwanzig Jahre lang am Robert College Englisch unterrichtet. Seine vielen Istanbul gewidmeten Gedichte sind vor kurzem in einer zweisprachigen Ausgabe (englisch/türkisch) veröffentlicht worden. Wir zitieren nur knapp aus dem umfangreichen Werk und überlassen Ihnen die eingehendere Beschäftigung:

»We vacate our mind, it fills with the Bosphorus.
Our mood is a breathing space, a watchfullness.«

So heißt es in dem Gedicht *The Senior Resident At Beykoz*. Und den Schluß bilden die schönen Verse:

»At Beykoz, by Ishak Agha's fountain,
We content our soul. Behind us, Asia Minor,
Its hundred civilizations swallowed whole.«

Auch der Dichter (und Maler) Tevfik Fikret (1867-1915) lehrte als Professor für türkische Literatur am Robert College. Sein Wohnhaus, heute Gedächtnisstätte, liegt am Berghang unterhalb der Universität. Im Dichterpark an der Uferstraße von Bebek ist ihm wie seinen Kollegen Fuzuli, Yahya Kemal und dem Liebling der Istanbulaner, Orhan Veli, außerdem ein Denkmal gewidmet.

Bald hinter der Bucht von Bebek erscheint am europäischen Ufer die Festung Rumeli Hisarı mit ihrem Gegenstück Anadolu Hisarı auf der asiatischen Seite. Die letztgenannte Burg ist die ältere und kleinere; sie wurde von Beyazit I. am Ende des 14. Jahrhunderts als Vorposten gegen Konstantinopel errichtet. Die mächtige Anlage von Rumeli Hisarı hingegen ist das Werk Sultan Mehmets II., der somit an der schmalsten und reißendsten Stelle des Bosporus die Schiffahrt kontrollieren konnte. Der Name der Burg, nämlich »Boğazkesen« (Halsabschneider), ist doppeldeutig: Einerseits kann hier der Bosporus (boğaz) abgeriegelt werden, andererseits assoziiert man Hinrichtungen; die Festung war ja auch als Gefängnis gedacht. Und so verkündet die in Stein gemeißelte Inschrift, laut Klaus Kreiser die älteste osmanische Inschrift der Stadt: DER HERRSCHER GAB DER BURG DEN NAMEN BOĞAZKESEN; SEIN SIEGEL BESTIMMT FORTAN DAS SCHICKSAL ISTANBULS.

Zwei vorhandene byzantinische Türme wurden innerhalb von nur vier Monaten Bauzeit zu einem fünftürmigen, ummauerten Komplex ergänzt. Die drei Kommandanten des Sultans, Saruca, Halil und Zaganos, waren für je einen Bauabschnitt verantwortlich. Der Großwesir Halil Paşa wurde allerdings nach der Einnahme Konstantinopels in seinem Turm gefangengesetzt und später hingerichtet – angeblich, weil er konsequent gegen die Eroberung der byzantinischen Hauptstadt argumentiert hatte. Wir können dies ausführlich nachlesen in dem schon erwähnten Roman *Der Eroberer* von Nedim Gürsel. Der Erzähler läßt den verhafteten Großwesir vor seiner Einkerkerung von oben auf die Burganlage schauen, in einer der unseren, vom Schiff aus entgegengesetzten Perspektive. Der Anblick seines Turmes erfüllt ihn mit bösen Vorahnungen: »Als sie über einen Hügel gelangten und sich anschickten, gegen das Ufer hinunterzusteigen, sah er den Turm. Seinen Turm. (...) Wie hatte es ihm nur bis heute entgehen können, daß die am Steilhang auf soliden breiten Fundamenten stehenden Türme von Zaganos und Saruca mit ihren Spitzdächern herabzuschauen schienen auf seinen Turm, dieses niedrige mehreckige Prisma, das sich nicht einmal im Wasser spiegelte! Dabei hatte er vor nur einem Jahr doch selbst die Baupläne kontrolliert und Mehmet mitgeteilt, dass seine großherrlichen Anweisungen, nach denen alle drei Türme die gleiche Höhe und den gleichen Durchmesser haben sollten, aufs genaueste befolgt worden waren. Der Unterschied zwischen den Türmen bestand denn auch weniger in ihrer Architektur, sondern in den verschiedenen Lagehöhen der einzelnen Bauplätze, eine Tatsache, die Halil, ganz versunken in seine schwarzen Gedanken, auch jetzt übersah.«

Die Festung wird zum Albtraum nicht nur für Halil Paşa, sondern auch für den Erzähler, der in dem Yalı auf der gegenüberliegenden Bosporusseite Tag und Nacht Boğazkesen wie eine Mahnung vor Augen hat, endlich sein gesammeltes Quellenmaterial zu einem Roman zusammenzufügen. »Wie sollte ich also vorgehen? Wie konnte ich diese Schwierigkeiten bewältigen? Während diese und ähnliche Fragen in meinem Kopf herumschwirrten und die unüberwindlich scheinenden Hindernisse mir den letzten Schlaf raubten, sah ich plötzlich die Burg, die im Sonnenlicht herüberstrahlte. Unglaublich, ich hatte die ganze Nacht durchgeschrieben. Der Nebel hatte sich aufgelöst. Im Morgenlicht sah man nun am gegenüberliegenden Ufer deutlich die runden Türme und die steinernen Mauern, die sie miteinander verbinden.«

Die Hauptperson des Romans ist Sultan Mehmet II., womit sich der Autor eine gewagte Aufgabe gestellt hat, denn lange Zeit war es in der Türkei verpönt, den »Eroberer« kritisch zu betrachten. Der Trick besteht darin, daß die kritische Perspektive von ihrerseits angreifbaren Personen eingenommen

»Der Nebel hatte sich aufgelöst. Im Morgenlicht sah man nun am gegenüberliegenden Ufer deutlich die runden Türme und die steinernen Mauern, die sie miteinander verbinden.« Die Burg Rumeli Hisarı am Bosporus

wird, etwa dem oben erwähnten Halil Paşa oder der erfunde-
nen Gestalt des jungen Venezianers Niccolò, der als Günst-
ling Mehmets zu Selim wird. Ganz offensichtlich spielt der
Autor in seinem Text auf ein Frühwerk von Orhan Pamuk
an, den Roman *Die weiße Festung*. Als Verfasser historischer
Romane werden die beiden Autoren häufig verglichen. Monika Carbe schreibt in der *Neuen Zürcher Zeitung*: »Während
Pamuks Büchern eine gewisse Strenge der Form anhaftet, ist
Nedim Gürsels Stärke der erzählerische Schwung und die
Lust an der atmosphärisch dichten Beschreibung.«
Zurück zu Rumeli Hisarı: Zur Fünfhundertjahrfeier der Er-
oberung Istanbuls im Jahr 1953 wurde die Festung vollkom-
men restauriert und in ein Museum umgestaltet. Im Sommer
finden hier Festspiele statt, Konzerte, Schauspiele, Opern.
Häufig sind ausländische Künstler und Gruppen zu Gast.
Das Programm reicht von Klassik bis zu Jazz und Pop. Das
*Istanbul-Lied* von Orhan Veli kann man auch ohne Konzert
an diesem Ort anstimmen, denn es ist, wenigstens was den ersten Teil betrifft, in Rumeli Hisarı beheimatet.


»In Istanbul am Bosporus
Bin ich ein armer Orhan Veli,
Sohn Velis,
In unbeschreiblicher Trauer.

In Urumelihisarı saß ich,
Saß und stimmte ein Lied an:
›Istanbuls Steine sind Marmor,
Möwen setzen sich mir auf den Kopf, ach, aufs Ohr;
Die Tränen der Trennung quellen mir aus den Augen hervor.
         Liebste, oh,
         Deinetwegen bin ich so.‹«

Die zweite Bosporusbrücke, nach dem Eroberer Fatih genannt, soll uns nicht wieder zu literarischen Betrachtungen verführen. Wir genießen die Fahrt bis Emirgan auf der europäischen Seite. Es ist verlockend, in Emirgan auszusteigen und in dem schönen alten Park, der sich am Uferhang hinaufzieht, spazierenzugehen. Nach dem hochinformativen Reiseführer *Istanbul* von Andrea Gorys erinnert der Name »an den persischen Prinzen Emirgune. Dieser übergab Sultan Murat IV. kampflos die Stadt Eriwan (1638) im Kaukasus, befreundete sich mit ihm und erhielt hier einen Wohnsitz«. Der Park ist für die Bevölkerung frei zugänglich. Das kleine Schloß beherbergt ein Restaurant. Zum Ärger der Parkverwaltung ziehen es die meisten Türken vor, unter den Bäumen ihrer Liebe zum Picknick zu frönen.

Emirgan war und ist auch ein Treffpunkt der Literaten. Diese kommen jedoch vorwiegend in den Ufercafés zusammen, wie zu Zeiten von Salah Birsel (geb. 1919), der diesen Treffen ein Gedicht gewidmet hat, das die Atmosphäre wiedergibt:

>   »Ihr werdet alle nach Emirgan eilen
>   Im September oder Oktober,
>   Euch um die Samoware scharen
>   Und Tee um Tee aufbrühen.
>
>   In Zukunft werdet ihr die Arbeit vergessen.
>   Euch ausbreiten wie zu Hause,
>   Bis zum Abend unter der Platane
>   Gekochte Maiskolben essen.
>
>   Es bleibt euch nichts übrig, meine Herrn,
>   Ihr werdet vor Lachen brüllen,
>   Ihr werdet sitzen und aufstehen
>   Und die Wasserpfeife brodeln lassen.«

Hinter Emirgan erweitert sich der Bosporus, die Ufer rücken auseinander. Etwas vernachlässigt haben wir die asiatische Seite. Schon seit Beylerbey drängt es mich, die Geschichte der drei Gymnasiasten zu erzählen, unter ihnen der spätere Dichter Ruşen Eşref Ünaydın, die zu Fuß die etwa 15 Kilometer vom Beylerbey Sarayı nach Paşabahçe zurückgelegt haben, um dort den Dichter Prinz Abdülhak Hamit zu besuchen. Wegen eines Brandes im Galatasaray Lisesi waren die Eliteschüler im Sommer 1907 in Beylerbey einquartiert. Die drei jungen Männer, einer war mit dem Prinzen verwandt, schwänzten die Schule, sie kletterten über die hohe Gartenmauer des Palastes und mußten sich anfangs vorsehen, nicht aufgegriffen zu werden. Sie erfreuten sich der ungewohnten Freiheit; damals war längst noch nicht der gesamte Uferstreifen verbaut; es gab Wiesen, Wäldchen und einsame Buchten. Ruşen Eşref schreibt: »Zur Mittagszeit kamen wir in Paşabahçe an. Unsere Müdigkeit und die Schüchternheit beim Gedanken daran, wie uns der Prinz aufnehmen würde, nahmen zu. Wenn Abdülhak Hamit uns jetzt sehen möchte, wie werden wir ihm gegenübertreten? Wer sind wir, wer ist er! Wenn er gar mit uns sprechen würde, aus welchem Wissen heraus würden wir ihm antworten? Es würde uns schon reichen, ihn einfach vorbeigehen zu sehen.« Wie groß war dann die Enttäuschung, als sich herausstellte, daß der Prinz kurz vorher mit dem Dampfer in die Stadt gefahren war. In Erwartung einer fürchterlichen Strafe kehrten die drei ins Internat zurück.

Direkt gegenüber von Paşabahçe liegt Yeniköy. Dieser Ort bewahrt für Eingeweihte die Erinnerung an den großen griechischen Lyriker Konstantinos Kavafis. Er wurde 1863 im ägyptischen Alexandria geboren und verstarb auch dort 1933, doch die Wurzeln seiner Familie lagen in der Hauptstadt des Osmanischen Reiches. Als seine Mutter, eine Witwe, mit ihren Söhnen 1882 wegen ausländerfeindlicher Unruhen in Ägypten zum Großvater nach Yeniköy flüchtete, entdeckte der damals 19jährige Konstantinos seine Dichtkunst und – seine Homosexualität. Seine Gedichte kreisen um philosophische und historische Themen und um die Liebe. Inzwischen gibt es eine zweisprachige (griechisch/deutsche) Gesamtausgabe des schmalen Werkes. Kavafis verbrachte nur drei allerdings entscheidende Jahre in Istanbul. Dank intensiver Recherchen hat Christiane Schlötzer für die *Süddeutsche Zeitung* das Yalı des Großvaters George Photiadis in Yeniköy entdeckt. Das Haus hat schon vor Jahrzehnten den Besitzer gewechselt, eine Gedenktafel gibt es nicht. Die Veranda über dem Wasser wird als Restaurant benutzt. Wir lesen, was Kavafis in seiner kurzen Erzählung *Eine Nacht in Kalinderi* über den Strand zwischen »Neochorion« (Yeniköy) und »Therapia« (Tarabiya) schreibt:

»Die Nacht war zauberhaft. Der Vollmond breitete über die Wasser des Bosporus einen silbernen Schleier, das gegenüberliegende asiatische Ufer leuchtete mit seinen weißen Häusern, ab und an wurde ein Minarett sichtbar, anmutig wie das Bühnenbild eines geheimnisvollen Theaters.«

Das Ziel des Ich-Erzählers ist das »Kafenion des Adonis«, ein Ufercafé. »Ich wählte den schönsten Platz des Kafenions – unter einem Baum mit großen Ästen. Dort streckte ich mich auf zwei Stühlen aus, neben mir den Kaffee, wie es ihn nur in Konstantinopel gibt.«

Die absolute Stille und Harmonie wird unterbrochen von einem vorüberfahrenden Boot, auf dem die Leute singen.

»Die Leute sangen schön. Natürlich nicht nach den Regeln der Musik – die einfachen Dörfler, die in der Barke saßen, hatten genausowenig von den Gesetzen der Conservatoires einen Schimmer wie ihr Vorfahre, der Thraker Orpheus, der sogar die Steine erweichte.«

Das Lied gefällt dem lauschenden Dichter allerdings überhaupt nicht, er stößt sich nicht nur an der Form (»banale, ungehobelte Verse«), sondern auch am pessimistischen Inhalt:

> »Tragt ihn nicht schnell zu Grabe,
> laßt ihn sich noch der Sonne freuen!
> Bringt ihn nicht schnell, es wäre schade –
> Er weiß noch nicht, was Leben heißt.
>
> Lach, wenn du willst, oder weine,
> in der Welt ist alles nur Trug,
> alles Lüge, alles Schein.
> Wenn eine Wahrheit noch bleibt,
> dann die Kälte, die nackte Erde,
> auf der enden unser Leid, unser Freud.«

Der Erzähler erlebt den Gesang »wie Aufruhr gegen die bezaubernde, aber trügerische Schönheit der Welt«. Ernüchtert und ein wenig niedergeschlagen macht er sich auf den Heimweg.

Dieser kleine Text aus dem Nachlaß von Kavafis weist auf das multikulturelle Istanbul hin. Am gesamten Bosporus, besonders aber an dem Uferstreifen, an dem wir vorübergleiten, besaßen und besitzen zum Teil bis heute reiche Griechen, Armenier und Juden ihre Sommervillen, und auch die europäischen Botschaften hatten, als Istanbul noch die Hauptstadt war, ihre Sommerresidenzen zwischen Yeniköy und Büyükdere.

Nicht zu vergessen sind die entsprechenden literarischen und journalistischen Texte der nicht türkischstämmigen Istanbuler Bevölkerung. So wurden erst kürzlich die Bosporus-Skizzen von G. V. Inciciyan aus dem Armenischen ins Türkische übertragen. Die Istanbuler Juden, seit der Vertreibung aus Spanien im 16. Jahrhundert hier ansässig, sind natürlich alle des Türkischen mächtig. So verfaßt der emeritierte Professor Jak Deleon seine Führer durch einzelne Stadtteile Istanbuls in türkischer Sprache. Der sensible junge Autor Mario Levi (geb. 1957) geht noch einen Schritt weiter. Nach seiner Ansicht sollten gerade die in Istanbul stark vertretenen Sepharden nach mehr als fünfhundert Jahren Diaspora nicht mehr Spanisch als »Muttersprache« betrachten, sondern intensiv Türkisch lernen. In seinem Roman *Istanbul bir Masaldı* (Istanbul war ein Märchen) beschwört er zwar ein »anderes« Istanbul, das aus der Sicht der jüdischen Einwohner. Doch plädiert der Schriftsteller, der selbst mit den alten jüdischen Bräuchen und Liedern aufgewachsen ist, keineswegs für die sprachliche und kulturelle Absonderung, sondern für Integration.

Der Name von Büyükdere (Großtal) weist auf den Einschnitt im Ufer hin. Das baumbestandene Tal führt zum sogenannten Belgrader Wald, in dem die Wasserreservoire der Stadt liegen. Moltke, der sich auch für die technischen Details der Wasserleitungen, ursprünglich Aquädukte, interessierte, hat seine Wanderungen durch das weitläufige Waldgebiet in stimmungsvollen Bildern beschrieben. Er wohnte ja, wenn er nicht gerade auf Recherchereise war oder an einem Feldzug teilnahm, in Büyükdere. Am 13. Juni 1837 schreibt er: »Da bin ich denn wieder in dem ruhigen Hafen von Bujukdere eingelaufen. Ich bewohne für ein paar Wochen ein Kiosk (unser Wort Kiosk kommt vom türkischen köşk, d. h. Gartenschlößchen, B. Y.) am Bosporus; die Kaiks gleiten geräuschlos unter meinem Fenster vorüber, und die Berge ringsumher sind mit Grün bedeckt, während um Konstantinopel schon alles von der Sonne versengt ist. (...) Wenn ich das Plätschern der Wellen höre, von denen ich mit dem gemächlichen Diwan nur durch die Fensterscheiben in der hölzernen Wand getrennt bin, so ist mir, als ob ich mich in der Kajüte eines großen Schiffes befände, und wenn ich mich umdrehe, so glaube ich in ein Klostergärtchen zu schauen, nur daß statt eines Franziskaners ein breiter Türke am Torweg sitzt und sein Nargileh oder die Wasserpfeife raucht.«

Mehrfach erwähnt Moltke den Fischreichtum im klaren Wasser und die Delphine, die damals wohl häufiger als heute zu sehen waren: »Scharen von Delphinen tanzen um die großen Schiffe, welche auf- und abgleiten, und dicht vorüber ziehen in ununterbrochner Folge die Kaiks mit Frauen, mit vornehmen Effendis, mit Mollahs oder mit Fremden.«

Wir nähern uns jetzt dem Ende der Hinfahrt. Rumeli Kavağı ist die letzte Station auf europäischer Seite, danach kreuzt der Dampfer nach Anadolu Kavağı auf die asiatische Seite hinüber, und hier ist Pause bis zur Rückfahrt. Es bleibt ausreichend Zeit, um sich in einem der Fischrestaurants zu stärken und zur Festung hinaufzusteigen. Die weitläufig Anlage ist nicht so gut erhalten, als daß eine Besichtigung aufwendig wäre. Die Festungen auf beiden Seiten der Wasserstraße stammen aus byzantinischer Zeit, wurden aber von den Genuesern ausgebaut. Man kann von oben einen Blick auf die Mündung des Bosporus in das Schwarze Meer werfen und sich vorstellen, wie es den Argonauten durch den Trick mit der vorausfliegenden Taube gelang, den Symplegaden, den zusammenprallenden Felsenklippen, zu entkommen, die der Sage nach alle Schiffe am Verlassen des Bosporus zu hindern versuchten. Mit einem Ruderboot ist es wahrscheinlich schwierig, die Strömung an dieser Stelle zu meistern, so daß in der Antike viele Schiffer zwischen den Klippen endeten.

Unser »Spaziergang« läßt das Schwarze Meer nur erahnen, doch fällt mir an dieser Stelle immer Ovid ein, der als von Kaiser Augustus Verbannter von etwa 8 n. Chr. bis an sein Lebensende in Tomi am Schwarzen Meer lebte, was einen Dichter unserer Zeit, nämlich Christoph Ransmayr (geb. 1954), zu seinem wunderbaren Roman *Die letzte Welt* inspirierte. Darin sucht der Römer Cotta, Freund des Ovid, auf das Gerücht von dessen Tod hin in Tomi nach dem Verbannten und einer Abschrift der *Metamorphosen*, dem legendären Hauptwerk des Ovid.

Ein anderer berühmter Verbannter, nämlich Nazim Hikmet, sehnte sich vom Ufer des Schwarzen Meeres, von Varna aus, nach der Heimat. In dem Gedicht *Das Schiff* von 1957 heißt es:

> »Ein Schiff fährt an Varna vorbei,
> ach, ihr Silbersaiten der Schwarzmeerküste
> ein Schiff fährt vorbei, dem Bosporus entgegen.
> Sacht streichelt Nazim das Schiff,
>        seine Hände brennen.«

Und da wir schon bei Sehnsuchtsgedichten sind, möchte ich auch noch eine junge Türkin (1960 in Istanbul geboren, 1963 mit ihrer Familie nach Deutschland gekommen) zitieren, die Lyrikerin und Chamisso-Preisträgerin Zehra Çırak, die ihre Texte ausschließlich in deutscher Sprache schreibt und dennoch den Bosporus in sich spürt:

## istanbul

»von istanbul bis istanbul
ist weit
ist weit geworden
mein weg wohin nach istanbul
ist schmal ist breit wie istanbul
und bosporus fließt in mir
in meinen adern nur blut
salzig und ohne ein blau wie das meer
die windmühlen drehen sich nicht mehr
in istanbul ist
windstille
in mir ist weit geworden
istanbul
wie sonnenblumenfelder
sich der sonne zuwenden
drehe ich mich im kreise
          und suche istanbul.«

Wir haben nun die Rückkehr nach Istanbul vor uns. Ich habe
mir die Schreckensvision, daß durch geologische und klimati-
sche Veränderungen der Bosporus austrocknen könnte, wie
das Orhan Pamuk am Anfang des zweiten Kapitels seines Romans *Das Schwarze Buch* ausspinnt, bis zuletzt aufgehoben.
Die Darstellung kontrastiert mit den meist idyllischen Bildern der übrigen Bosporus-Literatur.
»Jener einst von uns als Bosporus bezeichnete paradiesische
Ort wird sicherlich schon sehr bald in einen pechschwarzen
Morast verwandelt, wo Galeonen-Kadaver wie Gespenster
aufleuchten, die ihre blanken Zähne fletschen (...) An den
Bosporusufern, wo wir einmal beim Rakı an Tischen saßen

im kühl betäubenden Duft von Judasbaum und Geißblatt, werden wir uns an den beizenden, modrig-sauren Verwesungsgeruch der Leichen gewöhnen.«

Der Ich-Erzähler ist hier der Journalist Celal, der sich vorstellt, im Schlamm des ausgetrockneten Bosporusbettes nach dem versunkenen schwarzen Cadillac eines Gangsterbosses aus Beyoğlu zu suchen. Aber dies ist eigentlich nur der Aufhänger für ein seitenlanges barockes Schwelgen im Abfallhaufen der Geschichte, der sich auf dem Grund des Bosporus gebildet hat.

»Ich werde die Reste eines geplünderten genuesischen Schatzes, einen Mörser mit schlammverstopftem Rohr, die muschelverkleideten Abbilder und Idole vergangener und vergessener Staaten und Stämme und die zerbrochenen Birnen eines auf der Spitze balancierenden Messingkronleuchters sehen. Während ich über Morast und Gestein immer tiefer hinabsteige, werde ich geduldig zu den Sternen aufblickende Sklavengerippe betrachten, die mit Ketten an ihre Ruder gefesselt sind. Ein Collier, aufgehängt an Algenbäumen. Über Brillen und Schirme werde ich vielleicht hinwegsehen, die Kreuzfahrer jedoch, mit sämtlichen Waffen, Panzern und allem Drum und Dran auf ihren prachtvollen, noch immer trotzig standhaften Pferdeskeletten sitzend, die werde ich für einen Moment mit wachsender Ehrfurcht anschauen. Und werde dann erschrocken bemerken, daß die Gebeine der Kreuzritter samt ihrer miesmuschelbedeckten Symbole und Waffen den direkt daneben stehenden schwarzen Cadillac bewachen.«

Ich wünsche Ihnen eine gute Rückkehr zum Ausgangspunkt Eminönü!

# Tagespensum für Unermüdliche

Siebter Spaziergang:
Bergauf und -ab in Galata; mit dem Linienboot nach
Haydarpaşa und von Kadıköy nach Beşiktaş

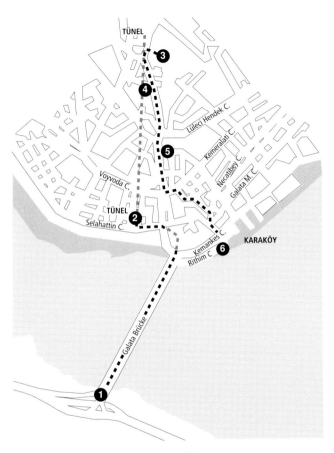

1. Galatabrücke
2. Tünel
3. Mevlevihane Müzesi
4. Galataturm
5. Yüksek Kaldırım
6. Dampferstation

Heute haben wir uns viel vorgenommen. Der Spaziergang besteht aus zwei Teilen. Zuerst einmal geht es über die Galatabrücke zum Stadtviertel Galata, und damit wir die steilen Gassen nicht bergauf gehen müssen, fahren wir mit einer der ältesten Untergrundbahnen durch den Tünel. Der Abstieg endet bei den Schiffsanlegestellen von Karaköy. Wer dann noch Unternehmungsgeist, Zeit und Lust hat, fährt mit dem Liniendampfer auf die asiatische Seite nach Haydarpaşa/Kadıköy; von dort kann man direkt zurückkehren oder wahlweise nach Beşiktaş übersetzen, wo die Tour dann beim Yıldız Sarayı endet.

Das Goldene Horn (Haliç), die Meeresbucht zwischen dem alten Konstantinopel und dem ehemaligen Ausländerviertel Galata, wurde schon immer als natürlicher Hafen genutzt, deshalb mußte eine Brücke so konstruiert sein, daß sie den Schiffsverkehr nicht behinderte. Leonardo da Vinci reichte 1502 dem damals regierenden Sultan Beyazit II. einen Entwurf für eine Steinbrücke ein, deren Pfeiler so hoch sein sollten, daß ein Segelschiff hätte darunter hindurchfahren können. Dieser Plan wurde aus unbekannten Gründen nicht realisiert. Die Autorin Emine Sevgi Özdamar meint, der Sultan habe verhindern wollen, daß die Muslime, die in der Altstadt, und die Nichtmuslime, die jenseits des Haliç lebten, zusammenkamen. Dagegen spricht allerdings, daß ein ständiger Bootsverkehr die Verbindung zwischen den Stadtteilen aufrechterhielt. Im 19. Jahrhundert wurden zwei Holzbrücken errichtet, eine an der Stelle der heutigen Atatürkbrücke und eine dort, wo jetzt die Galatabrücke den Ausgang des Goldenen Horns überspannt. Diese 1845 fertiggestellte, von hölzernen Pontons getragene Konstruktion wurde 1912 durch eine modernere Pontonbrücke ersetzt. Leider zerstörte ein Brand 1992 diese beliebte, von vielen Dichtern gerühmte Galatabrücke, und an ihrer Stelle erstand eine ihr immerhin ähnliche Stahlkonstruktion. Wie die alte Brücke schwankt sie sogar leicht und ist ihr Mittelteil für den Schiffsverkehr aufklappbar. Geduldig wie eh und je stehen Angler an der Brüstung, und selbst die Läden, Teestuben und Fischrestaurants im Untergeschoß haben nach einigen Problemen (teuren Mieten, Einschränkungen beim Alkoholausschank) wieder eröffnet.

Wer von Eminönü her die Brücke betritt, hat den eindrucksvollen Galataturm im Blick, dem wir auf unserem Spaziergang einen Besuch abstatten werden. Den Turm errichteten die Genueser 1348 als Teil einer Befestigungsanlage, weil sie sich gegen die rivalisierenden Venezianer verteidigen mußten, die seit dem Vierten Kreuzzug (1202-04) die Hauptstadt des Byzantinischen Reiches zu beherrschen versuchten. Kaiser Michael VIII. Palaiologos hatte 1261 mit Hilfe Genuas Konstantinopel wiedererobert und dessen Kaufleuten dafür eine eigene Handelskolonie, eben Galata, zugestanden.

Für manche Touristen hat die Brücke – die neue ebenso wie die alte – einen Hauch von Nostalgie. Alev Tekinay läßt in ihrem Roman *Der weinende Granatapfel* die Hauptfigur, einen deutschen Orientalistikstudenten, nach Istanbul zurückkehren. »Als sie endlich über die Galata-Brücke fuhren, war Ferdinand vor Aufregung außer sich. Er war früher schon in Istanbul gewesen. Das erste Mal nach dem Abitur. Mit Rucksack. Damals ohne Türkischkenntnisse. Und damals schon hatte er sich in die Galata-Brücke verliebt. Er erinnerte sich an die Fischerkneipen unter der Brücke und an den Blick, den man vom Brückengeländer aus hatte: rechts der Bosporus, links das Goldene Horn. Und, und – ja, dann gab's auch die Musik, die aus allen Fischerkneipen und Café-häusern drang, wehmütig orientalische Melodien.«

Aber nicht nur für Ausländer, auch für die Türken selbst hat die Brücke etwas gebrochen Romantisches, wie dies der Text der Bachmann-Preisträgerin von 1991, Emine Sevgi Özdamar, vermittelt, deren 1998 original auf deutsch erschienener Roman sogar den Titel *Die Brücke vom Goldenen Horn* trägt. Der Roman spielt zwar zum größeren Teil in Deutschland und in Paris, doch die Kapitel über die 68er Studentenrevolte in Istanbul bilden einen interessanten Schwerpunkt. Die Ich-Erzählerin, die nach einigen Jahren als »Gastarbeiterin« wieder in ihre alte Heimat zurückgekehrt ist, sieht das aus der Kindheit Vertraute jetzt verfremdet. »Die vielen Schiffe neben der Brücke leuchteten in der Sonne. Die langen Schatten der Menschen, die über die Brücke vom Goldenen Horn liefen, fielen von beiden Seiten der Brücke auf die Schiffe und liefen an deren weißen Körpern entlang. Manchmal fiel auch der Schatten eines Straßenhundes oder eines Esels dorthin, schwarz auf weiß. Nach dem letzten Schiff fielen die Schatten der Menschen und Tiere ins Meer und liefen dort weiter. Über diese Schatten flogen die Möwen mit ihren weißen Flügeln, auch ihre Schatten fielen aufs Wasser, und ihre Schreie mischten sich mit den Sirenen der Schiffe und dem Schreien der Straßenverkäufer. Als ich auf der Brücke entlanglief, kam es mir vor, als müßte ich mit meinen Händen die Luft vor mir herschieben. Alles bewegte sich sehr langsam, wie in einem zu stark belichteten, alten Slow-motion-Film.«

In der Erzählung der Dichterin Füruzan O *du schönes Istanbul* ist die Galatabrücke der Ort, wo sich die Hure Cevahir das Leben nimmt, weil der Fernfahrer Kamil, der ihr die Ehe versprochen hat, nicht wiedergekommen ist. »›Ich bin verworfen und ausgestoßen‹, sagte sie. Das war zum zweitenmal an diesem Tag, daß sie mit sich selber sprach. Aber ihre Augen blieben trocken dabei. Mit einbrechender Dunkelheit wurde das Meer spiegelglatt. Cevahir neigte sich der Kühle des Meeres entgegen. Die Brücke lag hoch über dem Wasser. Sie wußte, daß die Kühle um so größer wurde, je näher sie dem Wasser kam. (...) Sie hing über dem Geländer. Ihre Rippen drückten sich an der Eisenstange flach, daß es sie schmerzte. Der Schmerz hielt nicht an. Die Kühle verdichtete sich in der blauen Tiefe, sie zog die Schuhe aus, sah sich für einen Augenblick um, ganz kurz. Dann stieß sie ihren Körper vor, weit vor...« Inzwischen wählen Selbstmörder die Bosporusbrücken.

Wir müssen nun versuchen, durch die Unterführung, die wenige Schritte nach dem Ende der Brücke beginnt, die Talstation der Tünelbahn zu erreichen. In dem Gewirr von unterirdischen Gängen halten wir uns nach links, fragen allenfalls nach »Tünel« und erreichen die Oberfläche unweit des Eingangs zur schlecht gekennzeichneten Talstation. Für die Bergfahrt kaufen wir einen Jeton. Da die Züge in kurzem Zeittakt verkehren, ist keine Panik angesagt, wenn uns vielleicht gerade eine Bahn vor der Nase wegfährt. Die Strecke wurde 1875 in Betrieb genommen, nachdem der Scheichül-islam, der oberste islamische Rechtsgelehrte, in einem Gutachten erklärt hatte, der Transport von Menschen widerspreche nicht der Religion. Auf einer Strecke von 614 m überwindet die Zahnradbahn in wenigen Minuten einen Höhenunterschied von fast 200 m. In der Mitte des Tunnels begegnen sich die von oben und unten kommenden Züge; nur hier ist die Strecke zweigleisig. Nachdem es in den 70er Jahren einen Unfall gegeben hatte, ist die Technik vollständig erneuert worden. Orhan Pamuk erwähnt den Unfall, der wohl allen älteren Istanbulern im Gedächtnis ist, in seinem Roman

»...sie fangen an, sich mit erstaunlicher Schnelligkeit, doch genau nach der Musik, herumzudrehen, geschwinder oder langsamer, je nachdem die Musik spielt.« Tanz der Derwische im Mevlevihane Müzesi in Galata

*Das Schwarze Buch*: »Während Galip von Tünel nach Beyoğlu hinauffuhr, geriet er im Waggon mit einem gänzlich unbekannten alten Mann wegen des berühmten Tünel-Unfalls vor zwanzig Jahren in Streit: War das Zugkabel gerissen, so daß die Waggons entgleisten, durch Wände, Fenster und Rahmen flogen und ausgelassen, wie durchgehende Pferde auf den Platz von Karaköy hinausgesaust kamen, oder war der Maschinist betrunken gewesen?«

Ilhan Berk (geb. 1918) nennt in seinem Buch *Galata* einige Schriftstellerkollegen, die liebend gerne mit der Tünelbahn fuhren, etwa Yakup Kadri, der angab, den Geist der Republik in diesem einstmals ja hochmodernen Beförderungsmittel zu spüren. Auch Halide Edip, Sait Faik, Muhsin Ertuğrul und Necati Cumali legten bei Ilhan Berks humoristischer Befragung ein Bekenntnis zum Tünel ab.

Wir verlassen die Bahn an der Bergstation und folgen den Straßenbahnschienen einige Schritte bergauf, bis auf der rechten Seite die Galip Dede Caddesi abbiegt. »Dede« (Großvater) nennt man auch den Vorsteher einer religiösen Gruppe, etwa heute noch bei den Aleviten. Galip war Scheich des Derwischklosters, das heute als Mevlevihane Müzesi (dienstags geschlossen) zu besichtigen ist. Die Derwischorden wurden nach der Gründung der Republik ab 1925 verboten. Dennoch finden seit Jahren unter dem Etikett »Kulturveranstaltung« sowohl hier im Kloster (Termine erfragen) als auch in Konya die rituellen Tänze der Derwische in ihren weißen Mänteln und hohen Filzhüten statt. Lady Mary Montagu beschreibt ihren Besuch in diesem Kloster: »Ich war so neugierig, eines zu besuchen und der Andacht der Derwische zuzusehen, die ebenso phantastisch ist wie irgendeine zu Rom. Diese Kerle haben die Erlaubnis zum Heiraten, müssen sich aber gar seltsam kleiden; sie sind in ein rauhes, weißes

Stück Tuch gewickelt, wobei ihre Arme und Beine nackt bleiben.« Dann erklärt sie den Ablauf des Gottesdienstes mit Koranlesung und Musik. Zuletzt erfolgt der Tanz, »und während einige spielen, binden andere ihre Röcke, die sehr weit sind, fest um den Leib und fangen an, sich mit erstaunlicher Schnelligkeit, doch genau nach der Musik, herumzudrehen, geschwinder oder langsamer, je nachdem die Musik spielt. (…) Einige kleine Derwische, sechs oder sieben Jahre alt, drehten sich auch unter ihnen herum und schienen durch diese Übung nicht mehr in Verwirrung gebracht als die übrigen. Am Ende der Zeremonie rufen sie aus: ›Es ist kein anderer Gott als Gott, und Muhammed ist sein Prophet.‹«

Auch der schon erwähnte Romanheld von Alev Tekinay ist von dem stillen Klosterhof mitten in der lauten Stadt fasziniert. »Ferdinand trat wie ein Schlafwandler durch diese Tür, die ihn im Trubel des Galata-Viertels wie ein Magnet anzog. Die Tür führte durch einen Laubengang zu einem rechteckigen Hof, auf dessen Mitte ein marmornes, stilles Gebäude stand. Vor diesem Gebäude tauchte ein Wächter auf, der Ferdinand eine Eintrittskarte in die Hand drückte. ›Das hier ist ein Museum‹, sagte er. Er hielt einen Gebetskranz in der Hand und ließ die Glasperlen durch die Finger gleiten.« Das »marmorne stille Gebäude« gegenüber dem Ticketschalter ist eine Türbe, in der unter anderem der Sarg des Dichters Scheich Galip oder Galip Dede (1757-1799) steht. Acht Jahre lang war er Klostervorsteher, und sogar Sultan Selim III., der von seinen mystischen Gedichten begeistert war, besuchte ihn.

Das Hauptwerk des Scheichs *Hüsn-ü Aşk* (Die Schönheit und die Liebe), ein Meisterwerk der sogenannten Diwan-Literatur, ist keineswegs, wie man lange meinte, nur ein religiös zu verstehender Liebesroman (zwischen dem Knaben Liebe und dem Mädchen Schönheit), es stellt vielmehr auch eine Schule der Dichtkunst dar. Scheich Galip war in sozialen und politischen Fragen nicht minder kompetent, wie er auch naturwissenschaftliche Erkenntnisse und Ereignisse (Erdbeben) in seiner Bildersprache verwendet. (Vgl. dazu Muhammet Nur Doğan.)

Annemarie Schimmel schreibt in der Einleitung zu ihrer Anthologie *Aus dem Goldenen Becher*, daß »das Wiegenlied für den Knaben Aşk wohl das Schönste ist, was Galip Dede geglückt ist. In schwingender Sprache wird hier das in der islamischen Mystik unendlich oft wiederholte Motiv von den Leiden der Liebe ausgedrückt, mit einer vorher selten erreichten Kraft der Empfindung und des Ausdrucks.«

>        »SCHLAFE, SCHLAFE, Holdes: heute nacht
>        Deinem Ruf ›O Gott!‹ kein Echo wacht.
>        Ist das Ziel auch noch nicht kundgemacht,
>        Doch so weist sich deines Sternes Macht;
>                Einst wirst du verbrannt am Spieß der Pein.
>
>        Schlaf, du Knospe, diese kurze Zeit;
>        Böses hält der Himmel dir bereit,
>        Unbarmherzig und voll Grausamkeit –
>        Wähne nicht, daß er dir Huld verleiht;
>                Ganz zerstört seh ich das Leben dein«

Man muß wahrscheinlich mystisch schon etwas vorbelastet sein, um die »Schönheit« in diesen Schmerzensvisionen zu erkennen.

Das Kloster wird heute wie ein Museum verwaltet. In den Vitrinen des Tanzsaals sind einige Gewänder und Musikinstrumente der Derwische sowie Textblätter mit Diwan-Literatur in Schmuckschrift ausgestellt. Die Bücher des Scheichs Galip sucht man hier jedoch vergebens; es gibt leider keine Bibliothek. Ich wurde auf die Buchläden bei der Beyazit-Moschee verwiesen.

Beim Verlassen der Anlage wenden wir uns nach links, die Galip Dede Caddesi abwärts. Wir befinden uns hier in dem urigen Galataviertel, das in seinem abgelebten Charme, seiner multikulturellen Dekadenz ebenso wie das angrenzende Beyoğlu vielen Künstlern als Treffpunkt, Versteck, Wohnort, Atelier, aber auch als Schauplatz von kuriosen Geschichten diente und dient. Jüngstes Beispiel ist der 1995 erschienene Roman von Ihsan Oktay Anar (geb. 1960), *Puslu Kıtalar Atlası* (*Der Atlas unsichtbarer Kontinente*), der trotz seiner schwierigen osmanisierenden Sprache bei der studierenden Jugend so etwas wie ein Kultbuch geworden ist. Die Handlung beginnt und endet in der Hafenstadt Galata, die im 17. Jahrhundert, als dort Schiffe aus aller Herren Länder anlegten, wohl noch betriebsamer war als heute. Hier lebt ein Seher, der sich durch Drogen in einen höheren Traumzustand versetzt, um einen Weltatlas aus der Phantasie heraus zu erschaffen. Der Sohn dieses Ihsan Efendi ist die Hauptfigur des Romans, dessen Handlung einerseits viele märchenhafte Züge trägt, andererseits in spielerischer Weise die technischen und geistigen Entwicklungen Europas und ihre vielfach gebrochene Spiegelung in der orientalischen Welt darstellt. So hat etwa der Satz des Descartes »Ich denke, also bin ich« in dem Roman eine leitmotivische Bedeutung und wird mehrmals reflektiert: »Auch ich denke, also bin ich. Aber wer bin ich? Etwa Ihsan Efendi, der Lange genannt, der in Galata neben dem Seglerhof wohnt, oder etwa der harmlose schüchterne Mann, der genau dreihundert Jahre später in Izmir lebt? Was davon ist nun Gedanke und was Realität?«

Anar entwirft ein lebendiges Bild der Stadt vor dreihundert Jahren, während Ilhan Berk in *Galata* die Gegenwart des 20. Jahrhunderts einfängt. Berk hat über seine Arbeit gesagt: »Sollte Galata eines Tages abbrennen, könnte man es zweifellos nach diesem Buch wiedererrichten.« Alle Straßen, auch die schmalen, kurzen Gassen hat er mit ihren Häusern einzeln beschrieben. Dennoch handelt es sich nicht um eine trockene Aufzählung, denn der Autor fängt die Stimmen des Viertels ein. Es spricht zu uns wie Berlin in Döblins *Alexanderplatz*. Die Montage- und Collagetechnik, das Einfügen skurriler Speisekarten, alter Fotos, Straßenschilder, Geschäftsanzeigen, Zeitungsausschnitte, erinnert ebenfalls an Döblins Methode. Manche Texte sind als Tabellen oder Listen gesetzt und wirken wie das Ergebnis wissenschaftlicher Untersuchungen; dem widerspricht jedoch der poetische Inhalt.

Hier müssen wir erwähnen, daß in der Galip Dede Caddesi Nr. 85 (linker Hand auf Ihrem Weg) die sogenannte »Teutonia« liegt, eine Dependance des Goethe-Instituts, mit mehreren großen Räumen für Lesungen, Ausstellungen, Gruppenarbeit, Film und Theater, ein Ort der Literatur also und nicht bloß die »Verwaltung«, wie die Tafel sagt.

Wenn wir nun nach der kleinen Moschee links von der Galip Dede Caddesi in die Serdar-i Ekrem Sokak einbiegen, finden wir rechter Hand zwischen den Hausnummern 30 und 38 den leider völlig verfallenen, vom Einsturz bedrohten Eski Kamando Han. Im Obergeschoß dieses einstmals prächtigen Gebäudekomplexes mit Innenhof und großen eleganten Mietwohnungen hatte der Maler Abidin Dino sein Atelier, nachdem er 1939 von einem langen Studienaufenthalt in St. Petersburg zurückgekehrt war. Bei ihm, der auch Romane und Gedichte schrieb, waren nahezu alle türkischen Schriftsteller seiner Zeit zu Gast, unter anderem Ahmet Hamdi Tanpınar, Sait Faik, Yaşar Kemal, Bedri Rahmi Eyüboğlu, Orhan Veli Kanık und viele andere. Auch Ilhan Berk, der in der Nachbarschaft wohnte, gehörte natürlich zu diesem Kreis. Gehen Sie ruhig noch weiter in die Gasse hinein und betrachten Sie die Fassaden der Häuser, um einen Eindruck vom ehemaligen Wohlstand und der Lebensart in Galata zu bekommen.

Vielleicht sind Sie schon etwas verwirrt ob der vielen kleinen Straßen in diesem Viertel, die nicht gradlinig, sondern dem Berghang angepaßt verlaufen. Doch ist dieses Gewirr gerade das Reizvolle, Ursprüngliche. »Ach die kleinen Gassen!« ruft Ilhan Berk aus. »Wie könnte man Istanbul lieben ohne diese kleinen alten Gassen! (...) Der Großstadtmensch selbst findet sich ja gerade da plötzlich in der Mitte des Gedichtes, der Poesie, die man außer in diesen kleinen Gassen so tief gar nicht zu fassen kriegt.« Weil sich nach Berks Auffassung die Straßen und Gassen selber poetisch mitteilen, hat er sein Buch über Galata ein »Gedicht« genannt.

Wir kehren um und gehen zielstrebig auf den Galataturm zu. Dieser letzte erhaltene Teil der Befestigungsanlagen der Genueser wurde im Laufe der Zeit als Kerker, Sternwarte und Feuerwachturm benutzt. Heute kann man in den oberen Stockwerken tagsüber das Café und abends den (teuren) Nightclub besuchen. Auf jeden Fall lohnt sich der Blick von der Aussichtsplattform.

Von hier aus startete im 17. Jahrhundert auch der Erfinder Ahmet Çelebi, mit Beinamen »Hezarfen« (was soviel wie »Mann der tausend Wissenschaften« bedeutet), seinen Gleitflug über den Bosporus. Er war erfolgreicher als der Schneider von Ulm, denn er kam wirklich hinüber bis Üsküdar. Sultan Murat IV. (1623-1640) belohnte ihn zwar mit einem Beutel voll Gold, verbannte ihn dann aber nach Algerien, weil er sich vor dem »Hexenmeister« fürchtete. Andere Überlieferungen behaupten, Hezarfen sei geblendet, eingekerkert, ermordet worden.

Dieser Turm, der auch des öfteren Filmschauplatz war, ist in der Literatur immer wieder, zum Beispiel von Sait Faik und Orhan Pamuk, und natürlich von den Galata-Spezialisten Ilhan Berk und Ihsan Oktay Anar, beschrieben worden; und schon Karl May wählte in *Von Bagdad nach Stambul* diesen Ort für das grausige Ende der beiden Räuber, Alexandros Koletis und Abrahim Mamur, die von ihrem Verfolger Omar Ben Sadek von der obersten Plattform gestürzt werden. »Die Plattform des Genueserturms in Galata hat eine Höhe von 44,5 Metern; man kann sich also denken, wie die Leichen aussahen«, heißt es bei Karl May.

In Barbara Frischmuths Roman *Das Verschwinden des Schattens in der Sonne* wird der Turm zum konspirativen Treffpunkt des jungen linken Studenten Turgut mit der deutschen Doktorandin, seiner Geliebten, der Ich-Erzählerin. »Ich war noch nie hier oben gewesen, und als ich plötzlich die Stadt unter mir liegen sah, aus geringer Entfernung und doch schon weit genug, um sie als Bild zu erfassen, hatte ich das Gefühl, als würde ich mich bereits von ihr entfernen, aber ich empfand keinerlei Freude dabei.« Dann eröffnet Turgut ihr, er wolle aufs Land, nach Hause in den Osten fahren. »Turgut drehte sich um, bevor er weitersprach. Die Stadt sei voller Spitzel. Ich war fassungslos über die Art, in der er mir gesagt hatte, daß er wegfahren würde, so als wäre das bereits etwas, das man nicht leichtsinnigerweise laut sagen durfte.« Später stellt sich heraus, daß Turgut die Stadt gar nicht verlassen hat, sondern in den Untergrund gegangen ist. Er wird am Rand einer Studentendemonstration erschossen. Der Abschied des jungen Mannes von der deutschen Frau ist damit der Abschied von seinem bisherigen Leben.

Beim Verlassen des Turms müssen wir aufpassen, daß es uns nicht in die falsche Richtung verschlägt, denn »Der Platz um den Galataturm ist lang, breit und dreht sich hui wie der Wind. Und er öffnet sich in alle Gassen von Galata«, warnt Ilhan Berk.

Leicht kann man sich verlaufen, und wenn man viel Zeit hat, führt das eventuell zu Entdeckungen wie dieser, daß manche Gassen die Namen osmanischer Dichter tragen, etwa die Şair Eşref Sokak (»şair« heißt Dichter) oder die Şair Ziya Paşa Sokak. In diesem Gassengewirr finden sich auch zwei Synagogen und mehrere Kirchen, denn hier wohnen traditionell Juden und Christen mitten unter Muslimen. Der Islam achtet alle Religionen mit Offenbarungsschriften grundsätzlich als gleichberechtigt; so steht es im Koran an vielen Stellen.

Wir verzichten auf alle Abstecher und kehren zurück zur Galip Dede Caddesi, die sich weiter abwärts als Yüksek Kaldırım fortsetzt, was »Hoher Bürgersteig« bedeutet, eine Straße, die Autos nicht mal im ersten Gang aufwärts fahren sollten. Manche Fahrer versuchen es trotzdem, andere stürzen sich todesmutig abwärts. Früher atmete diese Straße sicher eine romantischere Atmosphäre, denn viele Dichter haben ihre Liebe zum Yüksek Kaldırım geäußert. Für Nazim Hikmet war hier ein geeigneter Ort, um ein Gedicht anzufangen. Sait Faik kam wegen der Kinder her, die er so sensibel zu porträtieren verstand. Oktay Akbal liebte die Antiquariate mit den zum Teil auch fremdsprachigen Büchern – wo sind die geblieben? Orhan Veli bekannte, daß er hier seine Liebe zum Absurden stillen könne, und Ferit Edgü sah sich in frühere Zeiten versetzt. Demir Özlü hatten es die alten Häuser angetan, während Edip Cansever die Straße aufsuchte, um noch mehr eins mit sich selbst zu sein. Leyla Erbil will hier plötzlich den Himmel wahrgenommen haben, und Adalet Ağaoğlu fühlte sich »wie im Gebirge«. Tomris Uyar liebte den Yüksek Kaldırım einfach wegen der Spatzen, aber vielleicht war sie auch bloß genervt von der lästigen Fragerei Ilhan Berks, der alle diese Bekenntnisse zusammengestellt hat. Die mit dieser Straße sehr vertraute Füruzan verwies auf ihre »Liebe zum Augenblick«, der sie sich hier hingeben könne.

Füruzan erlebte Galata jedoch keineswegs schwärmerisch. Sie thematisiert das Leben der Huren in der Alageyik Sokak (bzw. Zürafa Caddesi), der Gasse, die vom Yüksek Kaldırım bei dem auffälligen Schild »Hamam« nach links abzweigt. Hier hatte Füruzans schon erwähnte Selbstmörderin Cevahir jahrelang in einem Bordell angeschafft, bis der blonde Kamil sie dort herausgeholt hatte. »Das Eisentor am Eingang zur Zürefa-Gasse lag schon im Schatten; ein Lehrjunge aus dem Kaffeehaus eilte mit schwingendem Messingtablett zur Bäkkerei hinüber. Kleine griechische Mädchen, die das Brot am späten Nachmittag holten, wenn es ganz heiß aus dem Ofen kam und sie sich fast die Finger daran verbrannten, liefen im Zickzack über die Straße und verloren sich hinter dem Galataturm. Um diese Zeit warteten sie im Bordell lustlos auf die letzten Kunden des Tages.«

Die Autorin beschreibt das Leben der Huren illusionslos. Daß eine von dort die Chance hat, mit einem Freier ins »normale« Leben zurückzukehren, kommt fast nie vor; sicherer ist die Aussicht, in Elend und Krankheit zu enden. Ilhan Berk gedenkt dagegen – aus Männersicht – geradezu dankbar der Frauen in den Puffs: »Ist es nicht so, daß allen Istanbuler Burschen mit achtzehn in dieser Gasse sozusagen die Nabelschnur durchtrennt wurde und sie erwachsen geworden sind? Galata ist ohne diese Gasse unvorstellbar.« Er hat die Rufe der Nutten aufgezeichnet, als wären auch sie Poesie: »Komm her junger Mann, was schaust du so!« »Dein Schnurrbart ist zum Knutschen!« und den selbstironischen Ausspruch einer schwergewichtigen Dame: »Bin ich etwa ein leichtes Mädchen?«

Touristen, vor allem weibliche, können nicht einfach mal so im Rotlichtbereich vorbeischauen. Männer müssen ihren Ausweis abgeben am Eisentor, wo die Polizei aufpaßt, daß alles ordentlich abläuft.

Diejenigen unter Ihnen, die für heute genug haben, erhalten jetzt die Gelegenheit, am Ende der Yüksekkaldırım Caddesi in ein Taxi zu steigen. Wer die Tour jedoch weiter mitmachen will, überquert die Kemeraltı Caddesi bei der Ampel ca. 100 m weiter links und geht geradeaus zum Meer hinunter. Unten am Hafen suchen wir uns rechts von dem großen Gebäude mit Wartesaal für die Kreuzfahrtschiffe den Dampfer (nicht das Schnellboot!) Richtung Kadıköy und kaufen einen Jeton nach Haydarpaşa, dem Bahnhof auf der asiatischen Seite, der unser Ziel ist.

In Emine Sevgi Özdamars bereits erwähntem Roman lesen wir, was beim Besteigen eines solchen Schiffes passieren kann: »Auf das Schiff zu springen war gefährlich. Das Meer war oft unruhig, das Schiff bewegte sich hin und her, entfernte sich von der Kaimauer und klatschte wieder an die Wand. Es gab Unfallgeschichten, Menschen waren ins Meer gefallen und vom Schiff zerquetscht worden. Deswegen wiederholten die Eltern ständig vor ihren Kindern: ›Springt nicht auf das Schiff, bevor der Steg nicht ausgelegt ist.‹ Ich war aber früher trotzdem gesprungen, und gerade in diesem Moment hatten mir oft Männerhände von hinten in den Oberschenkel gezwickt.«

Wie oft ist der besondere Eindruck, den Istanbul vom Wasser

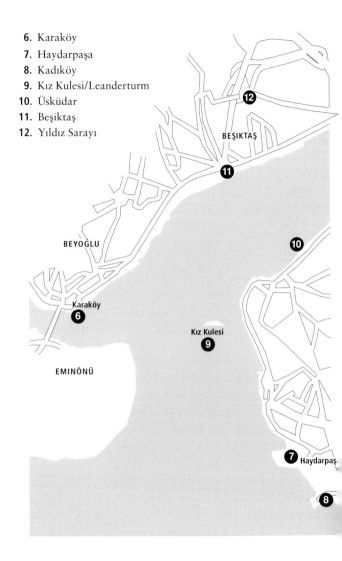

aus bietet, beschrieben worden! Viele Einwohner der Metropole müssen auf dem täglichen Weg zur Arbeit die Fähre nehmen, die die Stadtteile am Bosporus verbindet. Da so eine Fahrt auch länger dauern kann (Ausnahme sind die Schnellboote, die aber weniger beschaulich und auch teurer sind), bleibt Zeit für ein Glas Tee und genüßliche Zeitungslektüre. Wir lesen an dieser Stelle, was Barbara Frischmuths deutsche Doktorandin von der Fähre aus sieht: »Die späte Sonne ließ die Fensterscheiben und die Metalldächer der Moscheen aufflammen, und das Wasser kräuselte sich in immer wieder gebrochenen Farben um die glatten dunklen Flächen, die die Schiffe hinter sich zurückließen. (...) Die Stadt aber, die die Sonne im Rücken hatte, sah, je später es wurde, desto mehr, wie die Kulisse zu einem monströsen Schattenspiel aus, eine Kulisse, aus der weder Karagöz noch Hacivat, sondern der Unmut an einem Übermaß an Geschichte hervortreten würde.«

Das »Übermaß an Geschichte« ist auch in den Werken von Orhan Pamuk überall präsent, besonders in *Rot ist mein Name*. Der junge Buchillustrator Kara benötigt, um die geliebte Frau Şeküre rechtsgültig heiraten zu können, das Scheidungsurteil eines berühmten Richters auf der asiatischen Seite. Im 17. Jahrhundert war eine Fahrt im Ruderboot über den Bosporus noch ein abenteuerliches Unternehmen. Kara kleidet die Überfahrt, seinem Beruf entsprechend, in die Form einer Bildbeschreibung: »Während der Imam und sein magerer, finster blickender Bruder (die Zeugen, Anm. B. Y.) sich mit den Ruderern anfreunden, blickte ich Ärmster mit den unendlich glücklichen Eheaussichten vor Augen vom Bug des Bootes aus an diesem sonnigen Wintertag in die klarer denn je dahinströmenden Wasser und suchte ängstlich in der Tiefe nach einem bösen Omen, zum Beispiel dem Wrack eines Korsarenschiffes. Der Maler mag also das Meer und die Wolken in noch so fröhlichen Farben wiedergeben, er müßte etwas Finsteres zeichnen, das meinen glücklichen Vorstellungen das gleiche Maß an heftigen Befürchtungen entgegensetzt, zum Beispiel einen schreckenerregenden Fisch am Grund des Bosporus, damit der Leser unseres Abenteuers nicht etwa denken möge, daß alles hell und rosig war in jenem Augenblick.« Wir bereiten uns nun auf die Landung in Haydarpaşa vor. Dem inzwischen renovierten Bahnhofsgebäude im Stile der Gründerzeit ist seine große Vergangenheit anzusehen. Hier war der Ausgangspunkt der Bagdadbahn, die von deutschen Ingenieuren 1899 bis Konya gebaut und schließlich bis Bagdad verlängert wurde. Die Strecke verband den Nahen Osten mit der Weltstadt Istanbul. So erreicht Agatha Christies Meisterdetektiv Hercule Poirot, von Aleppo kommend, die Metropole in Haydarpaşa »mit nur fünf Minuten Verspätung«. Auf der anderen Seite des Meeres wiederum startete vom Bahnhof Sirkeci aus der »Orient-Express« nach Wien, München, Paris, mit Kurswagen nach Ostende und London. Haydarpaşa hat heute seine Bedeutung verloren, denn Züge spielen in der Türkei eine geringere Rolle als die flexibleren Busse. Und wer es sich leisten kann, legt längere Strecken im Inland mit dem Flugzeug zurück. Dennoch starten von Haydarpaşa aus täglich sechs Expreßzüge in die Hauptstadt Ankara. Je eine tägliche Verbindung gibt es auch nach Kars, nach Konya, nach Adana und nach Denizli. An einzelnen Wochentagen fährt je ein Zug nach Tatvan und nach Gaziantep, von wo Anschluß nach Bagdad besteht (wenn nicht gerade Krieg ist). Für Menschen aus Anatolien ist Haydarpaşa manchmal auch die Stelle, wo sie in Istanbul ankommen; dies ist z. B. eindrucksvoll in dem türkischen Film *Zügürt Ağa* (Der arme Landlord) dargestellt worden. Man muß kein Dorfmensch sein, um es verwirrend zu finden, daß die Stadt, wenn man aus dem Bahnhof tritt, am anderen Ufer, hinter einem breiten Streifen Meer liegt. Füruzan beschreibt in ihrer Erzählung *Die Fassade*, wie eine Beamtenfamilie nach vielen Jahren aus Ankara nach Istanbul zurückkehrt. »Rahmi Bey hat sich zum Bahnhofsausgang gegenüber dem Meer gewendet. Die Sonne steht schon hoch am Himmel. Zum großen Tor leuchtet goldene Helle herein. Rahmi Bey sieht in der Türöffnung winzig aus.«

Die Ankunft in Istanbul schildert die Autorin aus der Sicht der Frau von Rahmi Bey. »Auf dem Bahnhof von Haydarpascha fühle ich mich plötzlich ganz allein. Völlig fremd. Jemand, der nicht weiß, woher er kommt, wohin er fährt. Der Geruch des Meeres steigt mir in die Nase. (...) Wir nähern uns dem Ausgang. Die Sonne wärmt jetzt schon ordentlich. Rahmi Bey und Suna (die Tochter, Anm. B. Y.) sind nirgends zu sehen. Ich gerate in die übliche Aufregung. Suchend blicke ich umher. Da sehe ich sie auf einer Bank am Ufer, mitten zwischen dort parkenden Autos sitzen sie und schauen beide hinüber nach Kadıköy.« Auf dem Bahnhof von Haydarpaşa beginnt für diese Frau das Leben hinter der »Fassade« einer Eigentumswohnung, die der erfolgreiche Sohn für seine Mutter ergaunert hat.

Ist die Erzählweise der Füruzan von psychologischem Realismus geprägt, so wirkt die Textskizze mit dem Titel *Haydarpaşa* von Sait Faik geradezu grotesk. Der Ich-Erzähler, ein beobachtender Spaziergänger, der eigentlich bei der Anlegestelle von Eminönü auf den Dampfer zu den Prinzeninseln wartet, läßt sich von einem einfachen Mann aus dem Volk, der mit seiner Familie ab Haydarpaşa den Zug nach Adapazarı erreichen will und sich nicht auskennt, dazu bewegen, mit nach Haydarpaşa hinüberzufahren. Im Laufe des Ge-

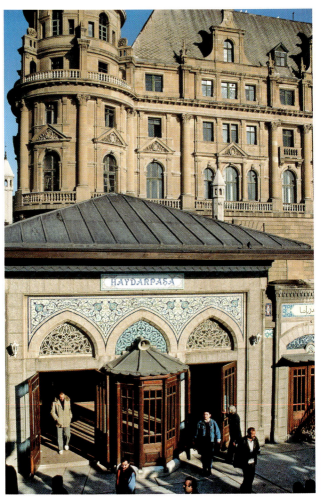

»Mit Fischgeruch vom Meer/mit Wanzen auf dem Fußboden kommt/ der Frühling im Bahnhof Haydarpaşa an.«

spächs verwickelt sich der Helfer immer tiefer in eine Phantasieexistenz, so als müßte er ebenfalls nach Adapazarı reisen; schließlich kauft er sogar eine Fahrkarte dorthin. Natürlich hält der einfache Mann ihn für verrückt, als er kurz vor Abfahrt des Zuges erklärt, doch nicht mitfahren zu wollen. Am Ende kommt der Erzähler im Wartesaal wieder zu sich. »Die Spiegel des Wartesaals sind berühmt: Sie zeigen den Menschen in einer schlimmen Verfassung. Ich stand auf, ging auf den Spiegel zu. Ich war in einer schlimmen Verfassung. Meine Gamaschen waren voller Matsch. Mein Hut war naß, sein Band hatte lauter weiße Flecken. Mein gelbes Gesicht, meine roten Augen – genauso sah ein Reisender aus. Ich ging die Stufen hinunter. Der Dampfer kam aus Kadıköy angefahren. Ich drehte mich um und schaute noch einmal zum Bahnhof Haydarpaşa hin. Hinter den riesigen Portalen verwoben sich rote und grüne Signallampen, Eisenbahnschienen, Gepfeife, Züge, herrschte ein Gewimmel voller Neugier, Sorge, Aufregung, Eile, Sucherei. Täglich brachten Hunderte von Zügen Tausende von Reisenden. Durch die Türen des Bahnhofs gingen ständig Menschen aus und ein. Mir war, als wäre ich irgendwo hingefahren, von irgendwo hergekommen, so müde war ich.«

Dieses hektische Treiben ist inzwischen beschaulicher Ruhe gewichen. Die Spiegel im Wartesaal sucht man vergeblich. Es lohnt sich aber, im Bahnhof ein wenig herumzustreifen, um die Atmosphäre zu genießen. Man kann sich hier rasieren und die Haare schneiden lassen, sein Gebet verrichten, zu Mittag essen oder Tee trinken.

Haydarpaşa wurde immer wieder auch als Ausgangspunkt einer Fahrt nach Anatolien beschrieben. In dem Epos *Menschenlandschaften* von Nazim Hikmet (1902-63) beginnt sowohl das erste wie auch das zweite Buch auf dem Bahnhof von Haydarpaşa. Die »unpoetischen« Verse in einem Türkisch, das auch das einfache Volk versteht, faszinieren noch heute durch ihre Bildkraft und Konzentration auf das Wesentliche:

»Mit Fischgeruch vom Meer
mit Wanzen auf dem Fußboden kommt
      der Frühling im Bahnhof Haydarpaşa an.
(…)
Auf der Treppe Sonne
    Müdigkeit
      und Hektik
        und die Leiche eines goldköpfigen Schmetterlings.
(…)
Die Uhr des Bahnhofs zeigt fünfzehn Uhr acht.
Dieser Zug fährt um 15.45 ab.
Im Warteraum dritter Klasse
    sitzen sie
    gehen sie herum
    schlafen sie bäuchlings.
Sie warten auf den Zug.«

Das erste Buch handelt von Passagieren im Anatolienzug, es schildert Menschen aus dem Volk: Arbeiter, Bauern, Soldaten, Gendarmen, Lumpen, Arbeitslose, Schwerbeschädigte, Sträflinge … »Mit Hilfe der Erlebnisse und Charakterzüge der Passagiere werden im gewissen Maße die werktätigen Klassen der Türkei und ihre gesellschaftliche Lage ermittelt«, heißt es im Nachwort. Das zweite Buch beschäftigt sich mit den Reisenden im Zug von Haydarpaşa in die Hauptstadt Ankara: Journalisten, Politiker, Kapitalisten, kurz, den kleinen und großen Bourgeois. Das Epos, das Hikmet im Gefängnis von Bursa niederschrieb, kreist um das Thema Krieg und

Frieden in der Türkei und in der Welt. Es ist unvollendet geblieben. »Ursprünglich wollte Hikmet (...) das Jahr 1941, mit einigen ausgewählten Ereignissen und Einzelschicksalen darstellen. Unter der Hand wurde aus diesem begrenzten Vorhaben ein Menschen- und Zeitpanorama, das sich nicht mehr eindämmen ließ und sich zu einem Werk ohne Ende verselbständigte.« (Dietrich Gronau)

Auch der Dichter, der sich der »Fischer von Halikarnas« nannte, mit bürgerlichem Namen Cevat Şakir Kabaağaçlı hieß und dessen Bücher vornehmlich in der Ägäis spielen, beschreibt in dem autobiographischen Roman *Mavi Sürgün* (Die blaue Verbannung) seine Abreise ins Gefängnis von Haydarpaşa aus. Er muß sich im Jahr 1925 in Ankara vor dem »Befreiungsgericht« verantworten und hat keine Ahnung, was man ihm vorwirft. Auf dem Bahnhof trifft er mit dem ebenfalls verhafteten Redakteur M. Zekeriya zusammen. Sie frühstücken im Bahnhofsrestaurant, bewacht von den Polizisten, die sie nach Ankara bringen sollen. »Ich hatte wieder gute Laune, weil ich einen Bekannten gefunden hatte, mit dem ich reden konnte. Die Frage ›Warum nur muß ich nach Ankara?‹ war ebenfalls geklärt.« Zekeriya weiß nämlich, daß man Kabaağaçlı vorwirft, in einer seiner Erzählungen die Fahnenflucht von vier Soldaten verherrlicht zu haben. Und der Redakteur ist ebenfalls schuldig, hat er doch die Geschichte in seiner Zeitschrift veröffentlicht. Eigentlich, meint der Autor rückblickend, hätte er sich über die Gesellschaft des Redakteurs gar nicht so freuen sollen, denn dieser wurde später als radikaler Linker bekannt. »Aber selbst wenn Zekeriya damals ein tiefroter Linker gewesen wäre, er war für mich als Mensch ein liebenswerter Freund. (...) Wir stiegen in den Zug ein. Die Lokomotive fuhr stoßend und schnaubend von Haydarpaşa los.«

Wir verlassen den Bahnhof und nehmen den Dampfer, erst einmal das kurze Stück bis Kadıköy und anschließend, mit einer anderen Linie, nach Beşiktaş. In Kadıköy, dem alten Chalkedon, wo 451 n. Chr. das Vierte Ökumenische Konzil stattfand, halten wir uns nicht auf. Es wohnen dort allerdings einige Künstler, die jedoch nicht gerne gestört werden möchten, so daß wir ihre Adressen und bevorzugten Lokale nicht preisgeben. Stellvertretend für alle anderen sei der Schriftsteller und Journalist Selim Ileri (geb. 1949) genannt, der dem Strand und den Dampferanlegestellen, den Cafés und Clubs von Kadıköy, wo er geboren und aufgewachsen ist, in seinen Texten liebevoll ein Denkmal setzt. Kürzlich erschien seine Hommage an ein heute versunkenes Istanbul, *Istanbul Yıldızlar Altında* (Istanbul unter den Sternen), ein Erinnerungsbuch, das aber keineswegs nur in Nostalgie schwelgt, sondern sehr konkret das Aussehen einzelner Stadtteile in der Jugend des Autors, jahreszeitliche Bräuche, Festtage und Ausflüge, den Zauber der Hausgärten und – sogar Kochrezepte wiedergibt. Das Besondere des ästhetisch anspruchsvoll aufgemachten Bandes sind die vielen Gemälde und alten Fotografien, meist Stadtansichten, sowie die Zitate aus Romanen, Erzählungen und Gedichten, in denen türkische Autoren ihre Liebe zu Istanbul bekunden.

Ein »Bücherwurm« wie der Autor selbst ist die Hauptfigur seiner auf deutsch erschienenen Erzählung, *Das Böse*, die die lebenslange Haßliebe zwischen zwei Schulkameraden schildert. Im klösterlichen Internat – das bezeichnenderweise in Kadıköy liegt – hat der spätere Schriftsteller mit den Initialen A. S. anfangs nichts zu lachen; er wird von stärkeren Schülern gequält und gedemütigt. Doch später übt er mit Hilfe der Dichtung subtile Rache an seinem »Freund« Kenan, einem Geschäftsmann ohne geistige Interessen, der in dem Text einen bis in die Grundfesten erschütterten Ich-Erzähler abgibt.

Nach dem Verlassen des Dampfers in Kadıköy gehen wir etwa zweihundert Meter nach rechts, um die Wartehalle für den Dampfer nach Beşiktaş (Adalar/Beşiktaş Iskelesi) zu erreichen. Dort kaufen wir uns einen Jeton. Vom Schiff aus sehen wir Haydarpaşa noch einmal rechts liegen, danach kommt, hinter dem Containerhafen mehr zu ahnen als zu sehen, die Marmara-Universität, die mit deutscher finanzieller und wissenschaftlicher Hilfe errichtet wurde. An ihr werden einzelne Fächer in deutscher Sprache unterrichtet. Nicht zu übersehen ist die medizinische Fakultät der Militärakademie im spätosmanischen Stil und das riesige Gebäudeviereck mit den Ecktürmen, die Kaserne Selims III. Dort hat während des Krimkrieges Florence Nightingale die Verwundeten gepflegt. Sie landete am 4. November 1854 vor der Selimiye-Kaserne.

Jetzt kommt der sogenannte Leanderturm in Sicht, auf türkisch jedoch Kız Kulesi (Mädchenturm) genannt, der auf einer kleinen Insel vor der Küste von Üsküdar liegt. Nach der sich um diesen Leuchtturm rankenden Volkslegende war einer Königstochter der Tod durch Schlangengift prophezeit worden. Um seine Tochter zu schützen, versteckte der besorgte Vater sie auf der Insel. Das vorhergesagte Schicksal ereilte sie trotzdem – die Schlange kam in einem Früchtekorb. Der Mythos von Hero und Leander dagegen ist ursprünglich in den Dardanellen zu Hause, wurde aber irgendwann auf diese Stelle übertragen. Es heißt, die Eltern der Hero waren mit dem Liebsten ihrer Tochter nicht einverstanden und verbannten diese auf eine Insel. Leander schwamm jede Nacht zu ihr hinaus, bis er bei einem starken Sturm ertrank, weil er die Richtung verlor. Wir kennen den

Stoff abgewandelt in dem deutschen Volkslied von den zwei Königskindern.

Unser Schiff passiert Üsküdar (der alte Name ist Skutari; in der Antike lag an gleicher Stelle Chrysopolis), von dem Jahn in seinem Reisebericht von 1828 sagt: »Skutari hat von außen ebenfalls ein sehr schönes Ansehen, indem es auch amphitheaterförmig liegt und viele schöne Lust- und Landhäuser hat; kommt man aber hinein, so ist halt immer wieder das schmutzige türkische Nest zu sehen. Die Beschäftigung der Menschen mit den ankommenden und abgehenden Karawanen ist hier außerordentlich.«

Das abschreckende Urteil des deutschen Orientreisenden trifft auf das moderne Üsküdar kaum noch zu. Breite Verkehrswege, moderne Wohnviertel verbieten es, von einem »schmutzigen Nest« zu sprechen. Dem literarisch Interessierten hat der Stadtteil heute wenig zu bieten. Allerdings existieren jene Verse eines unbekannten Dichters, die zum Volkslied gewordenen sind, das selbst Leute kennen, die des Türkischen nicht mächtig sind und nie in Üsküdar waren: *Üsküdar'a gider iken aldı da bir yağmur* (Als ich nach Üsküdar ging, fing es an zu regnen). Die zwei einfachen Liedstrophen schildern die Liebe eines Mädchens zu ihrem »Katip«. Dies ist kein Name, sondern bezeichnete in früherer Zeit einen Schreiber oder Sekretär, eben einen Büromenschen. So schmuck sieht er aus in seiner mit Tressen besetzten Jacke und seinem gestärkten Hemd! Und wie schön die Farbe seiner Augen ist, wenn er vom Schlaf erwacht! Das verliebte Mädchen bringt ihm in einem Taschentuch süßen Lokum und verbittet sich jede Einmischung fremder Leute in ihre Liebesangelegenheit. Ein ungewöhnlich selbstbewußtes Mädchen ist das! (Der vollständige türkische Text findet sich unter anderem in der Liedersammlung von Refik Özcan.)

Orhan Veli nimmt in Üsküdar Bezug auf ein anderes Volkslied, das *Mein Kazim* heißt. Das Gedicht aus der Sammlung *Fremdartig/Garip* lautet in der deutschen Version von Yüksel Pazarkaya folgendermaßen:

*Ich grüble nach*

»Ich bekomme Post, grüble nach
Ich trinke Rakı, grüble nach;
Ich reise, grüble nach.
Ich weiß nicht, wie das enden wird.
Man singt das Lied »Mein Kazim«
In Üsküdar.
Ich grüble nach.«

Das Gedicht wirkt in seiner Knappheit rätselhaft. Die Kenntnis des Volksliedes *Mein Kazim* hilft jedenfalls nicht, das Gedicht besser zu verstehen. Das Zitat hat den Charakter einer Chiffre.

Üsküdar als literarischer Ort? Einer der größten Dichter der Türkei, der bereits erwähnte Nazim Hikmet, hat jahrelang in Üsküdar im Haus seines wohlhabenden Großvaters, eines Pascha, gewohnt – und sich dafür geschämt, nachdem er 1921 auf einem Fußmarsch durch Anatolien zum Kommunisten geworden war. »Ich schaue und vor Zorn rauscht mir das Blut im Kopf. Ich schaue und schäme mich für das Sommerhaus in Üsküdar. Entschließe dich, mein Sohn, so entschließe dich doch endlich! Das sage ich mir. Aber der Entschluß ist gefallen. Ich kann sterben, aber umkehren kann ich nicht. (...) Ich bin nicht aufgrund irgendwelcher Bücher oder gar meiner sozialen Lage hierher (zu den Kommunisten, Anm. B. Y.) gekommen. Anatolien hat mich dorthin gebracht, wo ich jetzt bin. Anatolien, das ich nur vom Rand her ganz oberflächlich kennenlernen konnte. Mein Herz hat mich hierher gebracht. So ist das.«

Diese Passage aus dem Roman *Die Romantiker* wird als autobiographische Aussage gedeutet, obwohl der kommunistische Student Ahmet im Buch nicht mit dem Autor identisch ist. Die im deutschen Titel genannten »Romantiker« (wörtlich heißt der türkische Titel *Yaşamak Güzel Şey be Kardeşım* soviel wie: Hey Bruder, was ist das Leben für eine schöne Sache!) sind die jungen idealistischen Kommunisten, die glaubten, zwischen Erstem und Zweitem Weltkrieg in Rußland und in der Türkei wirklich Gerechtigkeit für das Volk erkämpfen zu können und die dafür Verfolgung und Gefängnis, Folter und Tod auf sich nehmen. Nazim Hikmet schreibt: »Mein Leben ist aber seit vielen Jahren romantisch. Wie das Leben von Kerim und von vielen anderen, die ich noch nicht kenne oder die ich schon kenne. (...) Sie alle sind Romantiker. Auch der Reiter der Roten Partisanen auf seinem geschundenen, blutenden Pferd, der galoppierende Reiter. Wohin galoppiert dieser Reiter? Meistens in den Tod. Aber für das Leben. Für ein schöneres, reiferes, tieferes Leben mit mehr Rechten.«

1950 ist Nazim Hikmet noch einmal nach Üsküdar zurückgekehrt. Nach mehreren zuerst kürzeren Gefängnisaufenthalten hatte er ab 1938 ununterbrochen für seine politische Überzeugung im Gefängnis gesessen und dort Gedichte, *Das Epos vom Befreiungskrieg*, das oben zitierte Epos *Menschenlandschaften* und zwei Theaterstücke geschrieben sowie *Krieg und Frieden* von Tolstoi ins Türkische übersetzt. In Üsküdar wurde er dann von seiner Cousine Münevver aufgenommen, die von ihrem Mann getrennt lebte. Sie wird die Geliebte des Dichters, und die beiden bekommen ein Kind, Mehmet.

Zwar ist Nazim Hikmet aufgrund einer Amnestie freigelassen worden, doch kann er als Kommunist in einem konservativen politischen Klima nichts veröffentlichen. Weder Zeitschriften noch Buchverlage dürfen seine Texte drucken. Auch wird er ständig von Polizeispitzeln überwacht, und alte Bekannte trauen sich nicht, den Kontakt mit ihm zu halten, aus Angst, selbst in die Fänge der Justiz zu geraten. Als er im Frühjahr 1951 zum Militärdienst einberufen wird – er ist immerhin 39 Jahre alt und herzkrank –, entschließt er sich zur Flucht. Er kann seine unaufmerksamen Bewacher täuschen und entkommt mit Hilfe des Mannes seiner Halbschwester bei Nacht mit dem Boot von Üsküdar auf die andere Seite und von dort an die Schwarzmeerküste, wo ihn ein Motorboot erwartet. Doch wäre er damit vielleicht nicht bis an sein Ziel, die Sowjetunion, gelangt, wenn ihn nicht ein rumänischer Frachter aufgefischt hätte.

Daß der im Ausland so berühmte Dichter bis heute in seiner Heimat nicht voll rehabilitiert ist – der Antrag auf Wiedereinbürgerung zum hundertsten Geburtstag im Jahr 2002 fand im Parlament keine Mehrheit –, gehört zu den Ungereimtheiten, die nur Insider wie die Halbschwester Melda verstehen. Sie gab der SZ-Korrespondentin Christiane Schlötzer anläßlich des Jubiläums ein Interview. Aus deren Zeitungsartikel spricht jedoch auch eine gewisse Nazim-Hikmet-Renaissance im Kulturleben. Theaterpremieren, Diskussionen im Fernsehen und die Uraufführung – in Anwesenheit des Staatspräsidenten – des Musikwerks *Nazim* des jungen Komponisten Fazıl Say zeugen davon, daß der »Rebell«, wenn auch nicht offiziell, heimgeholt werden soll.

Wir passieren Üsküdar und fahren hinüber zur europäischen Seite, nach Beşiktaş. In diesem Stadtteil werden die Lyriker besonders geliebt und verehrt, was schon an den Straßennamen zu erkennen ist, die öfter mit der Bezeichnung »Şair« (Dichter) beginnen. Auch hat ein kunstliebender Bürgermeister an der Süleyman Sera Caddesi einen kleinen Lyrikerpark eingerichtet, wo zwischen Bäumen und Büschen die Statuen von Orhan Veli und seinen Freunden stehen, sitzen und lehnen. Ein Abstecher dorthin wäre jedoch zu umständlich, ebenso fehlt uns die Zeit zu einem Besuch bei den unentdeckten jungen literarischen Genies in den Studenten-WGs, die für ihre Gedichte und Romananfänge in der Schublade, für ihre Filmdrehbücher und Essays eine Veröffentlichung erhoffen.

Wir streben der letzten Station unseres heutigen Spaziergangs, dem Yıldız Sarayı (Sternenschloß) zu, in dem sich Sultan Abdulhamit II. – er regierte von 1876 bis 1909 – geradezu verschanzte. Für die verhältnismäßig kurze Strecke, die aber steil bergauf führt, nehmen wir ein Taxi. Das Schloß ist wegen seines guterhaltenen Theaters, das man mit Führung besichtigen kann, interessant (Öffnungszeiten außer Montag 9.30-16.00). Eine Tochter des Sultans, die Prinzessin Ayşe, die in der Zeit der Republik den Nachnamen Osmanoğlu annahm, hat in ihren in Buchform veröffentlichten Erinnerungen ausführlich über das Musik- und Theaterleben bei Hofe berichtet. Die Prinzessinnen und Prinzen lernten alle ein Instrument spielen, oft bei französischen und italienischen Lehrern. Es gab sogar eine nur aus Mädchen bestehende Instrumental- und Spielgruppe, die das traditionelle türkische Theater und die klassische türkische Musik pflegte. Der Sultan bevorzugte allerdings westliche Stücke und Opern. Wann immer ausländische Künstlergruppen nach Istanbul kamen, wurden sie ins Serail zu Extravorstellungen eingeladen. So war auch Sarah Bernard einmal zu Gast, erinnert sich Prinzessin Ayşe. Sie erwähnt unter anderem die Aufführungen von

*La Traviata, Troubadour, Barbier von Sevilla, Rigoletto, Ein Maskenball.* Sogar die ersten kurzen Stummfilme wurden gezeigt. »Unter dem damaligen Kino muß man sich etwas ganz anderes vorstellen als heute«, schreibt Frau Osmanoğlu. »Man zeigte sehr kurze Stücke. Diese Stücke waren nur schwach zu erkennen und innerhalb von Minuten zu Ende. Trotzdem hatten wir, weil es ja etwas ganz Neues war, unseren großen Spaß daran.«

Wenn bei Aufführungen nur der Hof anwesend war, wurden die Trenngitter, die den Harem abschirmten, weggenommen. »Wenn ab und zu Gesandte dazukamen, blieben Spiel und Musik den Männern vorbehalten, der Harem hatte keinen Zugang. Bei solchen Gelegenheiten wurden alle Trenngitter geöffnet. Auch die Gattinnen der Botschafter kamen und saßen in ihren speziellen Logen.« Der Sultan erscheint in den Erinnerungen seiner Tochter als kunstfreundlicher und leutseliger Herrscher, der auch seinen Harem bei guter Laune zu halten versuchte: »An sehr heißen Tagen baute man im Harems-Garten mit Blick auf den Sultanstrakt eine mobile Bühne auf und spielte leichte Sachen wie das türkische Orta Oyunu oder eine Komödie. Man konnte ihnen aus den Fenstern des Serails leicht folgen. An manchen Abenden ließ mein Vater ein Kammerorchester rufen und es gegenüber seinem Appartement auf dem Rasen auftreten. Ab und zu ließ er auch im Salon Klavier, Violine, Cello oder Flöte spielen. Auch rief er den von ihm sehr geschätzten Tambur-Spieler Cemil Bey.«

Auffallend kontrastiert mit diesem harmonischen Tableau das, was der englische Historiker Robert Lidell über Abdulhamit II. in Erfahrung gebracht hat: »Manchmal veranstaltete er außerordentlich langweilige Abendgesellschaften oder ließ von Theatergruppen Stücke aufführen; er bestand darauf, daß die weiblichen Rollen von Männern gespielt wurden. Er war kein sinnlicher Mensch. (...) Seine Furcht war so mächtig, daß alle Werke, die den gewaltsamen Tod von Fürsten beschrieben, auf seinen Befehl verboten wurden, unter anderen natürlich eine Anzahl Shakespeare-Stücke; und seine Angst vor der Dunkelheit bewirkte, daß die Kioske und der Park von Yıldız strahlend erhellt wurden vom elektrischen Licht, das er im übrigen Konstantinopel nicht zuließ.« Teilweise im Yıldız Sarayı spielt auch der Roman *Der Duft des Paradieses* von Ahmet Altan, und der Sultan, obwohl niemals namentlich genannt, ist eindeutig als Abdulhamit zu erkennen. Der Herrscher erscheint geradezu gelähmt von der ständigen Furcht vor einem Staatsstreich, während das Osmanenreich wegen der Unfähigkeit seiner Führungskräfte und der allgegenwärtigen Korruption zerfällt. »Der Nachfolger des Propheten, das Schwert des Islam, der Schatten Gottes auf Erden, der Große Padischah des Osmanischen Reiches war üblen Betrügern, Dieben und Gaunern ausgeliefert und hatte keine andere Wahl, als diesen zu vertrauen.«

Ein ähnlich negatives Bild anläßlich eines Besuchs im Yıldız Sarayı entwirft die Pianistin Anna Grosser-Rilke. Eines Tages bestellte Sultan Abdulhamit sie zum Vorspielen, was sie in großen Schrecken versetzte. Sie erzählt:

»Jetzt waren wir im Theatersaal angekommen, einem verhältnismäßig kleinen Raum, ringsherum eine Galerie mit Logen. (...) Plötzlich stand ich ganz allein nur mit dem Zeremonienmeister unter der Mittelloge. Es wurde mir angst und bange. In der Mitte des Saales stand ein großer Flügel, schon geöffnet, davor ein Stuhl und daran angelehnt ein kleiner Mann in goldstrotzender Uniform: Aranda Pascha, der Hofkapellmeister, ein Spanier.« Dieser weist sie ein, nämlich, daß der Hamidiemarsch, eine Komposition zu Ehren des Sultans, am Anfang zu stehen habe, ansonsten sei es »ganz gleichgültig«, was sie spiele, nur aufhören dürfe sie erst, wenn der Sultan das Zeichen gebe.

»Ich stümperte den Hamidiemarsch recht und schlecht herunter und legte mich dann ins Zeug mit möglichst leichter Musik: der Faustwalzer von Liszt gab mir Gelegenheit, mich nach jeder Hinsicht auszuleben, und ich hörte mit Vergnügen, dass meine spanische Statue leise flüsterte: ›bravissimo‹. Das machte mir Mut, und ich orgelte seelenvergnügt weiter. Plötzlich, in einer besonders schönen lyrischen Stelle der ›Berceuse‹ von Chopin, mußte ich aufhören. Abd ul Hamid hatte genug von den musikalischen Genüssen, wieder tiefer Hofknicks, und ich verschwand hinter den Säulen.«

Die Pianistin bekommt dann einen Orden und muß sich in eine Loge setzen, denn es folgt die Aufführung der Oper *Der Barbier von Sevilla*, wobei auch der Harem zuhört. Aranda Pascha dirigiert, und Anna Grosser-Rilke muß sich das Lachen verkneifen bei dem, was sie »die Parodie einer Oper« nennt.

Jahre später, Anna Grosser ist Witwe und führt die von ihrem Mann begründete deutsche Nachrichtenagentur allein weiter, wird sie wieder ins Yıldız Sarayı gerufen und dort vom Sultan mehr oder weniger aufgefordert, für ihn zu spionieren. »Es sei ihm bekannt, daß ich auf der deutschen Botschaft, auch in der Familie des Botschafters intim verkehre, und er mache mir den Vorschlag, über alles, was ich bei solchen Gelegenheiten auch von politischer Bedeutung erfahre, Mitteilung zu machen.« Er bot ihr dafür auch Geld an; sie versuchte sich aus der Affäre zu ziehen, indem sie um Bedenkzeit bat. »Darauf verabschiedete er mich ganz kurz, entschieden ungnädig. Ich zitterte innerlich und dachte, nun würde ich wohl auch wie so manche andere mit einem Stein um den

Hals in den Bosporus versenkt werden.« Glücklicherweise kam der Sultan später nicht darauf zurück, weil er wahrscheinlich andere Spione gefunden hatte.

Womöglich werden Sie bei der Schloßführung noch die eine oder andere Anekdote aus dem Theaterleben zur Zeit Abdulhamits zu hören bekommen – zumal wenn der Wärter eine Fremdsprache beherrscht. Das Kurioseste ist allerdings, daß ein junger dichtender, zum Islam übergetretener Schotte namens John Parkinson sich den Lebenstraum erfüllte, den Sultan in seinem Schloß zu besuchen, nachdem er für seine »literarischen Verdienste« 1905 zum Offizier des Mecidiye-Ordens des Osmanischen Reiches ernannt worden war. Die Dichtung, die ihn dem Sultan empfahl, war das Epos *Sons of Islam*, in dem er in wechselnden Versformen die frühen Eroberungszüge islamischer Feldherren beschreibt, nein, verherrlicht. Der Herrscher des allerorts bröckelnden Osmanischen Reiches mag geschmeichelt oder gerührt gewesen sein ob der hymnischen Verehrung eines Europäers für die siegreichen Eroberer von Granada, Damaskus, Bagdad und Istanbul.

Der 2003 in den Kinos angelaufene türkische Film *Abdülhamit Düşerken* (Der Sturz Abdulhamits), der auf einem alten Roman von Nahit Sırrı Örik (1894-1960) beruht, versucht der Epoche möglichst unvoreingenommen gerecht zu werden. Er geht jedoch so sehr in politische Details, daß er für Nichttürken unverständlich ist.

Wir haben das Ende unseres Rundgangs erreicht. Zu erwähnen wäre noch, daß in einem Seitengebäude des Yıldız Sarayı, Eingang außerhalb der Mauern gut hundert Meter nach links, die Schriftsteller-Gewerkschaft ihren Sitz hat. Sie wurde 1975 gegründet und hat über 700 Mitglieder, das berühmteste ist Yaşar Kemal.

# Abseits der Touristenpfade

Achter Spaziergang:
Per Vorortbahn von Sirkeci nach Yedikule und Florya.
Ausklang in Kumkapı

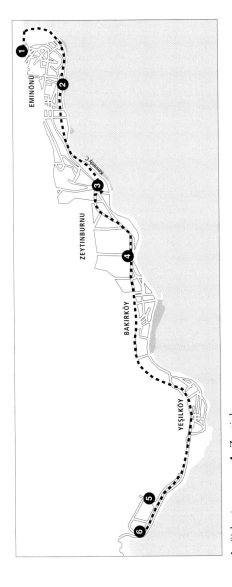

1. Sirkeci
2. Kumkapı
3. Yedikule
4. Zeytinburnu
5. Florya
6. Menekşe

Dieser Spaziergang führt zu Orten, die weitgehend außerhalb der von Touristen frequentierten Bereiche liegen. Ungewöhnlich ist das Verkehrsmittel, die S-Bahn, »Banliyö tren« genannt, die vom Bahnhof Sirkeci aus in die Vororte am Marmarameer fährt. Ganz so eindrucksvoll wie der Bahnhof Haydarpaşa auf der asiatischen Seite ist der von Sirkeci nicht, obwohl er einst als Endstation des aus Paris kommenden Orient-Expresses konzipiert worden war. Nicht wenig beigetragen zur Legende jenes Luxuszuges, der in Zeiten vor dem Flugverkehr ein zugleich abenteuerliches wie angenehmes Reisen in den Orient ermöglichte, haben Romane wie *Mord im Orientexpress* von Agatha Christie und *Orient-Express* von Graham Greene.

Eine der ersten, die aus Deutschland mit dem Zug in Sirkeci ankamen, war die Pianistin Anna Grosser-Rilke, die 1889 zusammen mit ihrem kleinen Sohn und dem Kindermädchen zu ihrem Mann, dem Journalisten Dr. Julius Grosser, nach Istanbul zog. Sie erlebte die Ankunft in der Fremde zunächst als schockierend:

»Als der Zug in Sirkedji, dem Hauptbahnhof von Konstantinopel, einfuhr, empfing uns ein furchtbares Geschrei und Getöse der vielen Hamals (Lastträger), die uns beim Aussteigen aus dem Zug überfielen und von denen jeder ein Gepäckstück erobern wollte. Ich meinte, die Kerle seien alle verrückt geworden, sie prügelten und stießen sich um den Verdienst, den ihnen das Koffertragen bringen sollte . . .«

Solche Szenen sind in Sirkeci Geschichte, zumal es den Orient-Expreß mit seinen betuchten Reisenden, die für ihr vieles Gepäck Lastenträger brauchten, nicht mehr gibt. Zuletzt haben die Kriege auf dem Balkan den regelmäßigen Bahnverkehr mit Europa unterbrochen, so daß Sirkeci heute im Vergleich zu früher wie ausgestorben wirkt. Lange Jahre jedoch war der Bahnhof für türkische Gastarbeiter der Ort, von dem aus sie ins ferne Deutschland aufbrachen – oder umgekehrt, wo sie bei der Rückkehr den Heimatboden betraten. Emine Sevgi Özdamar schildert in ihrem Roman *Die Brücke vom Goldenen Horn* so eine Rückkehr:

»Draußen auf dem Bahnhof flogen die Möwen und Tauben zwischen den Menschen, die ihre Koffer auf den Bahnhofsboden stellten und sich umarmten. Die Vögel setzten sich manchmal so lange auf ihre Koffer, als wären sie selbst von einer langen Reise angekommen. Erst wenn die Menschen ihre Koffer wieder in die Hand nahmen, flogen sie wieder auf. Meine Mutter und mein Vater nahmen mich zwischen sich und hielten mich fest. Mein Vater sagte: ›Meine Löwentochter, bist du gekommen?‹ Meine Mutter sagte: ›Meine Tochter, erkennst du uns wieder?‹ Vor Aufregung elektrisierten sich ihre Haare, die dann auch meine Haare elektrisierten. (…) Esel, Lastträger, Autos, Schiffe, Möwen, Menschen, alles bewegte sich, aber es kam mir alles viel langsamer vor als die Bewegungen in Berlin.«

Eine Ankunft ganz anderer Art skizziert Barbara Frischmuth in ihrer poetischen Erzählung *Das bessere Leben*. Wäre der erste Abschnitt nicht eigens mit »Istanbul« überschrieben, wüßte der Leser nicht, daß im Text Sirkeci gemeint ist: »Man kennt eine Stadt nur aus Büchern, gut sogar, und kommt eines Tages an, der Zug hat Verspätung, Mitternacht ist vorüber, und weiß nicht, wo man hin soll. Noch im Zug hat einem jemand gesagt, daß die Lage sich wider Erwarten verschlimmert habe, Studenten seien erschossen worden und nachts dürfe man nicht mehr auf die Straße. Und man steht da, auf dem Bahnsteig, setzt sich auf die Koffer, bis die Polizisten kommen, zwei, und noch ein Träger. Man sagt ›Hotel‹, einer von ihnen schaut auf die Bahnhofsuhr, dann begleiten sie einen über den Bahnhofsplatz, wo Soldaten patrouillieren, zu einem Hotel, nicht zu einem bestimmten, wichtig ist nur, daß es in der Nähe ist.«

Die Geschichte spielt in den 60er Jahren, als Istanbul für europäische Intellektuelle – und Hippies – ein Geheimtip war. In jener Zeit war der Bahnhof Sirkeci noch nicht renoviert wie heute und muß recht düster und schmutzig ausgesehen haben. Laut Yaşar Kemal (*Zorn des Meeres*) trieben sich, wie das auf Bahnhöfen nicht selten der Fall ist, Diebe und Strichjungen herum, immer auf der Flucht vor Konkurrenten und vor der Polizei, die in der Nähe ihr Hauptgefängnis hat. In dem Roman *Bir Gün Tek Başına* (Eines Tages ganz allein) von Vedat Türkali erkennen die verhafteten Studenten, die bei Nacht in eine große Zelle eingesperrt worden sind, an den von außen hereindringenden Geräuschen, dem Tuten der Dampfer, den Pfiffen der abfahrenden Züge, wo sie sich befinden.

Für unsere Fahrt entlang der Marmara-Küste brauchen wir einen Jeton, den wir für wenig Geld an einem Schalter mit der Aufschrift »Banliyö Gişesi« kaufen, und suchen den Zug Richtung Halkalı, der in der Hauptverkehrszeit im Zwanzigminutentakt verkehrt. Da Sirkeci ein Kopfbahnhof ist, gibt es keinen Zweifel über die Richtung. Versuchen Sie einen Fensterplatz zu ergattern, denn Sie wollen ja rausschauen. Sobald sich der Zug in Bewegung setzt, heißt es aufpassen. Rechts zeigen sich sehr bald am Hang die Anlagen des Topkapı Sarayı, dann die Hagia Sophia und die Sultan Ahmet-Moschee. Auf der linken Seite dürfen Sie das Meer erahnen, nur wird der Ausblick meistens von einer hohen Mauer oder deren Trümmern verdeckt.

»Man kennt eine Stadt nur aus Büchern, gut sogar, und kommt eines Tages an, der Zug hat Verspätung, Mitternacht ist vorüber, und weiß nicht, wo man hin soll.« Wartesaal Bahnhof Sirkeci

Sie vermuten richtig: Die Bahngleise verlaufen innerhalb der alten byzantinischen Stadtmauer. Als die Trasse im 19. Jahrhundert geplant wurde (von einem Franzosen), hatte man keine Bedenken, ein »Kulturerbe der Menschheit« zu schänden – das Bewußtsein dafür fehlte. Seit Jahrhunderten schon hatte die Mauer als Steinbruch für den Bau neuer Häuser gedient und war zunehmend verfallen. Paul Geiersbach schreibt:

»Die Mauer wird man als etwas natürlich Gegebenes genommen haben, ja, und der Architekt der S-Bahn wird sie als Chance gesehen haben, quer durch eine der dichtbesiedeltsten Ecken Istanbuls auf einem Streifen Niemandsland kostengünstig und juristisch unkompliziert seine Bahntrasse zu verlegen. Soll man diesen Frevel beklagen? Ich beklage ihn nicht. Yedikule – Sirkeci, diese fünf, sechs Kilometer S-Bahn finden in Europa an Farbe, Bizarrerie, Verrücktheit nicht ihresgleichen.«

Der deutsche Soziologe und Autor Paul Geiersbach hat die Wohngegend an der S-Bahn-Strecke in seinen Tagebuchaufzeichnungen *Blinde Perle am Bosporus* ausführlich dokumentiert. Das Buch enthält reichhaltiges Fotomaterial vom »echten« alten, teilweise sehr heruntergekommenen Istanbul und seinen Menschen, die unter schwierigsten Bedingungen den Mut nicht verlieren und mit Klugheit, Humor und Tüchtigkeit, die durchaus in Schlitzohrigkeit umschlagen kann, ihr Leben meistern. Da der Autor jahrelang in Yedikule gewohnt hat und sein tägliches Umfeld beschreibt, ist sein Text sehr persönlich ausgefallen. Abgesehen von sachlichen Fehlern gibt es dennoch wohl kaum eine Darstellung aus der Feder eines »Fremden«, die so nahe am Objekt, so neugierig im guten Sinne ist und deshalb immer wieder zu Eindrücken fern von jedem Klischee gelangt. Leicht sarkastisch merkt er etwa an, daß in Cankurtaran, noch im Schatten von Hagia Sophia und Blauer Moschee, neuerdings einige Touristenhotels aufgemacht haben, denn: »Man spekuliert offenbar darauf, daß bei vielen europäischen Touristen Geschichte, gemischt mit einer Portion quirliger Armut (der Napoli-Touch), ein direkt gesuchtes Urlaubserlebnis ist.«

Auf die Station Cankurtaran folgt Kumkapı, wo unser Spaziergang zu guter Letzt endet. Wahrscheinlich werden Sie aber auf der Rückfahrt nicht mit dem Vorortzug, sondern mit dem Taxi dort ankommen und den schönsten Teil des Tages gemütlich bei Fisch und Rakı ausklingen lassen.

Es ist nun nicht beabsichtigt, jede Station einzeln zu kommentieren. Vielleicht möchten Sie selbst entdecken, wie die »Gleise so nahe an Balkonen vorbei (führen), daß man den Essenden die Lammkeule vom Tisch stibitzen könnte, so scharf an den Fenstern vorbei, daß man einen dahinter Schlafenden in den großen Zeh zwicken könnte«, wie Geiersbach bemerkt. Doch nicht alles wirkt so malerisch verfallen wie die alten Holz- und Backsteinhäuser, es gibt auch chaotische Werkhöfe, wilde Müllplätze, Baracken, Trümmer, rauchschwarze Werkshallen, viel Häßliches also. Jenseits der seeseitigen Mauer müssen Sie sich übrigens einen neu aufgeschütteten Uferstreifen vorstellen, der nicht nur eine moderne, mehrspurige Straße aufweist, sondern zum Strand hin auch Parkanlagen, in denen sich die beengt wohnende Bevölkerung zu Picknick und Abendspaziergang ergehen kann.

Manche Liebesgeschichte spielt an diesem Strand, der früher noch schmaler, wilder und einsamer war. Kenan und Günsel aus dem Roman *Bir Gün Tek Başına* von Vedat Türkali küssen sich hier zum erstenmal. Es ist Nacht. Sie sind am Ufer entlanggewandert, wobei die langen Fußmärsche des Buchhändlers und der Doktorandin für die gehfaulen Türken schon fast symbolisch den revolutionären Geist der beiden verkörpern. Entsprechend ist der erste Kuß nicht romantisch, harmonisch, sondern weckt Schuldgefühle, vor allem auf seiten der Frau, die sich nicht verlieben und binden will, weil sich eine Kommunistin in Zeiten politischer Krisen von persönlichen Interessen nicht ablenken lassen darf.

»Er drehte ganz langsam den Kopf. Die Lichter auf dem anatolischen Ufer waren wie vorher zu sehen. Ein Motorboot näherte sich der Mole von Kumkapı. Im Dunkeln überlagerten sich die Schatten von Seglern und Motorbooten. Das nahm er wahr, und vor allem Günsel. ›Das Schlimme ist, ich will es ja auch‹, hatte sie gesagt. ... Nein: ›Ich will‹ hatte sie gesagt. Aber schlimm? Wieso? ... Natürlich, mich zu küssen ist etwas Schlimmes.«

Kenan ist verheiratet und hat ein Kind, doch das ist für Günsel nicht entscheidend. Sie fühlt sich verpflichtet, frei zu bleiben für ihre politische Aufgabe. Da die beiden jedoch nicht voneinander lassen können, wird ihre Liebe letztendlich von den Umständen überrollt und zerstört.

Auch bei Duygu Asena ist der Strand (so ganz genau klärt sie nicht, wo dieser Strand liegt) ein Ort der verbotenen Liebe. Die Ich-Erzählerin aus dem Roman *Die Frau hat keinen Namen* ist noch sehr jung, eine Gymnasiastin, die etwas auch in der modernen Türkei weitgehend Verpöntes tut: sich einfach mit einem Jungen zu treffen, noch dazu während der Unterrichtszeit. Ihre jüngere Schwester, die mit von der Partie ist, hat sie überredet, den Badeanzug gleich unters Kleid zu ziehen.

»Als ich zum Anziehen in die Kabine ging, kam Erhan hinterher und umarmte mich fest. Wir küßten uns. Er berührte mich überall, überall ... Mir schwindelte. Ich glaubte, ohnmächtig zu werden. Erhan zitterte, stöhnte, dann drehte er sich um und lief ganz schnell zum Meer hinunter. Ich blieb wie erstarrt stehen, ohne zu kapieren, was los war, was mit mir los war. Ein seltsames, unangenehmes Gefühl blieb.«

Der Roman von Duygu Asena, der es wagt, viele zum Teil noch heute gültige Tabus auszusprechen, wurde nach seinem Erscheinen in der Türkei (1987) sofort zum Bestseller und stand zeitweilig auf dem Index jugendgefährdender Schriften. Dabei ging es Duygu Asena nicht so sehr um die sexuelle Befreiung, vielmehr wollte sie aufzeigen, wie Mädchen und Frauen, die die gleichen gesellschaftlichen Rechte für sich einfordern, mit Gewalt und heuchlerischen Argumenten unterdrückt werden.

Zu Hause erleben die beiden Mädchen natürlich ein Donnerwetter. »Als wir heimkamen, empfing uns Mutter mit einem Schrei. ›Lieber Gott, ich hab's ja geahnt!‹ Das Gesicht meiner Schwester glich einer Tomate, und als ich in den Spiegel guckte, sah meins genauso aus. Ich versuchte zu lügen: ›Mama, wir haben bei einer Freundin auf dem Balkon gelernt.‹ Aber sie sprang mich an wie eine Tigerin und leckte an meiner Wange. ›Sei bloß still, du Strafe Gottes. Ihr habt wohl auf dem Balkon ein Salzbad genommen.‹ Am Abend ließen wir uns bei Vater nicht blicken.«

Das 1992 in deutscher Sprache erschienene Buch unterscheidet sich durch seinen witzigen und unterhaltsamen Stil von den tragischen biographischen Texten über türkische Frauen, die auf dem deutschen Buchmarkt verbreitet waren.

In Yedikule (wörtlich: Sieben Türme) müssen Sie sich entscheiden, ob Sie weiter nach Florya hinausfahren wollen, was nur in der warmen Jahreszeit reizvoll ist. Andernfalls steigen Sie jetzt in Yedikule aus, über das Lord Byron begeistert schreibt: »Ich habe einen großen Teil der Türkei, viele Teile Europas und auch einige Asiens durchwandert, aber mir ist kein Werk der Natur oder der Kunst vor Augen gekommen, das auf mich den gleichen Eindruck machte wie die Aussicht von beiden Seiten der Sieben Türme bis zum Ende des Goldenen Horns.« (Text weiter auf S. 278.)

Wer den erweiterten »Spaziergang« mitmachen möchte, bleibt in der S-Bahn sitzen, die bei der Festung Yedikule den Mauerring verläßt. Modernere Siedlungen wechseln ab mit längeren Freiflächen. Sehr literaturträchtig ist die Gegend nicht, möchte man meinen. Doch dieses Empfinden täuscht. Jenseits des Mauerrings erstrecken sich kilometerweit Neubausiedlungen, seien es so komfortable wie Bakırköy, mit Jachthafen, Luxuswohnungen, eleganten Läden, teuren Restaurants, oder die wesentlich schäbigeren Siedlungen der kleinen Leute, die Sie von der Bahn aus sehen. Zeytinburnu beispielsweise ist ein legalisiertes und saniertes Gecekondu, also eine ursprünglich wilde Siedlung von Zuwanderern aus Anatolien. Das Wort »gecekondu« bedeutet »über Nacht gebaut«. Das türkische Gewohnheitsrecht gestattete, daß nicht mehr vertrieben werden durfte, wer auf Niemandsland (eigentlich öffentlichem Grund) innerhalb einer Nacht eine Hütte mit vier Wänden und einem Dach errichtete. Inzwischen ist diese Art des wilden Siedelns im Einzugsbereich der Städte gesetzlich verboten.

Laut Statistik wohnt über die Hälfte der Einwohner türkischer Großstädte in solchen Hüttensiedlungen, die man sich gleichwohl nicht als Elendsviertel wie in Südamerika oder Ostasien vorstellen darf, eher als in die Großstadt transferiertes Dorfleben, was sich unter anderem an den Hausgärtchen und der Kleintierhaltung zeigt. Allerdings fehlt die materielle Basis des Dorfes, so daß der Lebensunterhalt für die oft zahlreichen Familienmitglieder ungesichert ist, denn welchen Beruf kann ein anatolische Bauer schon ausüben? Als ungelernter Arbeiter am Bau, in der Fabrik, solange die Kraft reicht. Die Kinder gehen als Schuhputzer und Kringelverkäufer, die Mutter wird Zugehfrau bei einer reichen Familie.

Über die Gecekondu ist viel geschrieben worden, dabei geht es nicht immer um Istanbul. Meine eigenen Schilderungen basieren auf Erlebnissen in Izmir, Saliha Scheinhardt hat für ihr Buch *Und die Frauen weinten Blut* Frauen aus einem Gecekondu in Ankara interviewt. Aras Ören hat dem inzwischen sanierten Gecekondu in Kağıthane einige Verse gewidmet, und das Theaterstück *Die Ballade von Ali aus Keşan* von Haldun Taner spielt – nein, nicht in der thrakischen Kleinstadt Keşan, sondern großenteils in einem Istanbuler Gecekondu namens »Fliegenberg«. Wie es dort zugeht, erfahren die Zuschauer aus dem »Lied der drei Ganoven«:

> »Man nennt uns die Ağas der Slums,
> wir waren schon da, als die anderen kamen.
> Haben bestochen, auch sonst investiert,
> den Staatsgrund verhökert und parzelliert.
> Dann Buden gesetzt, fünf oder zehn,
> vermietet, verpachtet an diesen und den.
> Na und? Is was? Was soll der Krawall?
> So laufen Geschäfte doch überall.
> Einige Räudige haben ganz still
> Hütten gebaut, ohne zu fragen,
> wir haben sie wieder ›abgetragen‹.
> Pöhh – –
> Zweitausend Scheinchen als Schweigegebühren
> gehen wir oft mit dem Knüppel kassieren.
> Fruchtet das nicht, wird der Schuldner verpfiffen,
> oder auch schnell mal zum Messer gegriffen.«
> usw.

Diese Verse waren nicht nur 1964 aktuell, als das Stück entstand, sondern gelten im wesentlichen noch heute. Wolfgang Koydl, der von 1996 bis Ende 2000 Korrespondent der *Süddeutschen Zeitung* in Istanbul war, hat das brisante Thema der Machtstrukturen in den Istanbuler Gecekondus mehrfach aufgegriffen (z. B. in *Der Bart des Propheten*) und gezeigt, wie das Problem der zahlenmäßig extremen Zuwanderung aus Anatolien durch das Kurdenproblem und mafiöse Praktiken verschärft wird. So wie in der *Ballade* satirisch formuliert, gibt es nämlich Leute, die sich an den Ärmsten bereichern. Mit der Thematisierung dieser Zusammenhänge hat sich Koydl sehr unbeliebt gemacht.

Während etwa Saliha Scheinhardt in gutgemeinter Parteinahme das »Recht« der Siedler auf ihr Häuschen einklagt und nur die Brutalität der Polizei und der Bulldozer kritisiert, die das mühevoll Errichtete wieder einreißen wollen, bezeichnet Koydl die Gecekondus als »Krebszellen«: »Aber die gecekondus sind keine ländlichen Idyllen, sie sind Parasiten, die Istanbul die Luft abschnüren und das Wasser abzapfen. Für schätzungsweise sieben Millionen Menschen ist die Infrastruktur der Stadt angelegt. Aber heute leben schon 13 bis 14 Millionen zwischen Marmara-Meer und Schwarzem Meer, und jedes Jahr kommen aus Anatolien 400 000 neue Zuwanderer hinzu.«

Koydl schildert in seiner Reportage *Hoffnungslos auf der Flucht* einen Besuch in der Siedlung Esenyurt, die rechts von unserer Bahnlinie in Richtung Flughafen liegt. Der Siedlungskern ist asphaltiert, es gibt Wasser, Strom und Kanalisation. Neu gebaute Hochhäuser mit preiswerten Wohnungen bieten die Alternative zu den Hütten, sind für die Zuwanderer aber oft trotz aller staatlichen Subventionen unerschwinglich. So bleibt für viele nur die Bruchbude am vegetationslosen Abhang. »Ein paar schmutzige Gänse staksen durch den Morast, zerzauste Hühner flattern hoch. (...) Unten in der Talsenke fließt ein Bach, von dem man nicht weiß, ob sein Anblick oder sein Gestank bestialischer ist. Am Ufer dieser offenen Kloake spielen Kinder, und wenige Meter entfernt haben die Bewohner Brunnen gegraben. Damit sind sie zwar von den teuren und unregelmäßigen Lieferungen der Stadtverwaltung unabhängig; freilich kann niemand sagen, wieviel giftiges Abwasser sich mit dem Grundwasser mischt.«

Anrührend in ihrer Einfühlsamkeit beschreibt Latife Tekin die Entwicklung einer Istanbuler Vorortsiedlung mit dem euphemistischen Namen »Çiçektepe« (Blumenhügel) von der wilden Ansiedlung auf einem Müllberg bis hin zur legalisierten Mahalle (Wohnviertel). Anders als die bisher genannte Literatur wählt sie die Sprache des Märchens. Das schmale Bändchen *Berci Kristin Çöp Masalları* (Die Märchen der kleinen Müllsammlerin), auf deutsch erschienen unter dem Titel *Der Honigberg*, vermeidet sowohl Analyse als auch Anklage. Es erzählt schlicht wie aus Kindermund von der Landnahme der ersten Familien, vom Kampf gegen den Wind, den rutschenden, stinkenden Müll und gegen die Abrißkommandos:

»So ging es volle siebenunddreißig Tage lang. Nach jedem Abriß wurden die Hütten ein wenig kleiner. Mit der Zeit verloren sie jede Ähnlichkeit mit Häusern. Das war kein Leben mehr: die Leute versanken in Staub, Schlamm und Müll. Sie trugen nur noch Fetzen am Leibe. Drei Säuglinge wurden der ständigen Einreißerei und der Kälte überdrüssig und machten sich davon. Vor den Augen des Abrißkommandos wurden sie flügge und entschwanden gen Himmel.«

Unfaßbar, welche Schicksalsschläge die Siedler ertragen. Aus den umliegenden Fabriken regnet es giftigen Schnee, der Haarausfall und Geschwüre verursacht. Das Wasser ist verseucht. Frauen und Kinder, die den Müll sortieren, werden krank, doch die Fabrikarbeit ist kaum weniger gesundheitsschädlich, für manche sogar lebensgefährlich. Die Arbeiter streiken zwar mehrfach, jedoch nur mit geringem Erfolg.

»In der Zeit, als das Hüttenviertel noch in den Flegeljahren war und die Möwen, aufgeschreckt durch die Schießereien der Halbstarken, wie schwere Regenwolken den Himmel verdunkelten, pflegten baumlange Kerle auf dem Müllweg herumzulaufen, die von den Arbeitern ›die Schläger‹ genannt wurden. Ihre Aufgabe war es, Arbeiter, die irgendwelche Entschädigung verlangt oder Wörter wie Gewerkschaft oder Versicherung in den Mund genommen hatten, so lange durchzuprügeln, bis ihnen das Blut aus der Nase lief. Die Schmerzensschreie dieser Arbeiter gingen unter im Lärm der Maschinen.«

Der Text ist reich an Gedichten und Liedern und drückt damit die Fähigkeit der anatolischen Bevölkerung aus, schwer zu bewältigende Situationen in poetische Form zu gießen. Durch diese Stilmittel werden die geradezu unerträglichen Schwierigkeiten jedoch nicht verniedlicht, wie überhaupt die »märchenhafte« Darstellung das soziale Drama keineswegs entschärft, sondern es durch den Kontrast erst recht hervorhebt. Als beispielsweise Mösjöh Isaak die Leitung seiner Kühlschrankfabrik seinen Direktoren überläßt, nachdem er genügend Gewinn gemacht hat, dichtet der Volksmund:

>»Hat so manche Hütte zum Einsturz gebracht,
hat aufgeweckt die Leichen
Hat sich abgesetzt in die Fremde
in Häuser mit Badeteichen

Ist aus Angst vor den Möwen weggerannt
Das Kühlgas hat ihm im Auge gebrannt
Konnt' vor Tränen kaum noch was sehen.
Die Kühlschränke fuhr er mit dem Laster fort.
Die Arbeiter mußten zu Fuße gehen.«

Latife Tekin (geb. 1957) gehört zu den bekanntesten türkischen Autorinnen der Gegenwart. Ihr *Honigberg* (1984 erschienen) wurde zu einem Bestseller. Man hat ihren Stil mit dem »magischen Realismus« von Gabriel Garcia Marquez verglichen. Sicherlich ist die dichterische Begabung das eine, das andere jedoch ihre authentische Kenntnis: Mit sechs Jahren war sie mit ihrer Familie aus Anatolien nach Istanbul gekommen, wo sie in einem Gecekondu-Viertel aufwuchs. Dadurch ist sie der von Aberglauben und Symbolik geprägten Denk- und Redeweise der Menschen im Gecekondu auf ganz andere Weise nahe als die obengenannten Autoren, die sich diesem Sujet nur »von außen« angenähert haben, und sei es noch so engagiert.

Über Yeşilyurt und Yeşilköy, die Vororte, wo die Flughäfen liegen, nähern wir uns Florya, das mit seinem Sandstrand und den vielen Freizeiteinrichtungen ein betriebsames Naherholungsgebiet für die Istanbulaner darstellt. Hier können Sie jetzt aussteigen, um die Sonne zu genießen und, wenn es das Wetter erlaubt, zu baden, auf dem Rummelplatz Karussell zu fahren oder in einem der vielen Gartenlokale Tee zu trinken. Florya und das nahe gelegene Menekşe (nächste Bahnstation) gleichen heute längst nicht mehr dem Bild, das noch Yaşar Kemal in seinen Büchern gemalt hat. Seine Erzählung *Auch die Vögel sind fort* thematisiert geradezu das Verschwinden einer Idylle, des Zugvogelparadieses in der Ebene von Florya.

»Auch bevor dieses Istanbul gegründet wurde, sind diese kleinen Vögel (. . .) hier in der Ebene von Florya wie ein bunter Regen auf die verdorrten Kardenbüsche niedergegangen. Sie pickten ihre Samen auf, öffneten gekräftigt ihre Flügel und flogen mit den rauhen Januarwinden weiter zu anderen Kardenfeldern irgendwo auf dieser Erde.«

In seinem ersten Istanbul-Buch – davor spielten seine Romane stets im Südosten des Landes – bedauert Yaşar Kemal, wie die ausgreifende Besiedlung den Lebensraum der Vögel vernichtet. »In der Ebene von Florya, wo früher unzählige Veilchen blühten, wurden diese häßlichen Wohnhäuser aus Beton aufgetürmt. Für die Vögel blieb nur noch der kleine Raum zwischen dem Meer und dem Wald, zwischen Menekşe und Basınköy. (. . .) Der Eigentümer dieser Kardenöde hat das Land in Parzellen aufgeteilt und den Quadratmeter für dreihundertfünf Lira an die Neureichen verhökert . . . Als wären es Goldminen, hat in Istanbul der Sturm auf das Land begonnen.«

Nicht bloß den Schwund der natürlichen Ressourcen beklagt der Autor, ebenso bedrückt ihn die zunehmend materialistische Einstellung der Menschen. »In den Straßen dort werden Menschen eitel flanieren, Geschöpfe, die nicht mehr wissen, was Menschsein bedeutet, und deren Lebensinhalt darin besteht, Geld zu raffen und sich zur Schau zu stellen.«

Diesem Verhalten schreibt Kemal auch den Verlust der alten Frömmigkeit zu, aus der heraus die Menschen früher die von den bitterarmen Kindern von Florya gefangenen Vögel kauften, um sie – als gutes Werk – freizulassen. Die Tierquälerei, die darin liegt, daß die Vögel mit Netzen gefangen und in enge Käfige gesperrt werden, aus denen sie vielleicht erst nach Tagen freikommen, scheint den Autor nicht zu kümmern. Einseitig zieht er seine Zeitgenossen, die den Kindern keine

Tiere mehr abkaufen, der Mitleidlosigkeit, weil sie an deren Fürbitte vor dem »Himmelstor« nicht mehr glauben.

Auch in dem unmittelbar danach entstandenen Roman *Zorn des Meeres* geht die Zerstörung einstiger Veilchenfelder auf das Konto der Besiedelung. Menekşe ist das türkische Wort für »Veilchen« und der Name des Fischerdorfs jenseits von Florya. Den teilweise noch idyllischen Ort, an dem das Romangeschehen spielt, werden Sie im heutigen Menekşe vergebens suchen.

Das eigentliche Thema des Buches ist freilich das Abschlachten der Delphine im Marmarameer, worüber der Fischer Selim geradezu den Verstand verliert. Wie immer bei Yaşar Kemal ist der Roman reich an anschaulich gezeichneten Charakteren, meist Männergestalten, doch der Fischer Selim, der sich in einen Delphin verliebt, dessen Tod ihn derart verstört, daß er zum gefährlichen Einzelgänger wird, ist eine geradezu klassische Figur wie der edle Räuber Mehmet in *Mehmet, mein Falke*, dem Roman, der den Autor Yaşar Kemal in Deutschland bekannt gemacht hat.

Da der Fischfang im Marmarameer nicht mehr lukrativ ist, verlegen sich die Fischer auf die Delphinjagd. Sie erschlagen die Tiere und kochen gleich am Ufer den Tran aus, der viel Geld bringt. Selim ist einer Gruppe von Fischern auf die Schliche gekommen:

»Plötzlich begann sein Herz zu rasen, Schwindel ergriff ihn, und ihm wurde schwarz vor Augen. Zwei Schritte vor ihm lag sein Delphin, das Mal auf seinem Rücken wurde immer dunkler und die geknickte Flosse schlug hin und her.« Selim vermutet den Mörder in Fischer Dursun, dem Kahlen. Nur mit Mühe halten die anderen Fischer Selim davon ab, Dursun umzubringen.

Einen befreundeten Fischer, der Selim zuvor schon zu überzeugen versucht hat, daß das Geschäft mit dem Delphintran die einzige Lösung für die wirtschaftliche Not der Branche ist, belehrt Selim:

»Der Zorn des Meeres wird über euch kommen, die Delphine waren die Schönheit der See, Gott wird uns grollen, die Delphine waren die schönsten unter seinen Geschöpfen, Prophet Mohammed und Prophet Jonas werden uns grollen, die Delphine waren ihre Lieblinge … Ihr habt nicht gut getan. Die Meere werden veröden, die Welt wird sich gegen uns stellen. Wenn es keine Delphine mehr gibt, werden die Meere sich uns verschließen, wird die See uns eine Mauer der Finsternis sein.«

Doch sind die Menschen in dem alten Fischerdorf Menekşe keineswegs ideal gezeichnet, denn die harten Lebensverhältnisse haben auch die Männer hart, ja brutal werden lassen. Daß einer von ihnen zum Mörder wird, ist nur zu verständlich. Zeynel Çelik, die andere Hauptperson des Romans, erschießt zu Beginn der Handlung im Kaffeehaus von Menekşe den Fischer Ihsan, und diese Tat versetzt alle im Dorf in Panik.

»Denn hier in Menekşe hatte keiner, die Verwandten inbegriffen, diesen Jungen gut behandelt. Im eisigen Winter hatten sie ihn zum Fischen mit hinausgenommen und ihm seinen Anteil vorenthalten, und der Junge Zeynel hatte den Kopf gesenkt und geschwiegen.« Andere längst vergangene Ungerechtigkeiten und Brutalitäten bis hin zur Vergewaltigung werden aufgerollt, die Zeynel, da er kein Kind mehr ist, nun rächen wird. So warten alle darauf, daß er kommt, um ihnen die Hütte anzuzünden oder sie über den Haufen zu schießen. Einzig der Fischer Selim kann sich Zeynel entgegenstellen, denn er hat ihn nie gekränkt.

Wir verlassen Florya entweder mit dem Zug oder mit dem Taxi, das ist eine Frage des Fahrpreises. Unser Ziel ist Yedikule. Dort angekommen, wenden wir uns nach dem Verlassen des Bahnhofs nach links und sehen nach wenigen Metern die Festung vor uns. Ihr Anblick hat Paul Geiersbach jedesmal, wenn er von Deutschland wieder in seine Mahalle (Wohnviertel) Yedikule zurückkehrte, neu »angerührt«. »Da sieht man von weitem zunächst die mächtige Festung, die Zitadelle, deren alte Gemäuer sich nach Norden in die Ruinen der einstmaligen Stadtmauer verlängern, welche von Ferne einem Sandsteingebirge gleicht mit hoch aufragenden Felsblöcken, Felskegeln, die noch immer der Witterung trotzen, mit Steigungen, Senken, Schanzen, Satteln, Abbrüchen, die an eine zerklüftete Hochgebirgslandschaft erinnern. Beim Näherkommen sieht man dann Gemüsefelder, Obstgärten, Viehkoppeln, die der Festung und Mauer vorgelagert sind. Versteckt in ihrem Grün: Lauben, Hütten, Ställe.«

Dieser Anblick bietet sich Ihnen, wenn Sie bei der Besichtigung der Zitadelle auf eine der Mauern steigen. Die Festung ist heute soweit renoviert, daß die Begehung nicht lebensgefährlich ist, auch gibt es (manchmal) Führungen. Yedikule vereint Byzantinisches mit Osmanischem. Sultan Mehmet II. Fatih baute bald nach der Einnahme der Stadt die Theodosianische Wehranlage aus, fügte ihren vier Türmen drei weitere hinzu und bezog auch die alte Triumphpforte am Ende der aus Thrakien kommenden altrömischen Via Egnatia, die Porta Aurea, mit ein. Die drei Durchgänge des Ehrentores wurden vermauert. Was davon heute noch zu sehen ist, läßt den einstigen Glanz (vergoldete Türen, Statuen des Kaisers Theodosius und der Siegesgöttin Nike, Elefantenquadriga) kaum erahnen.

Wie manche seiner Kollegen beklagt Deniz Som in seinen Essays *Tepe Tepe Istanbul* (Istanbul von Hügel zu Hügel) den unbekümmerten, ja respektlosen Umgang mit den historischen Werten. Sarkastisch merkt er an, wie hübsch sich der Anblick weidender Schafe im wilden Gras zwischen den korinthischen Säulen und der mit Wachstuch bedeckte Tisch des Wächters neben den aufgereihten steinernen Kanonenkugeln für europäische Touristen ausnehmen wird. Im übrigen holt Deniz Som, der ja für türkische Leser schreibt, erst einmal Geschichtsunterricht nach, teilt z. B. mit, daß die Osmanen die Festung als Staatsgefängnis, Hinrichtungsstätte und zeitweilig zur Aufbewahrung des Staatsschatzes benutzten. Wir können den »Turm der Gesandten« besichtigen, wo die bedauernswerten Unterhändler auswärtiger Mächte eingekerkert saßen, und versuchen, die Inschriften zu entziffern. Eine anonyme, in Versform verfaßte französische Inschrift versucht es mit geistlichem Zuspruch:

>»Prisonniers qui, dans les misères
> Gémissez dans ce triste lieu,
> Offrez-les de bon cœur à Dieu
> Et vous les trouverez légères.«

Auf deutsch lautet das Ganze: »Gefangene, die ihr im Elend an diesem traurigen Ort stöhnt, stellt eure Leiden mit vertrauendem Herzen Gott anheim, und sie werden euch leicht erscheinen.«
Als der Dichter Sait Faik, der zwischendurch auch journalistisch arbeitete, im Sommer 1948 für die Zeitschrift *Yedigün* (Sieben Tage) die Festung und dabei den Turm der Gesandten beschrieb, stellte er vor allem den Gegensatz zwischen dem glühenden, blühenden Leben draußen und der tödlichen Kälte im Turm heraus:
»Wir haben draußen eine Hitze von 37 Grad im Schatten zu-

rückgelassen. Jetzt beginnt hier eine schauerliche Kühle, die einen berührt wie ein Todeshauch. Es kam aber noch schlimmer. Der Wächter erklärte, daß im Winter den Gefangenen das Mark in den Knochen gefror, daß sie mit den Zähnen klapperten. (...) Durch die vergitterten Fenster der weiße, geschmolzene Junimond; die Käfer, die Bienen, die Terebinthen, die den Menschen zum Leben einladen, doch hier erwartet ihn der Tod. Draußen ist alles so klar, so weiß, so verführerisch. Hier drinnen schaudert man in dieser gräßlichen Kälte.«

Hingerichtet wurden in Yedikule unter anderem der Großwesir von Mehmet II., Mahmut Paşa (1474), und ein anderer Großwesir, Ferhat Paşa, 1595 nach dem Thronantritt Mehmets III. Der berühmteste Gefangene in Yedikule war »Jung-Osman«, Sultan Osman II., der, erst 18 Jahre alt, am 22. Mai 1622 sterben mußte. Darüber schreibt der türkische Reiseschriftsteller Evliya Çelebi (1611-82), der die Ereignisse als Kind, wenn nicht miterlebt, so doch aus unmittelbaren Berichten gekannt hat:

»In einem Karren brachten sie ihn nach Yedikule, wo sie barbarisch mit ihm verfuhren und er zuletzt grausam durch einen Ringer erwürgt wurde. Als sein Leichnam auf einer Matte ausgestreckt lag, schnitt Kafir Ağa ihm das rechte Ohr ab, und ein Janitschar tat das gleiche mit einem Finger wegen eines Rings, der an ihm war.«

Ohr und Finger waren Beweisstücke für Mah Peyker, die Mutter des alten und neuen Sultans, des geistesschwachen Mustafa I. (Osmans Onkel), die statt seiner die Macht ausübte. Ein trübes Kapitel der osmanischen Geschichte. Den Schmerz über das grausame Schicksal des jungen Sultans hat sich das Volk bald in Liedern von der Seele gesungen, etwa mit der von dem Historiker Naima überlieferten anony-

men Trauerode. Wir zitieren sie hier nach Kreiser, dessen
Werk *Istanbul* eine wahre Fundgrube für Texte aus osmanischer Zeit bildet.

»Er war einst ein großmächtiger Schah,
*Sie haben den Herrscher der Welt ermordet!*
Er war ein junger Löwe voller Mut,
*Sie haben den Herrscher der Welt ermordet!*

Er war ein heldenhafter Glaubenskämpfer,
Ein Sultan von edelster Abstammung,
Osman Han war er genannt von Namen,
*Sie haben den Herrscher der Welt ermordet!*

Während er berufen war zu regieren,
Während er den Befehl Gottes befolgte,
Während er sich auf die Wallfahrt vorbereitete,
*Sie haben den Herrscher der Welt ermordet!*

O Herz! Mein Inneres wurde zu Blut,
Mein Schmerz vervielfachte sich,
Alle Verständigen weinen,
*Sie haben den Herrscher der Welt ermordet!*

Es ist die Stunde des Weltuntergangs nahe nun
Es ist der Tag des Jüngsten Gerichts nun
Die Janitscharen überkommt die Reue nun
*Sie haben den Herrscher der Welt ermordet!*

Es war eine Zeit der staatlichen Unordnung, in der Hauptstadt litt die Bevölkerung Hunger. Der »Junge Osman« hatte
sich bei den Janitscharen mit dem Verbot von Tabak und
Alkohol unbeliebt gemacht, als sei das allgemeine Elend die

Folge ihrer Sünden und durch Buße und Wallfahrt wiedergutzumachen. Offensichtlich in Anspielung auf die eigene Gegenwart greift Sait Faik diesen Gedanken auf, wenn er schreibt: »Die Verwaltung war schludrig, das Volk hungrig, das Heer verwahrlost. Da wird es wohl helfen, wenn man Tabak und Alkohol verbietet.«

Daß sich die Erzählung *Der Turm* von Demir Özlü (geb. 1935) ebenfalls auf Yedikule bezieht, ist nur bei genauem Lesen zu erkennen. Denn die Vorstellung, ein potentieller Wärter habe den Ich-Erzähler vor einer einsamen Turmbesteigung gewarnt, erscheint, gemessen an den Worten und Gedanken, die ihm der Autor in den Mund legt, einigermaßen befremdlich:

»Du bist allein, der Turm, der höchste Turm, wird dich schwindelig machen. Es ist der Turm, den du in dir trägst, ja sogar dein einziger Turm. Der Turm deiner Subjektivität. Er ist das Einzige, das für deine innere Leere, für einen derartigen Höhenflug deines Bewusstseins sorgt. Es scheint so, es ist sogar so, als wäre er für dich persönlich errichtet worden. Dein Wesen, deine Existenz, die Leere samt den Wogen deines Daseins ist nichts anderes als dein eigener, in deiner Leere existierender Taumel.«

Beatrix Caner, die Übersetzerin der unter dem Titel *Der Beginn einer Liebe* erschienenen Istanbul-Erzählungen Özlüs, schreibt in ihrem Nachwort, der Autor habe in *Der Turm* allegorisch auf die politische Situation der 70er Jahre anspielen wollen: »Sicher nicht zufällig wählte der Autor diese Festung als Reflexionsebene seiner Gefühle, denn über Jahrhunderte diente dieser Bau als gefürchteter Kerker, war geradezu Symbol der Grausamkeit. Wer hier einsaß, hatte kaum eine Chance, seine Heimat jemals wiederzusehen.« Demir Özlü ging ins schwedische Exil, nachdem er zu Beginn der siebziger Jahre vielen Repressalien ausgesetzt gewesen war und drei linke politische Gefangene, die er als Anwalt verteidigt hatte, 1972 hingerichtet worden waren.

Innerhalb der Festung sind noch die Reste einer kleinen Moschee zu besichtigen, ebenso wie der Henkersbrunnen, der unterirdisch mit dem Meer in Verbindung stehen soll, so daß die Köpfe der Enthaupteten ins Marmarameer gespült wurden. So viel Schauriges aus einer düsteren Vergangenheit läßt sich am besten mit einer guten Mahlzeit verkraften. Wir nehmen Abschied von den Sieben Türmen und fahren mit dem Zug oder mit dem Taxi wieder stadteinwärts zu unserer letzten Station, den Fischrestaurants von Kumkapı.

Seinen Namen hat das Viertel vom sogenannten »Sandtor« in der Stadtbefestigungsanlage. Der armenische Historiker und Dichter Eremya Kömürciyan (1637-95), den Kreiser zitiert, widmet dem früher überwiegend von Armeniern bewohnten Viertel eine ausführliche Beschreibung. Er zählt die griechischen und armenischen Kirchen auf und stellt die Auswirkung der großen Feuersbrunst von 1715 dar, der etwa 5000 Häuser zum Opfer fielen. Zu Beginn heißt es: »Der Name des fünften Tores ist Kumkapı. Schon immer sind die Weinschenken hier zahlreicher und schöner als in Samatya. (...) Auf dem Platz lebten in ihren Holzhütten Zigeuner mit ihrer Katzenmusik, jedoch hat der Großwesir Köprülü diese Hütten einreißen lassen und die Zigeuner vertrieben. Einige Männer, die Tag und Nacht nur Schlechtes im Sinn hatten, arrangierten mit Hilfe von Zigeunerweibern Rendezvous von schöne Damen mit ihren Liebhabern. Das Ganze wurde durch einflußreiche Türken, die davon erfuhren und in der Gegend wohnten, dem Großwesir hinterbracht. Der ließ daraufhin die Häuser der Zigeuner einreißen und entfernte sie aus der Gegend.«

Hier wird auf ethnische Konflikte in der Weltstadt angespielt. Heutzutage scheinen die Armenier, die die Fischrestaurants betreiben, und die Zigeuner, die dort die Gäste mit Musik und Bauchtanz unterhalten, sich prächtig arrangiert zu haben. Wir erreichen den zentralen Platz mit dem Brunnen, auf den die Straßen sternförmig zulaufen, und wählen eines der Lokale, die mit weiß gedeckten Tischen und einladend dienernden Kellnern vor der Tür um Gäste werben. Hier richten wir uns auf einen langen Abend ein. Wein oder Rakı, das ist für türkische Besucher eines Fischrestaurants keine Frage. Sie bevorzugen den Anisschnaps, der zu Vorspeisen und Fisch nicht nur gut schmeckt, sondern beste Magenverträglichkeit garantiert. Nach einer ausgiebigen Rakı-Session ist ein Kater weit seltener als nach einem Abendessen mit Wein.

Der Umgang mit Rakı will gelernt sein. Der Journalist Ahmed Rasim (1865-1932) hat 1927 in der Zeitschrift *Resimli Ay* (Der bebilderte Monat) eine kleine Rakı-Kunde veröffentlicht. Dabei geht es um den optimalen Genuß, der den Vollrausch vermeidet. Die Stadien von Neşe (Munterkeit) über Çakırkeyif (Beschwipstsein) zu Keyif (leichtem Rausch) und die dafür nötigen Rakı-Mengen, die stets zusammen mit reichlich Wasser getrunken werden, untersucht der Autor quasi wissenschaftlich. Wichtig sind natürlich die Qualität des Rakı und sein Alkoholgehalt, der damals in grado gemessen wurde. »Ich trinke meinen 19 grado-Rakı mit der zweieinhalbfachen Wassermenge und nehme mir dafür fünfundvierzig Minuten Zeit.«

Auch außerhalb eines Abendessens trinkt man Rakı niemals ohne Meze (Beikost). Diese kann aus warmen oder kalten Vorspeisen, Fisch oder auch Obst, Salat und Gemüse bestehen. Manche Rakı-Trinker bevorzugen frischen Schafskäse und Honigmelone. Wer nichts zu essen bestellt, be-

»Des Weines Boot kredenzte mir der Schenk – ich trank es leer.«
Fischrestaurants in Kumkapı

kommt automatisch Knabbernüsse vom Kellner serviert, damit die Wirkung des Alkohols abgemildert wird. Ein wirklich gläubiger Muslim darf nicht trinken, und wenn es ein Türke dennoch tut, versucht er mit den Auswirkungen nicht die Öffentlichkeit zu belästigen. Auch ist er, dem die »Ehre«, das Ansehen, sehr wichtig ist, sich wohl bewußt, daß der Rausch viel über einen Menschen verrät. Ziya Paşa (1820-1880) formuliert das in einem seiner Lehrgedichte folgendermaßen:

»Im Weinhaus zeigt sich deutlich, wer schlechtes Element –
Der Rausch ist guter Prüfstein, der die Substanzen trennt.

Wo guter Zuspruch fehlgeht, da muß getadelt sein,
Wen Tadel nicht erzieh'n kann, wird wohl nach Prügeln
schrei'n.
Unwissende genießen der Dummen Kumpanei;
Gefährte des Verrückten nur der Verrückte sei.«

Dies ist ein Ausschnitt aus einem sprachlich nicht sehr anmutigen – von Annemarie Schimmel übersetzten – Lehrgedicht, das sich auch noch über andere Laster verbreitet. Wir lassen uns nicht die gute Laune verderben und erinnern uns beim ersten Glas an Orhan Veli, der sich einmal wünschte: »Wäre ich doch ein Fisch in einer Rakı-Flasche!« So jedenfalls lautet die letzte Zeile seines sehr bekannten Gedichtes mit der Überschrift: *Eskiler Alıyorum* (Ich kaufe Altes). Es ahmt den Ruf des Altwarenhändlers nach, der altes Gerümpel aus den Häusern abholt, ist aber bildlich gemeint, in dem Sinne, daß der Dichter aus dem alten Gerümpel der Umgangssprache einen »Stern« macht, die neue Poesie.
Rakı-Trinker pflegen gerne eine kultivierte Unterhaltung, die

natürlich im Laufe des Abends ins Absurde (geyik) umschlagen kann. Auch Poesie in Liedform ist sehr beliebt, Trinklieder, die meist getragen und wehmutsvoll daherkommen. Einzelne Wirte verbieten allerdings das Singen, weil es andere Gäste belästigen könnte. Durch das Radio oder die vielen dem einstimmigen klassischen Kunstlied gewidmeten Fernsehsendungen sind Texte und Melodien bekannt, aber es gibt auch Textsammlungen, und ich habe erlebt, wie Rechtsanwälte und Geschäftsleute sich auf einen schönen Trinkabend mit Freunden vorbereiten, indem sie vorher einzelne Texte nachlesend auffrischen. Als Beispiele stelle ich hier ein sehr altes Lied von Baki (1526-1600), dem Hauptvertreter der Diwan-Literatur, und ein modernes von Avni Anıl (geb. 1928) vor. Das barocke Ghasel von Baki hat Annemarie Schimmel übertragen:

»Schenke, welche hübsche Rose ist der Weinpokal:
Wer ihn in die Hand genommen, wird zur Nachtigall.
Er sah auf das frische Brandmal meiner Brust und sprach:
›Welche schöne rote Nelke blüht in diesem Tal!‹
Dunkelblauer Rauch der Seufzer – (denk ich an dein Haar) –
Wird zu blauen Hyazinthen: Locken ohne Zahl.
Wer da wandelt auf den Fäden in der Liebsten Haar,
Wird umflochten von den Flechten dort in jedem Fall!
Wenn das Wasser der Vereinung Baki nicht erreicht,
Wird vom Feuer er der Trennung, ach, zu Asche all!«

Wer sich über die Gesetze, die in dieser alten Gedichtform herrschen, informieren will, möge das Vorwort von Annemarie Schimmel zu *Aus dem Goldenen Becher* lesen. Vielleicht werden Literaturfreunde ja auch an den *West-östlichen Divan* von Goethe erinnert.

O wie schade, daß wir uns beim Zitieren beschränken müssen. Ist nicht auch das Gedicht »Des Weines Boot kredenzte mir/Der Schenk – ich trank es leer: ...« von Bâkî wundervoll? Aber wir hatten noch einen Text des Liedermachers Avni Anıl versprochen, der nun gar nicht mehr mystisch zu interpretieren ist, sondern ganz weltlich. Fast jeder Türke kennt die wenigen Verse, die sich nicht reimen und nicht zwischen betonten und unbetonten Silben abwechseln. Nur die Wortstellung ist kunstvoll, sonst klingt das Ganze fast wie Prosa: »Bu akşam bütün meyhaneleri dolaştım Istanbul'un ...« Ach, Sie wollen es nicht auf Türkisch? Meine Übersetzung ist leider nicht imstande, so völlig Schmelz – und Schmalz – des Originals rüberzubringen. Also:

»Heute abend bin ich gezogen durch alle Kneipen Istanbuls
Dich suchend in den Lippenspuren auf den Kelchen.
Mein Schatz, ich wollte berauscht werden
Dich suchend in den Lippenspuren auf den Kelchen.«

Der reiche Liederschatz an solchen Abenden erschöpft sich keineswegs in Themen, die um das Trinken kreisen. Die Liebe und ihr Leid, die Schönheit der Heimat und der Natur, der Zustand der Fremdheit unter den Menschen, der die Dichter ja manchmal ergreift, sind ebenfalls geeignet, jenen Zustand zwischen Wachheit und Traum zu besingen oder zu erzeugen, der sich mit dem Genuß von Wein oder Rakı einstellt.

Zu guter Letzt sei ein Gedicht des virtuosen Wortkünstlers Ahmet Hamdi Tanpınar zitiert, das sogar in seiner Übersetzung (durch A. Schimmel) dieses Schweben mitteilt:

»Ich bin nicht mitten in der Zeit
Und nicht ganz außer ihr.
Das unteilbare Fluten weit
Des sel'gen Nu ist's hier.

So wie ein sonderbarer Traum
Verbinden Formen sich.
Die Feder, die im Winde fliegt,
ist nicht so leicht wie ich.

Wie eine Mühle flügellos,
so mahlt mein Kopf die Stille.
Mein Herz: Ein Derwisch ohne Sitz
Und ohne Wunsch und Wille.

Ein Efeu ist die Welt für mich,
die Wurzeln sind in mir.
Ich schwimm' in einem blauen Licht,
in reiner Bläue hier.«

Verse und Prosa von Ahmet Hamdi Tanpınar (1901-62) sind
so etwas wie ein Geheimtip. Er war zu Lebzeiten verkannt
und umstritten wegen seiner politischen Haltung, die weder
den »Linken« noch den »Rechten« gefiel. Er bejahte die junge Republik, auch in den schwierigen Jahren nach dem Tod
Atatürks (1938), und saß sogar als Abgeordneter im Parlament, zugleich aber bestand er darauf, die Vergangenheit
nicht zu verleugnen, auch nicht die osmanische. So begegnet
in seiner auf deutsch erschienenen Erzählung *Sommerregen*
ein Kenner der osmanischen Geschichte und Kultur einer
letzten Vertreterin dieser vergehenden Welt. Deshalb als de-
kadent angesehen, wurde der »Istanbuler« Intellektuelle von

der neuen Führungsschicht in Ankara massiv ausgegrenzt. Von seinen insgesamt fünf Romanen hat er zu Lebzeiten nur zwei veröffentlichen können. Seine Rehabilitation erfolgte erst in jüngster Zeit.

Wer als deutscher Gast mit türkischen Freunden trinkt, wird oft aufgefordert, selbst ein Gedicht oder Lied zum besten zu geben. Hier einen eigenen Beitrag zu leisten ist ein Gebot der Höflichkeit. Es war mir recht peinlich, bei meiner ersten Rakı-Session nichts anderes als eine Strophe von *Lily Marleen* auf Lager zu haben. Sehr gut kommen kurze Gedichte von Goethe, Eichendorff oder Brentano an. Das *Heideröslein* oder die *Mondnacht*, langsam, getragen gesungen, werden als schön empfunden.

Die unvermeidlichen Çingene (Roma), die in Kumkapı mit Geige, Klarinette und Trommel von Lokal zu Lokal ziehen und an einzelnen Tischen Ständchen geben, richten sich nach der Höhe des Bakschischs. Wenn Sie gar nichts geben und abwinken, wird die Truppe schnell weiterziehen. Bei höheren Beträgen fühlen sich die Musikanten verpflichtet, mehrere Stücke darzubieten, um das Honorar abzuarbeiten. Tanzen kann man wegen der Enge zwischen den Tischen nach den rhythmischen Weisen meist nicht, aber manche Leute hält es einfach nicht auf den Stühlen, sie stehen auf, bewegen Hüften und Schultern, andere klatschen den Takt im Sitzen mit.

Daß zu später Stunde eine Bauchtänzerin auftritt, ist keineswegs überall der Fall. In Kumkapı haben aber die Roma auch beim Bauchtanz das Monopol. Wolfgang Koydl schreibt in seinem Artikel *Wenn es Nacht wird in Istanbul*: »In Kumkapı beginnt die Karriere jeder Tänzerin, und für die meisten endet sie auch hier. Denn nur wenige schaffen den Sprung in die schicken und teuren Casinos rund um den Taksim-Platz droben im modernen Stadtteil Beyoğlu, der Welten von Kumkapı entfernt zu sein scheint.«

Ob der Bauchtanz nicht eigentlich untürkisch sei und deshalb in der sogenannten »Türkischen Nacht«, die fast alle Touristengruppen über sich ergehen lassen (müssen), nichts zu suchen habe, darüber entbrennt alle paar Jahre wieder der Streit in der Öffentlichkeit. Noch im Mai 2002 wollte Tourismusminister Mustafa Taşar den Bauchtanz als »arabische Entartung« verbieten lassen, konnte sich aber nicht durchsetzen. Aus der Sicht frommer Muslime sind selbst die meist züchtigen Rakı- oder Weingelage »untürkisch«, vor allem unislamisch. Das »Volk« ist in dieser Frage gespalten, doch meist so tolerant, dem Nachbarn seinen Spaß zu lassen, wenn dieser nicht stört.

Wir sind schon im Reich des »blauen Lichts« und finden hoffentlich am Ende dieses schönen Tages ohne Probleme unser Nachtlager.

# Kulturadressen

*(Alle Öffnungszeiten ohne Gewähr!!!)*

– **Atatürk Kültür Merkezi** (AKM, Atatürk Kulturzentrum) Taksim Meydanı. Theater, Oper, Konzert
– **Atatürk Müzesi** (Atatürk-Museum) in Şişli, Halaskargazi Cad. 250. Täglich außer Sa und So 9-17 Uhr
– **Arkeoloji Müzesi** (Archäologisches Museum) im Gülhane-Park beim Topkapı-Museum. Täglich außer Mo 9.30-17 Uhr
– **Basın Müzesi** (Pressemuseum) Çemberlitaş, Divanyolu Cad. 84. Täglich außer Sa und So 10-17 Uhr
– **Beylerbey Sarayı** (Sommerpalast am asiatischen Bosporusufer). Täglich außer Mo und Do 9.30-17 Uhr
– **Café Loti**, mit Gedenkstätte Loti, Eyüp, im Friedhof über dem Haliç. Tagsüber geöffnet
– **Cağaloğlu Hamamı** (türkisches Bad) in Cağaloğlu, liegt an der Verlängerung der Yerabatan Cad. Täglich bis 22 Uhr
– **Deutsche Buchhandlung** Türk Alman Kitapevi, Istiklal Cad. 481. (Übliche Geschäftszeiten)
– **Dichterpark** in Beşiktaş, Süleyman Sera Cad. Immer zugänglich
– **Dichterpark** in Bebek am europäischen Bosporusufer. Immer zugänglich
– **Dolmabahçe Sarayı** am europäischen Bosporusufer. Täglich außer Mo und Do 9-16 Uhr
– **Goethe-Institut** in Galatasaray, Yeniçarşı Cad. 52 bzw. in Galata in der »Teutonia« Galip Dede Cad. 85
– **Hagia Sophia** (Ayasofya Müzesi). Täglich außer Mo 9.30-17 Uhr
– **Haseki Hürrem Hamamı** (ehemaliges Hamam der Haseki Hürrem) zwischen Hagia Sophia und Sultan Ahmet Camii, Ausstellung von Teppichen und Kelims. Täglich außer Di 9.30-17.30 Uhr
– **Hüseyin Rahmi Gürpınar Müzesi** (Wohnhaus/Museum des Dichters H. R. Gürpınar) Insel Heybeli. Im Sommer außer Mo ganztägig geöffnet; im Winter Di, Do, Sa geöffnet
– **Irenenkirche** (Hagia Eirene) im ersten Hof des Topkapı Sarayı. Zu Konzerten geöffnet

- **Kapalı Çarşı** (Gedeckter Basar). Täglich außer So zu Geschäftszeiten
- **Kariye Camii** (Chora-Klosterkirche) bei Edirnekapı. Täglich außer Mi 9.30-17 Uhr
- **Mevlevihane Müzesi** (Kloster der Tanzenden Derwische) Galata, Galip Dede Cad.15. Täglich außer Di 10-17 Uhr
- **Mosaik Müzesi** (Mosaikenmuseum) hinter der Sultan Ahmet Camii. Täglich außer Di 9.30-17 Uhr
- **Muammer Karaca Tiyatrosu** (altes Theater in Beyoğlu) Muammer Karaca Sokak. Ausstellung auch tagsüber geöffnet
- **Reşat Nuri Güntekin** (Dichter-Wohnhaus) nur von außen zu besichtigen, Büyükada (Große Insel) Ortsteil Maden
- **Rumeli Hisarı** (Festung) am europäischen Bosporusufer. Täglich außer Mi 10-17 Uhr
- **Sahaflar Çarşısı** (Bücherbasar und Antiquariate) zwischen Universität und Großem Basar. Täglich zu Geschäftszeiten
- **Sait Faik Müzesi** (Wohnhaus/Museum des Dichters Sait Faik) Insel Burgaz. Mo geschlossen; Mittagspause 12-14 Uhr
- **Türk ve Islam Eserleri Müzesi** (Museum für türkische und islamische Kunst) Atmeydanı in Sultanahmet. Täglich außer Mo 9.30-17 Uhr
- **Türk Vakıf Hat Sanatları Müzesi** (Museum für Kalligraphie) Beyazit Meydanı, an der Beyazit-Moschee. Di-Sa 9-16 Uhr
- **Topkapı Sarayı**. Täglich außer Di 9.30-17 Uhr
- **Vakıflar Halı ve Kilim Müzesi** (Teppich- und Kelim-Museum) im Komplex der Sultan Ahmet Camii. Täglich außer So 9-16 Uhr
- **Yedikule** (Kastell) im südlichen Teil der Landmauer. Täglich außer Mo 10-17 Uhr
- **Yerebatan Sarnıcı** (Zisterne) bei der Hagia Sophia. Mo-Fr 9-17 Uhr
- **Yıldız Sarayı** in Beşiktaş. Täglich außer Mo 9.30-16 Uhr

**Aktuelles Veranstaltunsgprogramm**

www.istdt.gov.tr Homepage, die Kulturveranstaltungen (Theater, Konzerte) der staatlichen Bühnen in Istanbul anzeigt. Kartenverkauf z. B. im AKM (siehe oben) www.idobale.com zeigt das Opern- und Ballettprogramm an

www.ibst.gov.tr zeigt das Programm der städtischen Bühnen an (Programmhefte z. B. auch im Muammer Karaca-Tiatrosu, siehe oben, zu bekommen)

www.istanbul.com.tr bietet einen guten Veranstaltungskalender auf türkisch

www.bigglook.com/biggistanbul türkisches Portal für Events

www.istfest.org Kultur- und Festivalprogramm der Istanbul Foundation

# Quellenverzeichnis

Bei türkisch angegebenen Titeln stammt die Übersetzung der Zitate im Text, wenn nicht ausdrücklich anders vermerkt, von Barbara Yurtdaş.

Abısyanık: siehe Sait Faik

Halide Edip Adıvar, Das Flammenhemd. Roman. Internationaler Verlag Renaissance, Wien 1925

Halide Edip Adıvar, Kinder die ich kannte. Erzählung. In: Das Geisterhaus. Türkische und ägyptische Novellen. Butzon und Berker, Kevelaer 1949

Adalet Ağaoğlu, Dar Zamanlar-1. Ölmeye Yatmak, Istanbul 1994

Adalet Ağaoğlu, Die zarte Rose meiner Sehnsucht. Roman. Ararat Verlag, Stuttgart 1979

Adalet Ağaoğlu, Romantik bir Vienna Yazı. Roman. Istanbul 1994

Aischylos, Die Perser. Reclam Verlag, Stuttgart 1974

Ahmet Altan, Der Duft des Paradieses. Roman. © Wolfgang Krüger Verlag, Frankfurt am Main 2002

Yesari Asim Arsoy: siehe Tuglacı (a. a. O.)

Ihsan Oktay Anar, Puslu Kıtalar Atlası. Roman. Istanbul 1995 / Der Atlas unsichtbarer Kontinente. Aus dem Türkischen von Ute Birgi. Ammann Verlag, Zürich 2004

Duygu Asena, Die Frau hat keinen Namen. Piper Verlag, München 1992

Duygu Asena, Meine Liebe, deine Liebe. Piper Verlag, München 1994

Franz Babinger, Mehmed der Eroberer. Piper Verlag, München 1987. © Bruckmann Verlag GmbH, München

Fakir Baykurt, Die Rache der Schlangen. Roman. Ararat Verlag, Berlin 1981

Cengiz Bektaş, Die Heiterkeit des Steins. In: GEO Spezial Türkei, 1989

Ilhan Berk, Galata. Istanbul 1985

Yahaya Kemal Beyatlı, Gedichte: siehe Tuglacı (a. a. O.) oder Schimmel (a. a. O.)

George Gordon Noel Byron, Lord, Briefe und Tagebücher. Herausgegeben von F. Burschell. S. Fischer Verlag, Frankfurt am Main 1960

Salah Birsel, Ah Beyoğlu, Vah Beyoğlu. Literaturgeschichtliche Aufsätze. 5. Aufl. Istanbul 1993

Monika Carbe, Ihre Stirn ohne Zeichen? Lyrik und Prosa in der Türkei – heute. Neue Zürcher Zeitung, 7./8.12.2002

Evliya Çelebi, Seyahatname. Zitiert nach Kreiser (a. a. O.) und Sumner-Boyd/Freely (a. a. O.)

Evliya Çelebi, Im Reiche des goldenen Apfels. Herausgegeben von R. F. Kreutel. Styria Verlag, Graz 1957

Agatha Christie, Mord im Orient-Express. Scherz Verlag, Bern-München-Wien 1999

Zehra Çırak, Flugfänger. Gedichte. edition artinform, ohne Erscheinungsort 1987

Zehra Çırak, Vogel auf dem Rücken eines Elefanten. © 1991 by Verlag Kiepenheuer & Witsch Köln

Elisabeth Gräfin Craven, Reise über die Krim nach Konstantinopel in den Jahren 1785/86: siehe Gallwitz (a. a. O.)

Jak Deleon, Boğaziçi Gezi Rehberi (Bosporusführer). Istanbul 1998

Jak Deleon, Balat ve Çevresi. Istanbul 1991

Umberto Eco, Baudolino. Roman. Aus dem Italienischen von Burkhart Kroeber. © 2001 Carl Hanser Verlag, München –Wien

Halide Edip: siehe Adıvar

Die Erzählungen aus den Tausendundein Nächten. Sechs Bände. Nach dem arabischen Urtext der Calcuttaer Ausgabe aus dem Jahre 1839 übertragen von Enno Littmann. Insel Verlag Frankfurt am Main und Leipzig 2004

Bedri Rahmi Eyüboğlu: siehe Schimmel (a. a. O.) und Tuglacı (a. a. O.)

Sait Faik, Bütün Eserleri 10. Essays, Reden, Briefe (türk.). Istanbul 1980

Sait Faik, Der Samowar. In: Türkische Erzählungen des 20. Jahrhunderts. Insel Verlag Frankfurt am Main und Leipzig 1992

Sait Faik, Wo keiner vom anderen weiß. In: Der Samowar. Erzählungen. Dipa Verlag, Frankfurt am Main 1996

Sait Faik, Das Schiff Stelyanos Hrisopulos. In: Der Samowar. Erzählungen. Dipa Verlag, Frankfurt am Main 1996

Sait Faik, Verschollene gesucht. Roman. Dipa Verlag, Frankfurt am Main 1993

Sait Faik, Ein Lastkahn namens Leben. Roman. Dipa Verlag, Frankfurt am Main 1991

Colin Falconer, Die Sultanin. Roman. Heyne Verlag, München 1995

Rosa von Förster, Constantinopel. Reiseerinnerungen. Berlin 1893. Zitiert nach Gallwitz (a. a. O.)

Barbara Frischmuth, Das Verschwinden des Schattens in der Sonne. Roman. © Residenz Verlag, Salzburg, Wien 1966

Barbara Frischmuth, Das bessere Leben. Erzählung. In: Rückkehr zum vorläufigen Ausgangspunkt. Residenz Verlag, Salzburg 1973. Abdruck mit freundlicher Genehmigung der Autorin.

Füruzan, O du schönes Istanbul. In: Frau ohne Schleier. Türkische Erzählungen. Deutscher Taschenbuch Verlag, München 1981

Füruzan, Die Fassade. In: Frau ohne Schleier. Türkische Erzählungen. Deutscher Taschenbuch Verlag, München 1981


Şeyh Galip, Hüsn-ü Aşk. Herausgegeben, ins moderne Türkisch übertragen und kommentiert von Prof. Muhammet Nur Doğan. Istanbul 2002

Esther Gallwitz (Hg.), Istanbul. Insel Verlag Frankfurt am Main 1981

Théophile Gautier, Constantinople. Paris 1853: siehe Gallwitz (a. a. O.)

Paul Geiersbach, Blinde Perle am Bosporus. Tagebuchaufzeichnungen mit Fotos aus Istanbul. Teil 1. Demet Verlag, Berlin 1999

Pierre Gilles (Petrus Gyllius), Topographische Beschreibung der

Stadt Constantinopel in den Jahren 1548-1549. Nürnberg 1828: siehe Gallwitz (a. a. O.)

Andrea Gorys, Istanbul. DuMont Verlag, 5. Aufl. Köln 2001

Julien Green, Meine Städte. Ein Reisetagebuch 1920-1984. © Paul List Verlag, München 1986

Graham Greene, Orient-Express. Roman. Aus dem Englischen von Gerhard Beckmann. © Paul ZsolnayVerlag Wien 1990

Fatima Grimm (Hrsg.), Die Bedeutung des Qur'âns. Fünf Bände. Arabischer und deutscher Text mit Kommentar. SKD Bavaria Verlag, 2. Aufl. München 1998

Dietrich Gronau, Nazim Hikmet. Rowohlt Verlag, Reinbek 1991

Anna Grosser-Rilke, Nieverwehte Klänge. Lebenserinnerungen. Verlag Otto Beyer, Leipzig-Berlin 1937

Halil Gülbeyaz, Mustafa Kemal Atatürk. Vom Staatsgründer zum Mythos. Parthas Verlag, Berlin 2003

Reşat Nuri Güntekin, Der Zaunkönig. Roman. A. H. Payne Verlag, Leipzig 1942

Nedim Gürsel, Der Eroberer. Roman. Aus dem Türkischen von Ute Birgi. © Amman Verlag, Zürich 1998


Halikarnas Balıkçısı, Mavi Sürgün. Ohne Erscheinungsort und -jahr

Joseph von Hammer-Purgstall, Geschichte des osmanischen Reichs. Acht Bände. Hartleben Verlag, Pest 1822-1828

Joseph von Hammer-Purgstall, Erinnerungen aus meinem Leben. Akademie Wien und Leipzig, Wien 1940-1942

Joseph von Hammer-Purgstall, Baki's des größten türkischen Lyrikers Diwan. C. F. Beck Verlag, Wien 1825

Gert Heidenreich, Im Augenlicht. Gedichte. © 2002 Deutsche Verlags-Anstalt, Stuttgart-München

Ernest Hemingway, Schnee auf dem Kilimandscharo. 6 Stories. Rowohlt Verlag, Reinbek 1961

Nazim Hikmet, Menschenlandschaften. Epos. Band 1 und 2. Edition Buntbuch im Germinal Verlag, Hamburg 1979/1980

Hikmet, Die Romantiker (Mensch! Das Leben ist schön). Edition Buntbuch im Germinal Verlag, Hamburg 1984

Nazim Hikmet, Eine Reise ohne Rückkehr. Gedichte. Türkisch-
deutsch. Dagyeli Verlag, Frankfurt am Main 1989

Nazim Hikmet, Die Luft ist schwer wie Blei. Gedichte. Türkisch-
deutsch. Dagyeli Verlag, Frankfurt am Main 1988

Nazim Hikmet, Nachtgedichte an meine Liebste. Edition Buntbuch
im Germinal Verlag Hamburg 1985

Nazim Hikmet, Das schönste Meer ist noch nicht befahren. Gedichte. Türkisch – deutsch. Dagyeli Verlag, Frankfurt am Main
1989

Selim Ileri, Das Böse. In: Türkische Erzählungen des 20. Jahrhunderts. Insel Verlag Frankfurt am Main und Leipzig 1992

Selim Ileri, Istanbul Yıldızlar Altında. Istanbul 1998

G. V. Inciciyan, Boğaziçi Sayfiyerleri. Aus dem Armenischen ins Türkische übertragen. Istanbul 2000

A. M. Jahn, Reise von Mainz nach Egypten, Jerusalem und Konstantinopel in den Jahren 1826-27. Mainz 1828. Zitiert nach Gallwitz
(a. a. O.)

Erhart Kästner, Aufstand der Dinge. Insel Verlag Frankfurt am Main
1973

Elsa Sophia von Kamphoevener, An den Nachtfeuern der Karawan-
Serail. Märchen und Geschichten alttürkischer Nomaden. 2 Teile.
Christian Wegner Verlag, Hamburg 1970

Orhan Veli Kanik, Fremdartig/Garip. Gedichte in zwei Sprachen. ©
Dagyeli Verlag GmbH, Frankfurt 1985

Yakup Kadri Karaosmanoğlu, Der Fremdling. Roman. Suhrkamp
Verlag Frankfurt am Main 1989

Yakup Kadri Karaosmanoğlu, Nur baba. Roman. Istanbul o. J.

Konstantinos Kavafis, Das Gesamtwerk. Aus dem Griechischen von
Robert Elsie. © Amman Verlag, Zürich 1997

Konstantinos Kavafis, Die Lüge ist nur die gealterte Wahrheit. No-
tate, Prosa und Gedichte aus dem Nachlaß. Carl Hanser Verlag,
München 1991

Yaşar Kemal, Zorn des Meeres. © Unionsverlag, Zürich 1996

Yaşar Kemal, Auch die Vögel sind fort. Erzählung. © Unionsverlag, Zürich 1984

Eremya Kömürciyan: siehe Kreiser (a. a. O.)

Wolfgang Koydl, Der Bart des Propheten. Haarige Geschichten aus Istanbul. © Picus Verlag, Wien 1998

Der Koran. Deutsch von Max Henning. Reclam Verlag, Stuttgart 1991

Klaus Kreiser, Istanbul. Ein historisch-literarischer Stadtführer. © Verlag C. H. Beck, München 2001

Onat Kutlar, Nur dunkel soll es nicht werden. In: Türkische Erzählungen des 20. Jahrhunderts. Insel Verlag Frankfurt am Main und Leipzig 1992


Mario Levi, Istanbul bir Masaldı. Istanbul 1999

Robert Lidell, Die Stadt am Bosporus. Verlag Fretz & Wasmuth, Zürich/Stuttgart 1959

Zülfü Livaneli, Der Eunuch von Konstantinopel. © Unionsverlag Zürich, 2000

Pierre Loti, Aziyadeh. Suhrkamp Verlag Frankfurt am Main 1983

Pierre Loti, Die Entzauberten. Roman. Ullstein Verlag, Berlin – Wien 1912

James Lovett, O Istanbul. Poems for a Turkish Album. Englisch – türkisch. Übersetzung von Coşkun Yerli. Istanbul 2001


Karl May, Von Bagdad nach Stambul. Karl-May-Verlag, Bamberg 2003

Helmuth von Moltke, Briefe über Zustände und Begebenheiten in der Türkei. Greno Verlag, Nördlingen 1987

Lady Mary Montagu, Briefe aus dem Orient. Societäts-Verlag, Frankfurt am Main 1991

Kenizé Mourad, Im Namen der toten Prinzessin. Roman eines Lebens. © Piper Verlag GmbH, München 1989

Aziz Nesin, So geht es nicht weiter – der Weg beginnt. Teil 1, Auto-
  biographischer Roman. ikoo Verlag, Berlin 1986
Aziz Nesin, Surnâme. Man bittet zum Galgen. Satirischer Roman.
  Unionsverlag, Zürich 1996. © Eremiten-Presse, Düsseldorf
Aziz Nesin, Wie Elefanten-Hamdi verhaftet wurde. Geschichten
  rund um die Polizei. ikoo Verlag, Berlin 1984
Aziz Nesin, Wir leben im 20. Jahrhundert. Satiren aus dem türki-
  schen Alltag. ikoo Verlag, Berlin 1983
Aziz Nesin, Meine eigene Geschichte. In: Zwischen Bosporus und
  Anatolien. Erzählungen. Eulenspiegel Verlag. Berlin o. J.

Aras Ören, Der kurze Traum aus Kağıthane. Versepos. Rotbuch Ver-
  lag, Berlin 1974
Halid Fahri Ozansoy: siehe Tuglacı (a. a. O.)
Refik Özcan. Herausgeber von: Gönül Bahçemizdeki Güfteler
  (Texte türkischer Kunstlieder). Istanbul 1996
Emine Sevgi Özdamar, Die Brücke vom Goldenen Horn. Roman. ©
  1998, 1999 by Verlag Kiepenheuer & Witsch Köln
Emine Sevgi Özdamar, Goldene Stadt. In: Merian Istanbul, Ham-
  burg 2002
Işıl Özgentürk, Çınaraltı Değisti Mi? In: Öykülerde Istanbul (Istan-
  bul in Erzählungen). Istanbul 2001
Demir Özlü, Ein Istanbuler Traum. Erzählung. Dagyeli Verlag,
  Frankfurt am Main 1987
Demir Özlü, Der Beginn einer Liebe. Geschichten aus Istanbul. Lite-
  raturca Verlag, Frankfurt am Main 2002
Demir Özlü, Der Turm. In: Der Beginn einer Liebe (a. a. O.)
Demir Özlü, Yerebatan. In: Der Beginn einer Liebe (a. a. O.)
Ayşe Osmanoğlu, Babam Sultan Abdulhamid. Istanbul 1960. Zitiert
  nach Kreiser (a. a. O.)

Orhan Pamuk, Das Schwarze Buch. Roman. Aus dem Türkischen
  von Ingrid Iren. © 1995 Carl Hanser Verlag, München–Wien
Orhan Pamuk, Rot ist mein Name. Roman. Aus dem Türkischen von
  Ingrid Iren. © 2001 Carl Hanser Verlag, München–Wien

Orhan, Pamuk, Die weiße Festung. Roman. Insel Verlag Frankfurt
am Main und Leipzig 1990
John Parkinson, Sons of Islam. Ohne Erscheinungsort und -jahr
François Pouqueville: siehe Gallwitz (a. a. O.)

Jean Racine, Bajazet. In: Jean Racine, Théatre Complet II. Garnier-
Flammarion, Paris 1965
Christoph Ransmayr, Die letzte Welt. Eichborn Verlag Frankfurt am
Main 1999
Ahmed Rasim, Kleine Rakıkunde. In: Resimli Ay. Istanbul 1927. Zi-
tiert nach Kreiser (a. a. O.)
Rudzinski, Eine Brücke verbindet Europa und Asien. Frankfurter
Allgemeine Zeitung, 19. 7. 72

Saliha Scheinhardt, Und die Frauen weinten Blut. Express Edition,
Berlin 1985
Schimmel, Annemarie (Übers. und Hg.), Aus dem Goldenen Becher.
Türkische Gedichte aus sieben Jahrhunderten. Önel Verlag, Köln
1993
Christiane Schlötzer, Sogar vom Duft der Erde wirst du berauscht.
Auf der Suche nach Konstantinos Kavafis in Istanbul. Süddeut-
sche Zeitung, 26./27. 1. 2002
Christiane Schlötzer, Der Rebell, der die Poesie entfesselte. Zum 100.
Geburtstag von Nazim Hikmet. Süddeutsche Zeitung, 11. 2. 2002
Christiane Schlötzer, Kostbarkeiten im Keller. Bücherstreit an der
Istanbuler Universität. Süddeutsche Zeitung, 23. April 2002
Eberhard Schulz, Die Erfüllung eines Traums: Ein Weg über den Bos-
porus. Frankfurter Allgemeine Zeitung, 26. 10. 73
Salomon Schweigger, Eine neue Reyßbeschreibung auß Teutschland
nach Constantinopel und Jerusalem. Nürnberg 1608: siehe Gall-
witz (a. a. O.)
Salomon Schweigger, Zu Hofe des türkischen Sultans. Bearbeitet
von Heidi Stein. VEB Brockhaus Verlag, Leipzig 1986
Joachim Seyppel/Tatjana Rilsky, Hinten weit in der Türkei. Reisen
und Leben. Limes Verlag, Wiesbaden/1983

Şiirlerle Atatürk ve Milli Bayramlarımız. Herausgegeben von Nahit Ali Taşkın. Ankara 1999

Deniz Som, Tepe Tepe Istanbul. Reportagen. Istanbul 2001

Hilary Sumner-Boyd / John Freely, Istanbul. Ein Führer. Prestel Verlag, München, 5. Aufl. 1994

Haldun Taner, Yalıda Sabah. Erzählungen. Band 4. Istanbul 1999

Haldun Taner, Die Ballade von Ali aus Keşan. Theaterstück. © Dagyeli Verlag GmbH, Frankfurt am Main 1985

Haldun Taner, Lachend sterben. Erzählungen. Express Verlag, Berlin 1984

Ahmet Hamdi Tanpınar, Sommerregen. Erzählungen. Literaturca Verlag, Frankfurt am Main 2001

Cahit Sıtkı Tarancı: siehe Tuglaci (a. a. O.)

Latife Tekin, Der Honigberg. Roman. © Unionsverlag, Zürich 1987

Alev Tekinay, Der weinende Granatapfel. Roman. Suhrkamp Verlag Frankfurt am Main 1990

Alev Tekinay, Zum fremden Strand. Erzählung. In: Die Deutschprüfung. © Verlag Brandes & Apsel, Frankfurt am Main 1989

Muhammed (bzw. Mehmed) Tevfiq, Ein Jahr in Konstantinopel. Herausgegeben von Theodor Menzel. Berlin 1905: siehe Gallwitz (a. a. O.) und Kreiser (a. a. O.)

Joseph Pitton de Tournefort, Beschreibung einer im Jahr 1700 unternommenen Reise. Nürnberg 1828: siehe Gallwitz (a. a. O.)

Vedat Türkali, Bir Gün Tek Başına. Roman. Istanbul 1999

Vedat Türkali, Yesilçam Dedikleri Türkiye. Roman. Istanbul 2001

Pars Tuglacı, Tarih Boyunca Istanbul Adaları. 2 Bände. Istanbul 1995

Mark Twain, Reise durch die Alte Welt. Hoffmann und Campe Verlag, Hamburg, 3. Aufl. 1968

Ruşen E. Ünaydın, Boğaziçi Yakından (Der Bosporus aus der Nähe). Istanbul o. J.

Orhan Veli: siehe Kanik

Ulya Vogt-Göknil, Die Moschee. Grundformen sakraler Baukunst. Artemis Verlag, Zürich – München 1978

Barbara Yurtdaş, Herzraster. Gedichte. © Barbara Yurtdaş, Hamburg 2000

Barbara Yurtdaş, Wenn Frauen reisen. Piper Verlag, München 1995

Barbara Yurtdaş, Gebrauchsanweisung für die Türkei. Piper Verlag, München, 3. Aufl. 1997

Barbara Yurtdaş, Weihnachten in Izmir. In: Weihnachtsbasar. Deutscher Taschenbuch Verlag, München 2002

Barbara Yurtdaş, Wo auch ich zu Hause bin. Piper Verlag, München 1994

Stefan Zweig, Die Eroberung von Byzanz. In: Sternstunden der Menschheit. © S. Fischer Verlag GmbH, Frankfurt am Main 1959

## Zum Weiterlesen (Auswahl)

Ahmet Altan, Isyan Günlerinde Aşk. Roman. Istanbul 2001

Duygu Asena, Meine Liebe, deine Liebe. Roman. Piper Verlag, München 1994

Yusuf Atılgan, Hotel Heimat. Roman. Verlag am Galgenberg, Hamburg 1985

Esmahan Aykol, Hotel Bosporus. Kriminalroman. Diogenes Verlag, Zürich 2003

Beatrix Caner, Türkische Literatur. Klassiker der Moderne. Olms Verlag, Hildesheim 1998

Necati Cumali, Istanbul. Erzählung. In: Die Pforte des Glücks (a. a. O.)

Fazıl Hüsnü Dağlarca, Brot und Taube. Gedichte. Verlag Volk und Welt, Berlin (DDR) 1984

Orhan Duru, Querschnitt. Erzählung. In: Geschichten aus der Geschichte der Türkei (a. a. O.)

Ferit Edgü, Ein Sommer im Septemberschatten. Roman. Unionsverlag, Zürich 1990

Yunus Emre, Das Kummerrad/Dertli Dolap. Volksdichtung (zweisprachig). Dagyeli Verlag, Frankfurt am Main 1986

Nazlı Eray, Phantastische Symphonie. Erzählungen. Verlag am Galgenberg, Hamburg 1986

Leyla Erbil, Der Spiegel. Erzählung. In: Aufbruch aus dem Schweigen (a. a. O.)

Semavi Eyice, Galata ve Kulesi/Galata and it's Tower (türkisch/englisch), Istanbul 1969

Yeorgios Francis, Şehir Düştü. (Einnahme Konstantinopels aus griechischer Sicht). Istanbul 2002

John Freely/Hilary Sumner-Boyd, Istanbul. Ein Führer. Prestel Verlag, München 1994

Füruzan, Frau ohne Schleier. Erzählungen. Europa Verlag, Wien München Zürich 1976

Andrea Gorys, Istanbul. Reisetaschenbuch. DuMont Verlag, Köln 2001

Çelik Gülersoy, The Çerağan Palaces. Istanbul 1992

Attila Ilhan, Kurtlar Sofrası. Roman. Istanbul 2002

Istanbul Şiirleri (Gedichte, Anthologie). Alfa, Istanbul 2002

Bilge Karasu, So töte mich doch, Meister. In: Türkische Erzählungen des 20. Jahrhunderts (a. a. O.)

Bilge Karasu, Göçmüş Kediler Bahçesi. Roman. Istanbul 1979

Orhan Kemal, Murtaza oder das Pflichtbewußtsein des kleinen Mannes. Novelle. Ararat Verlag, Berlin 1981

Orhan Kemal, Sokaklardan Bir Kız. Roman. Istanbul 1999

Orhan Kemal, Yalancı Dünya. Roman. Istanbul 2001

Yaşar Kemal, Memed, mein Falke. Roman. Unionsverlag, Zürich 1955

Klaus Kreiser/Christoph K. Neumann, Kleine Geschichte der Türkei. Reclam Verlag, Stuttgart 2003

Mithat Cemal Kuntay, Üç Istanbul (historisch). Erstmals: Istanbul 1938, Neuauflage: Istanbul 1989

Şükran Kurdakul, Çağdaş Türk Edebiyatı (Geschichte der modernen türkischen Literatur). 4 Bände. Istanbul o. J.

Pınar Kür, Taksim-Maçka. Erzählung. In: Aufbruch aus dem Schweigen (a. a. O.)

Knut Liese (Fotos)/Wolfgang Koydl, Istanbul. Bruckmann Verlag, München 1998

Pierre Loti, Die Entzauberten. Ullstein Verlag, Berlin–Wien 1912

Nezihe Meriç, Ohne Wasser. Erzählung. In: Türkische Erzählungen des 20. Jahrhunderts (a. a. O.)

Barbara Nadel, Belsazars Tochter. Kriminalroman. List Verlag, München 2001

Barbara Nadel, Der Gläserne Käfig. Kriminalroman. List Verlag, München 2003

Barbara Nadel, Im Gewand der Nacht. Kriminalroman. List Verlag, München 2004

Aziz Nesin, Ein Verrückter auf dem Dach. Satiren. C. H. Beck Verlag, München 1996

Christoph K. Neumann (u. a.), Merian live! Istanbul. Gräfe und Unzer Verlag, München 2002

Celil Oker, Schnee am Bosporus. Kriminalroman. Unionsverlag, Zürich 2000

Celil Oker, Foul am Bosporus. Kriminalroman. Unionsverlag, Zürich 2001

Öykülerde Istanbul. Erzählungen, Anthologie. Türkiye Is Bankasi K. Y., Istanbul 2001

Aysel Özakın, Die Preisvergabe. Buntbuch-Verlag, Hamburg 1982

Emine Sevgi Özdamar, Mutterzunge. Verlag Kiepenheuer und Witsch, Köln 1998

Işıl Özgentürk, Der Dolch. Erzählung. In: Aufbruch aus dem Schweigen (a. a. O.)

Demir Özlü, Mittag in Beyoğlu. Erzählung. In: Die Türkei erzählt (a. a. O.)

Tezer Özlü, Die kalten Nächte der Kindheit. Roman. Express Edition, Berlin 1985

Christoph Peters, Das Tuch aus Nacht. Roman. Goldmann Verlag, München 2003

Hermann Ludwig Heinrich Fürst von Pückler-Muskau, Fürst Pücklers orientalische Reisen. Verlag Hoffmann und Campe, Hamburg 1964

Haldun Taner, Es regnet in Şişhane. Erzählung. In: Die Pforte des Glücks (a. a. O.)

Tomris Uyar, Der Schaum. Erzählung. In: Aufbruch aus dem Schweigen (a. a. O.)

**Anthologien (Auswahl)**

Aufbruch aus dem Schweigen. 16 Erzählerinnen aus der Türkei. Buntbuch-Verlag, Hamburg 1984

Çağdaş Türk Öyküleri, Zeitgenössische türkische Erzählungen (zweisprachig). Deutscher Taschenbuch Verlag, München 1990

Die Entschleierung. Türkische Erzählerinnen. Istanbul 1993

Erkundungen. 9 türkische Erzähler. 28 Erzählungen. Verlag Volk und Welt, Berlin (DDR) 1982

Das Geisterhaus. Türkische und ägyptische Novellen. Butzon & Bercker Verlag, Kevelaer 1949

Geschichten aus der Geschichte der Türkei. Luchterhand Literaturverlag, Frankfurt am Main 1990

Moderne türkische Lyrik. Eine Anthologie. Horst-Erdmann-Verlag, Tübingen Basel 1971

Die Pforte des Glücks. Die Türkei in Erzählungen der besten zeitgenössischen Autoren. Horst-Erdmann-Verlag, Tübingen Basel 2. Ausgabe 1969

Türkische Erzählungen des 20. Jahrhunderts. Insel Verlag Frankfurt am Main 1992

Die Türkei erzählt. 17 Erzählungen. S. Fischer Verlag, Frankfurt am Main 1990

## Autorenregister

Abû'l-Hasan al Tamgrûti 9, 111
Ağaoğlu, Adalet 14, 38 f, 150 f,
    194, 238
Adile Sultan 175
Adıvar, Halide Edip 83-86, 230
Ahmet III., Sultan 68, 181 f
Aischylos 199 f
Akbal, Oktay 237
Altan, Ahmet 12, 46, 168 ff, 256
Anar, Ihsan Oktay 233-235
Anıl, Avni 287 f
Asena, Duygu 12, 50, 267 f
Atılgan, Yusuf 43
Ayrer, Jakob 66

Babinger, Franz 57
Baki 67, 101, 175, 287 f
Baykurt, Fakir 14, 43
Bektaş, Hacı 116
Berk, Ilhan 10, 230, 234, 235-
    238
Beyatlı, Yahya Kemal 94 f, 139,
    149, 209
Beyer, Marcel 47
Birsel, Salah 10, 22, 33, 214
Brecht, Bertolt 35, 130
Brentano, Clemens 290
Byron, George Gordon Noel
    (Lord) 268

Cahit, Hüseyin 32
Caner, Beatrix 167, 282
Cansever, Edip 237

Carbe, Monika 213
Çelebi, Evliya 76, 100, 161 ff,
    280
Christie, Agatha 27 f, 242, 261
Çırak, Zehra 220 f
Craven, Elisabeth, Gräfin 80
Cumali, Necati 230

Dağlarca, Fazıl Hüsnü 135
Deleon, Jak 167, 218
Dino, Abidin 234 f
Döblin, Alfred 234
Doğan, Muhammet Nur 232

Eco, Umberto 11, 55, 71, 81 f
Edgü, Ferid 237
Edip, Halide s. Adıvar
Eichendorff, Joseph v. 290
Erbil, Leyla 238
Ersoy, Mehmet Akif 127
Ertuğrul, Muhsin 230
Eyüboğlu, Bedri Rahmi 127, 150,
    196 f, 235

Faik, Sait 12, 33 f, 133-139, 183 f,
    230, 235-237, 243 ff, 279, 282
Falconer, Colin 103
Faslı 67
Fikret, Tevfik 209
Förster, Rosa v. 192 f
Freely, John 162
Frischmuth, Barbara 13, 144,
    208, 236, 241, 262 f

Füruzan 12, 227, 238, 243
Fuzuli 80, 209

Galip, Scheich 230-233
Gallwitz, Esther 66
Gautier, Théophile 20
Geiersbach, Paul 265 f, 278
Gilles, Pierre 189 f
Goethe, Johann Wolfgang v. 67,
    68, 162, 287, 290
Goldoni, Carlo 35
Gorys, Andrea 44, 214
Grass, Günter 47
Greene, Graham 29 f, 261
Green, Julien 54, 79, 81, 201
Gronau, Dietrich 105, 247
Grosser-Rilke, Anna 10, 60, 80,
    158, 182 f, 256 f, 261
Gülbeyaz, Halil 84
Güntekin, Reşat Nuri 145 ff
Gürpınar, Hüseyin Rahmi 140 ff
Gürsel, Nedim 11, 46, 58, 160 f,
    172, 203 f, 210 f, 213

Hafis 67
Halikarnas Balıkçısı, s. Kabaağçlı
Hamit, Abdülhak 215
Hammer-Purgstall, Joseph v. 59,
    66 f, 95, 162
Handke, Peter 47
Heidenreich, Gert 40 f, 175
Hemingway, Ernest 29
Hikmet, Nazim 14, 47, 86, 105,
    139, 178 f, 220, 237, 245 ff,
    251 ff

Ibrahim Paşa 78
Ileri, Selim 10, 248
Ilhan, Atilla
Inciciyan, G. V. 218

Jahn, A. M. 20, 61, 250
Jelinek, Elfriede 47
Jenny, Zoe 47

Kabaağaçlı, Cevat Sakir 247
Kadri s. Karaosmanoğlu
Kamphoevener, Elsa Sophia 81
Kanik, Orhan Veli 10, 33, 111,
    205 ff, 209, 213, 235, 237, 251,
    254, 286
Karasu, Bilge 44
Karaosmanoğlu, Yakup Kadri
    32, 230
Kästner, Erhard 58, 88
Kavafis, Konstantinos 215 ff
Kemal, Namık 31
Kemal, Yahya (s. Beyatlı)
Kemal Yaşar 12, 14, 41, 43, 47,
    155 f, 204 f, 235, 258, 263,
    274-277
Kömürciyan, Eremya 283
Koydl, Wolfgang 27, 48, 271 f,
    290
Krausser, Helmut 47
Kreiser, Klaus 60, 93, 111, 182,
    210, 281, 283
Kudret, Sabahattin 33
Kulin, Ayşe 46, 208
Külebi, Cahit 33
Kutlar, Onat 49, 177

Lebert, Benjamin 47
Levi, Mario 167, 218
Lidell, Robert 176, 255
Livaneli, Zülfü 74 ff
Lohenstein, Daniel Caspar v.
    66
Loti, Pierre 20, 21, 32, 166,
    171 f, 177-181
Lovett, James 13, 145, 209

Márquez, Gabriel García 274
Mark Twain 20, 81, 112 f, 119 ff,
    135
May, Karl 186, 236
Melville, Hermann 20
Mickiewicz, Adam 20
Molière, Jean Baptiste 35, 66
Moltke, Helmuth v. 10, 53, 81,
    119, 201 ff, 218 f
Montagu, Lady Mary 10, 20,
    76 ff, 119, 230 f
Mourat, Kenize 84 f, 193 f,
    196
Murat III., Sultan 64 f, 68

Nahid, Tahsin 149
Naima 76, 280
Necatigil, Behçet 135
Nedim 181
Nef'i 68
Nesin, Aziz 12, 47, 86 ff, 143
Nuri, Celal 32

Ören, Aras 185 f, 270
Örik, Nahit Sırrı 258

Osmanoğlu, Ayşe 254 f
Ovid 220
Ozansoy, Halit Fahri 149
Özdamar, Emine Sevigi 12, 125,
    156, 225, 227, 239, 262
Özgentürk, Işıl 109 f
Özlü, Demir 22, 37, 82, 147, 165,
    237, 282

Pamuk, Orhan 12 f, 28, 36, 42 f,
    46 f, 70 ff, 82, 95 ff, 143 f,
    163 f, 213, 221 f, 228 f, 236,
    241
Parkinson, John 258
Pazarkaya, Yüksel 10, 111, 138,
    205
Peters, Christoph 15
Pouqueville, François 79

Racine, Jean 102 f
Rasim, Ahmet 149, 284
Ransmayr, Christoph 220
Rıfat, Oktay 33
Rimbaud, Arthur 105
Rudzinski 198

Sahabettin, Cenap 32
Sa'i 93
Scheinhardt, Saliha 270 f
Schimmel, Annemarie 64, 67, 79,
    95, 115, 127, 182, 196, 232,
    286 ff
Schlink, Bernhard 47
Schlötzer, Christiane 216, 253
Schulz, Eberhard 198

Schweigger, Salomon 10, 62 ff,
  66, 81, 119
Seyppel, Jochen 110
Shakespeare, William 35, 256
Som, Deniz 10, 165 f, 278 f
Stone, Oliver 88
Sumner-Boyd, Hilary 115, 162

Taner, Haldun 10, 31, 130-133,
  270 f
Tanpınar, Ahmet Hamdi 235,
  288 ff
Tarancı, Cahit Sıtkı 149, 194 f
Taşkın, Mümtaz Zeki 195
Tekin, Latife 12, 46, 272 ff
Tekinay, Alev 12, 23 f, 116 f,
  200 f, 208, 226, 231
Tevfik, Mehmet 99 f, 182 f, 190
Tournefort, Joseph Pitton de
  126
Tschechow, Anton 35
Tuğlacı, Pars 133, 149

Türkali, Vedat 13, 37, 44 f, 47 f,
  105-108, 117 f, 158 f, 165,
  184, 263, 266 f

Ünaydın, Ruşen Eşref 215
Uyar, Tomris 238
Uzuner, Buket 46

Vehbi, Seyyid 61
Veli s. Kanik

Wolf, Christa 190

Yamaç, Cavit 33,
Yesari, Mahmud 183
Yunus Emre 115 f
Yurtdaş, Barbara 45, 113 f, 176,
  270

Ziya, Halit 32
Ziya Paşa 237, 286
Zweig, Stefan 55, 160

## Bildnachweis

Umschlag: SST/mauritius; S. 4, 129: Georg Knoll/Bilderberg; S. 244: Chris Hellier/Corbis; S. 284: Harscher/laif; S. 97 Müller/laif; S. 56, 212: On Location/laif; S. 69, 120, 148, 197, 264: Topoven/Laif; S. 25, 157, 173, 229: Turemis/laif.

## Literarische Reisebegleiter
### im insel taschenbuch
### Eine Auswahl

### Städte

**Athen.** Literarische Spaziergänge. Herausgegeben von Paul Ludwig Völzing. Mit farbigen Fotografien. it 2505. 336 Seiten

**Bayreuth.** Ein literarisches Porträt. Herausgegeben von Frank Piontek und Joachim Schultz. Mit zahlreichen Abbildungen. it 1830. 208 Seiten

**Mit Brecht durch Berlin.** Ein literarischer Reiseführer. Von Michael Bienert. Mit zahlreichen Fotografien. it 2169. 271 Seiten

**Literarischer Führer Berlin.** Von Fred Oberhauser und Nicole Henneberg. Mit zahlreichen Abbildungen, Karten und Registern. it 2177. 517 Seiten

**Bremen.** Literarische Spaziergänge. Von Johann-Günther König. Mit farbigen Fotografien. it 2621. 272 Seiten

**Budapest.** Ein literarisches Porträt. Herausgegeben von Wilhelm Droste, Susanne Scherrer und Kristin Schwamm. Mit zahlreichen Fotografien. it 1801. 283 Seiten

**Chicago.** Porträt einer Stadt. Herausgegeben von Johann Norbert Schmidt und Hans Peter Rodenberg. Mit farbigen Fotografien. it 3032. 330 Seiten.

**Dresden.** Ein Reisebuch. Herausgegeben von Katrin Nitzschke unter Mitarbeit von Reinhardt Eigenwill. Mit zahlreichen Abbildungen. it 1365. 294 Seiten

**Frankfurt.** Acht literarische Spaziergänge. Von Siegfried Diehl. Mit farbigen Fotografien. it 2197. 190 Seiten

**Mein Frankfurt.** Martin Mosebach. Ausgewählt und mit einem Nachwort von Rainer Weiss. Mit Fotografien von Barbara Klemm. it 2871. 176 Seiten

**Granada.** Ein literarisches Porträt. Herausgegeben von Nina Koidl. Mit farbigen Fotografien. it 2635. 243 Seiten

**Hamburg.** Ein Städte-Lesebuch. Herausgegeben von Eckhart Kleßmann. Mit zahlreichen Abbildungen. it 1312. 305 Seiten

**Heidelberg-Lesebuch.** Stadt-Bilder von 1800 bis heute. Herausgegeben von Michael Buselmeier. it 913. 385 Seiten

**Istanbul.** Ein Reisebegleiter. Von Barbara Yurtdas. Mit farbigen Fotografien. it 3026. 300 Seiten.

**Der Kölner Dom.** Ein literarischer Führer. Herausgegeben von Markus Klein. Mit zahlreichen Abbildungen. it 2226. 149 Seiten

**Leipzig.** Literarische Spaziergänge. Herausgegeben von Werner Marx. Mit farbigen Fotografien. it 2710. 222 Seiten

**Lissabon.** Ein Städte-Lesebuch. Herausgegeben von Ellen Heinemann. it 2106. 390 Seiten

**London.** Literarische Spaziergänge. Herausgegeben von Harald Raykowski. it 2554. 272 Seiten

**Mainz.** Ein literarisches Porträt. Herausgegeben von Jens Frederiksen. Mit Fotografien von Sascha Kopp. it 2163. 195 Seiten

**Wolfgang Koeppen.** Muß man München nicht lieben? it 2712. 160 Seiten

**New York.** Literarische Spaziergänge. Von Herbert Genzmer. Mit farbigen Fotografien. it 2883. 160 Seiten

**Paris.** Literarische Spaziergänge. Von Uwe Schultz. Mit farbigen Photographien. it 2884. 272 Seiten.

**Mit Proust durch Paris.** Von Rainer Moritz. Mit zahlreichen Fotografien. it 2992. 160 Seiten.

**Potsdam.** Literarischer Spaziergang. Von Jochen R. Klicker. Mit farbigen Fotografien. it 2926. 416 Seiten.

**Prag.** Ein Lesebuch. Herausgegeben und mit einem Nachwort versehen von Jana Halamičková. Mit Fotografien und Illustrationen. it 994. 386 Seiten

**Rom.** Ein literarisches Porträt. Herausgegeben von Michael Worbs. Mit farbigen Fotografien. it 2298. 320 Seiten

**Mit Marie Luise Kaschnitz durch Rom.** Herausgegeben von Iris Schnebel-Kaschnitz und Michael Marschall von Bieberstein. Mit Fotografien von Mario Clementi. it 2607. 196 Seiten

**St. Petersburg.** Literarische Spaziergänge. Von Ingrid Schalthöfer. Mit farbigen Fotografien. it 2833. 240 Seiten

**Trier.** Deutschlands älteste Stadt. Reisebuch. Herausgegeben von Michael Schroeder. Mit Fotografien von Konstantin Schroeder. it 1574. 260 Seiten

**Tübingen.** Ein literarischer Spaziergang. Herausgegeben von Gert Ueding. Mit zahlreichen Abbildungen. it 1246. 384 Seiten

**Venedig.** Der literarische Führer. Herausgegeben von Doris und Arnold E. Maurer. Mit zahlreichen Fotografien. it 1413. 188 Seiten

**Wien.** Ein literarisches Porträt. Herausgegeben von Joseph Peter Strelka. Mit farbigen Fotografien. it 1573. 254 Seiten

**Wiener Adressen.** Ein kulturhistorischer Wegweiser mit Straßenplänen und Fotos von Dietmar Grieser. it 1203. 217 Seiten

**Das Wiener Kaffeehaus.** Mit zahlreichen Abbildungen und Hinweisen auf Wiener Kaffeehäuser. Herausgegeben von Kurt-Jürgen Heering. it 1318. 318 Seiten

## Landschaften • Länder • Kontinente

*Amerika*

**Kalifornien.** Ein Reiselesebuch. Herausgegeben von Herbert Genzmer. Mit farbigen Fotografien von Till Bartels. it 2636. 282 Seiten

**Harry Graf Kessler.** Notizen über Mexiko. Herausgegeben von Alexander Ritter. Mit zahlreichen Abbildungen. it 2176. 182 Seiten

**Martin Walser/André Ficus.** Die Amerikareise. Versuch, ein Gefühl zu verstehen. Mit 51 farbigen Bildern von André Ficus. it 1243. 117 Seiten

*Asien*

**Indien.** Ein Reisebegleiter. Von Martin Kämpchen. it 2996. 272 Seiten

**Tibet.** Erfahrungen auf dem Dach der Welt. Von Wilhelm Klingenberg. Mit zahlreichen Fotografien. it 1860. 198 Seiten

*Deutschland*

**Hans Christian Andersen.** Schattenbilder einer Reise in den Harz, die Sächsische Schweiz etc. etc. im Sommer 1831. Herausgegeben von Ulrich Sonnenberg. Mit zahlreichen zeitgenössischen Abbildungen. it 2818. 240 Seiten

**Bodensee.** Reisebuch. Herausgegeben von Dominik Jost. Mit farbigen Abbildungen. it 1490. 313 Seiten

**Der Rhein.** Eine Reise mit Geschichten, Gedichten und farbigen Fotografien. Herausgegeben von Helmut J. Schneider unter Mitarbeit von Michael Serrer. Mit Fotografien von Pieter Jos van Limbergen. it 1966. 206 Seiten

**Die schönsten Schlösser und Burgen Deutschlands.** Ein literarischer Reisebegleiter. Herausgegeben von Joachim Schultz. Mit farbigen Fotografien von Horst und Daniel Zielske. it 2717. 256 Seiten